Schrift/Figuren

Meinen Eltern

Siegener Forschungen zur romanischen Literatur-
und Medienwissenschaft

Herausgegeben von Volker Roloff (Siegen)

Band 7

Wolfgang Bongers

Schrift/Figuren

Julio Cortázars transtextuelle Ästhetik

Stauffenburg Verlag

Die Deutsche Bibliothek – CIP-Einheitsaufnahme

Bongers, Wolfgang:
Schrift/Figuren : Julio Cortázars transtextuelle Ästhetik / Wolfgang Bongers. – Tübingen : Stauffenburg-Verl., 2000
  (Siegener Forschungen zur romanischen Literatur- und Medienwissenschaft ; Bd. 7)
  ISBN 3-86057-527-9

Zugl.: Siegen, Univ., Diss., 1997.

Gedruckt mit Unterstützung der Deutschen Forschungsgemeinschaft.

© 2000 · Stauffenburg Verlag · Brigitte Narr GmbH
Postfach 25 25 · D-72015 Tübingen

Das Werk einschließlich aller seiner Teile ist urheberrechtlich geschützt. Jede Verwertung außerhalb der engen Grenzen des Urheberrechtsgesetzes ist ohneZustimmung des Verlages unzulässig und strafbar. Das gilt insbesondere für Vervielfältigungen, Übersetzungen, Mikroverfilmungen und die Einspeicherung und Verarbeitung in elektronischen Systemen.

Gedruckt auf säurefreiem und alterungsbeständigem Werkdruckpapier.

Druck: Gulde-Druck, Tübingen
Verarbeitung: Nädele, Nehren
Printed in Germany
ISSN 1433-7983
ISBN 3-86057-527-9

C'est pourqoi aussi la littérature n'est pas vraiment identifiable, si elle est faite pour décevoir toute identité et pour tromper la compréhension comme pouvoir d'identifier.
Maurice Blanchot, L'entretien infini

Der „transzendente Geist" und die „objektiv gegebene Welt" sind ideologische Begriffe, die aus der konkreten Wirklichkeit extrapoliert sind – jener Wirklichkeit, die wir sind und in der wir sind.
Vilém Flusser, Gesten

Menschliche Wahrnehmungsformen sind in der gesellschaftlichen Praxis gebildete, geschichtlich spezifische Ausprägungen und Qualifikationen des Perzeptionsvermögens – in ihnen erscheinen gesellschaftliche Produktionsverhältnisse von Wirklichkeit und Sinn.
Bernd Busch, Belichtete Welt.
Eine Wahrnehmungsgeschichte der Fotografie

Ce qui définit la pensée, les trois grandes formes de la pensée, l'art, la science et la philosophie, c'est toujours affronter le chaos, tracer un plan, tirer un plan sur le chaos.
Gilles Deleuze /Félix Guattari,
Qu'est-ce que la philosophie?

Danksagung

Für Inspirationen, Ratschläge und Kritik im Laufe der Arbeit möchte ich Tina Funk, Natalie Binczek, Martin Rass und Friedrich Balke an dieser Stelle meinen Dank aussprechen. Für die Geduld mit einem nicht selten ungehaltenen Doktoranden danke ich allen meinen Freunden und vor allem Birgit Rettig. Besonderer Dank gilt auch Volker Roloff, der das Projekt betreut und unterstützt hat. Der DFG danke ich für die finanzielle Unterstützung des Projekts und der Madrider Biblioteca Cortázar in der Fundación Juan March dafür, daß sie mir Einblick in die Privat-Dokumente des Autors gewährt hat.

München, im Juli 1999   *Wolfgang Bongers*

Inhalt

Vorwort 11

0.	Präliminarien	15
0.1.	Signatur Cortázar	15
0.1.1.	Literatur-Kaleidoskop	15
0.1.2.	Bio-Graphie: Kosmopolitismus	19
0.1.2.1.	Leben	19
0.1.2.2.	Kosmopolitismus und lateinamerikanischer *boom*	22
0.2.	Literatur und die Geste des Schreibens	26
0.2.1.	Schrift-Bilder	27
0.2.2.	Schrift, Text und Literaturwissenschaft	29
0.2.3.	Schrift und Wahrnehmung	31
0.3.	Zur Methode	33
1.	Forschungsobjekt Cortázar	35
1.1.	Kunst/Kritik	35
1.2.	Cortázar in der Forschung	37
1.2.1.	Alazrakis Annäherungen	37
1.2.2.	Bergs Gesamtwerkanalyse	41
2.	*poetismo* und figurale Ästhetik: jenseits von Existentialismus und Surrealismus	45
2.1.	Das Tunnel-Programm: „Surrealismo es cosmovisión" ..	47
2.1.1.	Programm und Aporien des historischen Surrealismus ..	49
2.1.2.	Surrealismus in *Rayuela*	54
2.2.	Die figurale Ästhetik Cortázars	56
2.2.1.	Figuren	57
2.2.2.	Das *intersticio*: Transtextueller Wahrnehmungs-Raum ..	60

Exkurs: Interstitielle Räume bei Bataille, Kristeva und Derrida 64

2.2.3.	Fotografische Schrift	70
2.2.4.	Gespenster und Masken	77
2.2.5.	Bild und Rhythmus (*Rayuela*, Kapitel 66 und 82)	79
3.	Intermediale Konstellationen	81
3.1.	Cortázar und die Musik: die rhythmische Schrift	82
3.1.1.	*Elogio del jazz* (1949): die rhythmische Schrift des *poetismo*	83

3.1.2.	*El perseguidor* (1959): Ch.P. und die rhythmische Erfahrung des Anderen	88
3.1.3.	Jazz in *Rayuela*	105
3.2.	Cortázar und die Bild-Medien: Fotografie, Film und Malerei	108
3.2.1.	*Apocalipsis de Solentiname*	111
	Exkurs: Die Listen der Fotografie	118
3.2.2.	*Las babas del diablo*	130
3.2.3.	*Blow up*	138
3.2.4.	Spuren der Intermedialität: Cortázar und Antonioni	154
3.2.5.	Zwischen Kino, Literatur und Leben: Gespenstische Idolatrie und virtuelle Tode	157
4.	Spektrale Figuren der Transgression in *Rayuela*	161
4.1.	Die Geister-Schrift	163
4.2.	Das Bild des anwesend/abwesenden Todes: Piktorale und tonale Effekte in Kapitel 28	165
4.3.	Figuren der *otherness*: Liebe, Absurdität, Wahnsinn	170
4.3.1.	Liebe (Del lado de allá)	170
4.3.2.	Absurdität (Del lado de allá)	175
4.3.3.	Wahnsinn (Del lado de acá)	180
4.3.3.1.	Transgressionen der Nützlichkeit (Kapitel 41)	181
4.3.3.2.	Territorien des Anderen	184
5.	Ende	189
6.	Bibliographie	193

Vorwort

> *But all at once it dawned on me that this*
> *Was the real point, the contrapuntal theme;*
> *Just this: not text, but texture; not the dream*
> *But topsy turvical coincidence,*
> *Not flimsy nonsense, but a web of sense.*[1]
>
> *La nature s'étend avec l'analogie, elle se (re)définit,*
> *aussi, par l'analogisable.*[2]

„La photo est littéralement une émanation du référent." Cortázar bestätigt am Seitenrand seines Exemplars von Barthes' *Chambre claire* die Begeisterung für die alchimistische Idee der Fotografie: „quelle merveille!" Diese Euphorie war schon vor ihrer eigentlichen Erfindung ein Topos in den Texten, die von Experimenten mit lichtempfindlichen Silbersalzen handelten.[3] Ist es nun eine „inexplicable relación analógica", wie sie um dieselbe Zeit Cortázars letzte Erzählung in *Deshoras* zu Derrida herstellen wird[4], daß Barthes hier gleichzeitig auch vom Buchstaben redet? Das Foto wird *über den Buchstaben* zu einer Emanation des Referenten. Das von Cortázar übersetzte Derrida-Fragment aus *La vérité en peinture* in *Diario para un cuento* stellt wiederum die Analogie zwischen Wort und Malerei her. Doch ist es auch ein Foto, das in dieser rätselhaftesten Geschichte Cortázars den Ausgangspunkt für die Erinnerungsreise auf der Suche nach Anabel bildet. Ein Foto, das er bei einem Umzug zufällig wiedersieht und das als Lesezeichen in einem Roman Onettis gedient hatte. Sowohl in der fotografischen Lichtschrift als auch in der geschriebenen Sprache erscheint das Bild des Anderen als Emanation des erinnerten Referenten. Wort und Bild verschränken sich in der Schrift Cortázars zu Figuren unerklärlicher Analogien. Faszination und Irritation bestimmen Cortázars spielerischen Umgang mit dem fotografischen Bild. Sichtbarer Ausdruck dieses Umgangs sind die Begegnungen von Text, Fotografie, Zeichnung und Malerei in den Almanachen und Fotobüchern, die zahlreiche Kombinationsmöglichkeiten zwischen Wort und Bild zulassen. Dabei ist Cortázar zunächst jedoch auch ein „klassischer" Autor der Moderne. Er zeigt Vorlieben für die Romantik, den Symbolismus, den Surrealismus, die Malerei, die Musik, die Fotografie und das Kino. Seine Texte sind mit ihren Verweisen und Zitaten Manifestationen der ihn umgebenden

---

[1] Nabokov, Vladimir, Pale Fire, zitiert bei Cortázar in: „La muñeca rota", Último round 1, S. 257.
[2] Bellour, Raymond, „La double hélice", in: Passages de l'image, Katalog zur gleichnamigen Ausstellung im Centre Georges Pompidou, Paris 1990, S.40.
[3] Zu den alchimistischen Versuchen mit Silbersalzen, die schließlich in Zusammenhang mit der Newtonschen Prismatik zur Entdeckung der Fotografie führte vgl. Busch, Bernd, Belichtete Welt. Eine Wahrnehmungsgeschichte der Fotografie, Frankfurt 1995, S.157ff.
[4] Cortázar, Julio, Diario para un cuento, in: Cuentos completos/2, S.490.

Kunst-Welt und verlängern die Liste der Avantgarde-Bewegungen des 20. Jahrhunderts.

Doch bestimmen Faszination und Irritation ebenfalls den Umgang mit Cortázars Schriften. Denn sie scheinen in ihrer Experimentier- und Spielfreudigkeit, ihrer Suche nach poetischer Authentizität einerseits modernen und avantgardistischen Paradigmen zu entsprechen. Andererseits weisen sie in vielen Passagen über diese hinaus und entwerfen Schrift-Figuren, die einer dekonstruktiven Dynamik entsprechen. Sie entlarven den Text als Schrift-Maske und weisen ihm in der Begegnung mit rhythmischen und figürlichen Dispositiven neue Funktionen zu. Cortázar – im Gegensatz etwa zu Künstlern wie Cocteau und Robbe-Grillet – hat die Literatur als einzige künstlerische Ausdrucksform gewählt. Ein Großteil der Erzählungen und Teile seiner Romane erfüllen in ihrer poetischen Ausdruckskraft Anforderungen, die innerhalb traditioneller literaturwissenschaftlicher Parameter an literarische Kunstwerke gestellt werden. Doch obwohl er die Literatur nicht verläßt, führt er viele seiner Texte an die Grenzen des Textuellen. Cortázars transtextuelle Entwürfe im Text sind Thema dieser Arbeit, die aus literaturwissenschaftlicher Perspektive die Verlängerungen und Verschiebungen der Literatur in andere Medien und Ausdrucksformen beobachten will. Cortázars Texturen entwerfen – so die Hypothese dieser Arbeit – eine figurale Ästhetik, die in ihrer interstitiellen und differentiellen Gestalt und in den Dialogen mit anderen Künsten den Umgang vor allem mit technischen Medien aufzeichnet. Auf mehreren Ebenen steht die Signatur Cortázar demnach für die Möglichkeit neuer Gesten und Blicke in bezug auf mediale, philosophische und soziale Verschiebungen des laufenden Jahrhunderts. Auf der Folie dieser Überlegungen sollen Cortázarsche Literatur-Räume durchquert werden.

Cortázar hat selbst schon früh eine Entscheidung getroffen: die bedingungslose Öffnung auf andere Universen, Künste, Ideen. Diese Offenheit verursacht allerdings auch eine methodisch-theoretische Hypertrophie, die mit unzähligen Verweisen und Zitaten in den Romanen, Erzählungen, Almanachen, Essays und innerhalb eigener poetologisch-kritischer Arbeiten schon angelegt ist. Jede Annäherung an das autoreflexive Werk läuft also Gefahr, entweder zu schließen, was nicht zu schließen ist, oder Cortázars eigenen Reflexionsparcours zu wiederholen, ohne ihn einholen zu können. Die Schriften Cortázars öffnen gerade in ihrer interpretativen Uneinholbarkeit Räume für ein neues Denken und Schreiben, die sich ästhetischen, das heißt wahrnehmungsbedingten Prozessen verdanken. Allein die offene Struktur der Cortázarschen Texte bietet die Möglichkeit solcher Reflexionen. In zwei dominanten Grundtendenzen der Cortázar-Forschung kam es bisher entweder zu unzureichenden formalistischen Klassifizierungen oder zu ontologisch bzw. anthropologisch motivierten Interpretationen. Die literaturphilosophische Tendenz läßt sich über das humanistische Pathos der Suche nach Authentizität, dem „hombre nuevo" und einer „segunda realidad" im Werk Cortázars zweifelsohne legitimieren, zeitigt durch die dort schon auffällige

Präsenz der entsprechenden Formulierungen jedoch oftmals unbefriedigende Wiederholungseffekte. Die neueren Versuche einer semiotischen Verortung Cortázars bilden den Höhepunkt der ontologischen Paradigmen. Ausgehend vom Text als letzte Referenz wollen sie Cortázar als Grenz-Zeichen auf allen Ebenen in ihre Parameter einschreiben.[5] Dieser Situation Respekt zollend, will die vorliegende Arbeit eine Verschiebung traditioneller Fragestellungen einleiten. Dazu ist zunächst eine Infragestellung des Text-Begriffs notwendig, der sowohl von der Rezeptionsästhetik als auch von semiologischen und dekonstruktiven Ansätzen als quasi-ontologischer Bezugsrahmen gehandelt wird. Im Vordergrund dieser Arbeit stehen vielmehr die Wechselspiele der Literatur zu anderen Künsten und der damit einhergehende Polylog der Medien und Ausdrucksformen, deren sich Literatur, Fotografie, Film, Musik und Malerei bedienen.

---

[5] Zu diesem Ansatz sei exemplarisch das Werk Bergs genannt: Berg, Walter Bruno, Grenz-Zeichen Cortázar. Leben und Werk eines argentinischen Schriftstellers der Gegenwart, Frankfurt 1991. Das ontologische Interpretationsschema schließt auch eine „postmoderne" Vereinnahmung der Suche nach dem Anderen nicht aus. Eine kürzlich erschienene Mischung aus Dekonstruktion und Rezeptionsästhetik will zum Beispiel das postmoderne Andere in Cortázars Kurzgeschichten hindurchschimmern lassen und variiert erneut — lediglich unter Verzicht auf das oft vorherrschende Authentizitätspostulat — jahrzehntealte Topoi der Cortázar-Forschung: „La cuentística de Cortázar se empeña en descubrir una *realidad* que el lenguaje de la ciencia y la cultura nos han obscurecido." In: Hutt Kahn, Laurie, Vislumbrar la Otredad. Los *pasajes* en la narrativa de Julio Cortázar, New York 1996, S.185.

0. Präliminarien

> *Si hubiera sido posible pensar una extrapolación de todo eso, entender el Club, entender Cold Wagon Blues, entender el amor de la Maga, entender cada piolincito saliendo de las cosas y llegando hasta sus dedos, ... (R, cap.18, S.206)*

0.1. Signatur Cortázar

0.1.1. Literatur-Kaleidoskop

Zwischen 1938 und 1984 publiziert Julio Cortázar Kurzgeschichten, Romane, poetologische Texte, Kunstkritiken, Novellen, Gedichte, Essays, Almanache, einen Comic, Theater- und Radiostücke. Damit bietet er in einem Zeitraum von 46 Jahren das gesamte Spektrum literarischer Produktion und hält sich oft im Grenzbereich zu anderen künstlerischen Ausdrucksformen auf. Malerei, Fotografie, Film, Hörspiel, Theater und Musik leiten Cortázars Umgang mit seinem eigenen Medium, dem Text. Die auffälligsten Merkmale seiner künstlerischen Produktion sind Heterogenität, Autoreferentialität, Experimentalität und Mediensensibilität. Im Horizont dieser zunächst unscharf ausfallenden Markierungen wird Cortázar zur Signatur für mediale Konfigurationen des 20. Jahrhunderts, die er praktisch und theoretisch auf die Probe stellt. In seiner Prosa, in einigen Kurzgeschichten und mehreren Essays thematisiert er die Funktionen von Literatur und Kunst in einem textübergreifenden Rahmen, hinterfragt traditionelle Paradigmen der Kunstproduktion, ihrer Distribution und Rezeption und bietet neue Ästhetiken und Wahrnehmungsstrategien an.[1]

Die Heterogenität und der experimentelle Charakter der Texte ist auf zwei Ebenen anzusiedeln. Einerseits experimentiert Cortázar mit literarischen Gattungsemblemen, die er durch Auflösung und Oszillation subvertiert. Schon sein frühes „poema en prosa" *Los reyes* (1949), das das mythologische Theseus/Minotauros-Thema in nietzscheanischer Umwertung aller Werte variiert, verschließt sich vor eindeutigen Genre-Zuweisungen und erscheint zwischen Lyrik, Prosa und Drama. Seine Kurzgeschichten, die in ihrem Umfang konstanteste „Gattung" in Cortázars Textproduktion, stellen in ihrer

---

[1] Vgl. zur aktuellen Debatte um neue Ästhetiken angesichts veränderter Wahrnehmungsbedingungen exemplarisch die Textesammlung: Aisthesis. Wahrnehmung heute oder Perspektiven einer anderen Ästhetik, Leipzig 1993. Vgl. für den deutschsprachigen Raum auch die Überlegungen von Wolfgang Welsch zur Ästhetik als epistemologisches Kultur-Phänomen mit Anschlüssen an Kant, Nietzsche und Adorno: Ästhetisches Denken, Stuttgart 1993 und Grenzgänge der Ästhetik, Stuttgart 1996.

poetischen Geschlossenheit den traditionellen fantastischen Diskurs in Frage und eröffnen neue Diskussionen über den Status der Fantastik innerhalb der Literatur.[2] Seit den fünfziger Jahren trifft man außerdem immer wieder auf Erzählungen, die in selbstreferentieller Geste die Schrift, den Schreibprozeß, Geschichte und Erinnerung thematisieren.[3] Seine Prosastücke in *Historias de cronopios y famas* (1962) sind pataphysischen und surrealistischen Traditionen verpflichtet und verweigern als Literatur-Spiele eine diskursive Verortung.[4] Die Romane – *Divertimento, El examen, Los premios, Rayuela, 62. Modelo para armar, Libro de Manuel* – enthalten wiederum umfangreiche Passagen selbstreferentieller Poetologie und Reflexionen auf den Schreibprozeß. Damit setzen sie innerhalb einer Tradition, die sich auf Joyce, Kafka, Musil und Proust berufen kann, ebenfalls im Bereich der Prosa traditionelle Klassifizierungen außer Kraft.

Neben den gattungsüberschreitenden Experimenten innerhalb der Literatur finden sich auf einer zweiten Ebene der Heterogenität jedoch auch Schreibversuche in Cortázars Werk, die das Verhältnis von Literatur zu anderen Ausdrucksformen und damit auch das Verhältnis vom Text zu anderen Medien reflektieren. In den theoretischen Schriften finden Film, Fotografie, Malerei und Musik in bezug auf die eigene künstlerische Produktion Eingang.[5] Seine literarischen Texte zeigen Experimente mit piktoralen Elementen, filmischen Schreibweisen und rhythmischen Konstruktionen. Synästhetische Effekte finden sich in der Jazz-Novelle *El perseguidor* (1959), in vielen Kurzgeschichten und seit *Divertimento* (1949) in allen Romanen. In *Los Premios* (1960) werden die den Romantext begleitenden Reflexionen Persios

---

[2] Vgl. dazu zwei Studien, die neue literaturwissenschaftliche Konzepte zum fantastischen Diskurs bei Cortázar anbieten: Alazraki, Jaime, En busca del unicornio: Los cuentos de Julio Cortázar, Madrid 1983; Terramorsi, Bernard, Le fantastique dans les nouvelles de Julio Cortázar. Rites, jeux et passages, Paris 1994.

[3] Neben *Octaedro* (1974) beinhaltet vor allem auch der letzte Band von Kurzgeschichten, *Deshoras* (1983), einige für diese Tendenz exemplarische Erzählungen. Vgl. dazu aus semiotischer Sicht und unter Berücksichtigung visueller Aspekte bei Cortázar: Fröhlicher, Peter, La mirada recíproca. Estudios sobre los últimos cuentos de Julio Cortázar, Bern etc. 1995.

[4] Vgl. zu den ein Jahr vor *Rayuela* erschienenen *cronopios* die Annäherung Bergs, in der die kurzen Texte in ihrer Transgression auf allen Ebenen etablierter Codes in semiotischer Terminologie als „Arbeit am *Signifiant*" erscheinen: Berg, Grenz-Zeichen, a.a.O., S.153-183.

[5] Vgl. dazu das umfangreiche kritische Werk Cortázars: Obra crítica I-III, Madrid 1994; zu Film und Fotografie in ihrer Beziehung zur Kurzgeschichte explizit: „Algunos aspectos del cuento", zuerst erschienen in: *Casa de las Américas*, Nos. 15/16, La Habana, 1962/63, und „Del cuento breve y sus alrededores", in: *Último round I*, México 1969. In bezug auf Cortázars Verhältnis zu anderen künstlerischen Ausdrucksformen vgl. auch drei der wichtigsten Interviewbände: Picon Garfield, Evelyn, Cortázar por Cortázar, México 1978; González Bermejo, Ernesto, Conversaciones con Cortázar, Barcelona 1978; Prego, Omar, La fascinación de las palabras. Conversaciones con Julio Cortázar, Barcelona 1985.

von Picassos blauem Gitarrenspieler inspiriert, der wiederum auf Apollinaire verweist. Es geht schon in diesem Roman um das un/mögliche Verstehen einer kaleidoskopischen Welt-Figur, die sich im flüchtigen Spiel von Effekten und Wahrnehmungen aus stetig wechselnden Konstellationen zusammensetzt:

> No somos la gran rosa de la catedral gótica sino la instantánea y efímera petrificación de la rosa del calidoscopio. Pero antes de ceder y deshojarse ante una nueva rotación caprichosa, ¿qué juegos se jugarán entre nosotros, cómo se combinarán los colores fríos y los cálidos, los lunáticos y los mercuriales, los humores y los temperamentos? (LP, S.51)

Das Motiv des Kaleidoskops als Welt-Figur, oft in Kombination mit Spiegeln und Labyrinthen, zieht sich durch fast alle Romane. In *62* beschreibt Marrast Juan – der im Roman als *alter ego* Cortázars auftritt – als jemand, „que tendía a verlo todo como una galería de espejos, y que por lo demás ya debía haberse dado cuenta de que Nicole y yo habíamos entrado a formar parte, desde una tarde en una carretera italiana, de ese calidoscopio que él se pasaba la vida queriendo fijar y describir." (62, S.49) In *Libro de Manuel* trifft man schon am Anfang auf das Kaleidoskop, das die folgenden Aktionen einzuleiten scheint: „a veces basta un amor, una decisión, una hora fuera del reloj para que de golpe el azar y la voluntad fijen los cristales del calidoscopio." (LM, S.16) Und schon in *El Examen* wird das poetische Werk Artauds mit einem Kaleidoskop verglichen: „El perfecto calidoscopio: su obra pasa de mano, y en ese instante cambian los cristales (cambia la mano), y ya es otra cosa." (S.166) In *Rayuela* (1963), Knotenpunkt zwischen Früh- und Spätwerk[6], ist das Kaleidoskop *imago mundi*. Als Literatur-Kaleidoskop *in nuce* führt der Roman die Reflexion auf Medien und Ausdrucksformen fort. Er markiert den Übergang von rein literarischen Experimenten – *Rayuela* weist unzählige Sprachspiele und Stilvariationen auf – zum Form- und Medienexperiment. Mit seinen drei Teilen, dem *tablero de dirección* und dem auf mehreren Ebenen bildhaften Hüpfspiel thematisiert und überschreitet *Rayuela* in seiner Mehrdimensionalität Buch und Text. Das Konstruktionsprinzip der literarischen Collage, dem auch *Rayuela* und *Libro de Manuel* zugrunde liegen, verweist zunächst auf avantgardistische Tendenzen seit Apollinaires *Calligrammes*.[7] Innerhalb einer textüberschreitenden Reflexion auf die Präsentation und Medialisierung von Kunstproduktionen finden sich in *La*

---

[6] Vgl. zur zentralen Stellung des Romans in der literarischen Produktion Cortázars exemplarisch: Alazraki, Jaime, Hacia Cortázar: aproximaciones a su obra, Barcelona 1994. In dieser Textesammlung des argentinischen Literaturwissenschaftlers aus 20 Jahren Cortázar-Forschung bilden die Arbeiten zu *Rayuela* die Achse in thematischer und organisatorischer Hinsicht.

[7] Vgl. zur literarischen Collagetechnik bei Cortázar und seiner Filiationen: Yurkievich, Saúl, „El collage literario: genealogía de *Rayuela*", in: ders., Julio Cortázar: mundos y modos, Madrid 1994.

Vuelta al día en ochenta mundos (1967), *Último round I/II* (1969), *Territorios* (1978) und *Los autonautas de la cosmopista* (1982) dann auch mediale Collagen und Montagen. Diese Alben/Almanache sind zunächst der in den sechziger Jahren aufkommenden Welle multimedialer Mischungen verpflichtet und beinhalten neben Texten verschiedener literarischer „Gattungen" – Poesie, Kurzgeschichte, Essay, Tagebuch, Autobiographie, Theorie, Dokumentation, Kommentar, Philosophie – Zeichnungen, Fotos und typographische Experimente, die zu rhythmischen Effekten führen. Medienrelationen und das Zusammenspiel von Literatur und anderen Ausdrucksformen in Text und Bild sind in diesen Produktionen keinen konventionellen, illustrativen Funktionen zuzuordnen. Vielmehr generieren und kristallisieren sie in kaleidoskopischen Kombinationen neue Sinn-Konstellationen *zwischen* Wort und Bild.[8] Die Almanache veranschaulichen „la visión integradora de Cortázar y su ambición de eliminar la barrera entre el texto verbal que opera en la sucesividad del tiempo y el texto icónico que se da por entero en la sincronicidad del espacio." In der Folge von intermedialen Experimenten Apollinaires zu kubistischer Malerei[9] und den *Constellations* von Breton zu Bildern von Miró sind diese Almanache die Umkehrung der klassischen Buchillustration. Sie sind nach Filer „prosas paralelas", „donde la palabra es la que busca el acercamiento a la imagen."[10] Neben den Collagen und den literarischen Schreibspielen im Text unterstreichen die Almanache als textüberschreitende Produktionen – gerade auch in ihrer Konstanz innerhalb des Werkes – Cortázars experimentellen Umgang mit Grenzphänomenen des Mediums Text. Im kybernetischen und digitalen Zeitalter und am vorschnell proklamierten Ende der Gutenberg-Galaxis gehören *Rayuela*, *Libro de Manuel* und die Almanache zu Kunst-Produktionen, die sich auf je verschiedene Weisen von traditionellen Leser-, Autor- und Sinninstanzen lösen und

---

[8] Dabei ist Literatur keineswegs an das Buch gebunden. Sie erscheint auf Fotografien, Transparenten, im Gemälde, auf Körpern (vgl. dazu die filmische Inszenierung in „The Pillow Book" (1996) von Peter Greenaway) oder in der immateriellen Welt des Computers.

[9] Vgl. die *calligrammes* Apollinaires zu Bildern einer Ausstellung von Survage und Lagut in: Apollinaire, Guillaume, Oeuvres poétiques, Paris 1965, S.675-681, und dazu: Bohn, Willard, Apollinaire,visual poetry, and art criticism, Lewisburg 1993.

[10] Filer, Maliva E., „Palabra e imagen en la escritura de *Territorios*", in: *Revista Iberoamericana 49*, 1983, S.351-368, hier S.355. Vgl. trotz des problematischen Text-Begriffs auch Filers abschließende Bemerkungen zur kaleidoskopischen Welt-Sicht Cortázars: „La narrativa de Cortázar intenta liberarse del carácter sintagmático del lenguaje y acoge, en cambio, el modelo caleidoscópico. Esto permite y explica el acercamiento de los dos textos que ha logrado en *Territorios*, donde, por una parte, el tiempo de la narración se condensa, y por otra, el espacio de la imagen se temporaliza por una transformación interna de sus elementos en combinaciones sucesivas." (S.367.)

das Buch als lineare, abgeschlossene Form in Frage stellen, um der Literatur neue Wege zu erschließen.[11, 12]

0.1.2. Bio-Graphie: Kosmopolitismus

Den Merkmalen der Schrift Cortázars als Signaturen eines komplexen Kunstwerks entspricht der **Kosmopolitismus** als eine für das 20. Jahrhundert typische Lebens- und Wahrnehmungsform lateinamerikanischer Intellektueller. Nicht ganz ohne Ironie, die auf dem Wissen um die Unmöglichkeit eines vollständigen biographischen Nachvollzugs basiert, folgt zunächst ein Lebenslauf Cortázars, der dann zu konstitutiven Elementen des Kosmopolitismus übergeht.

0.1.2.1. Leben

1914 als erstes Kind eines argentinischen Diplomatenehepaars in Brüssel geboren, findet Cortázar in seinen ersten Lebensjahren auf der Flucht vor dem Ersten Weltkrieg den Weg über die Schweiz und Barcelona schließlich nach Buenos Aires. Nachdem der Vater bald darauf die Familie verlassen und sie einer bisher ungekannten existentiellen und finanziellen Krise ausgesetzt hat, wächst er im vorstädtischen Kleinbürgermilieu von Buenos Aires im

---

[11] In diesem Kontext ist auch die offen und zirkulär angelegte „poesía permutante" in *Último round I* (S.272-292) und deren intermediale Wiederholung in *Territorios* (S.129-134) zu nennen, die andere, oft noch radikalere Experimente im Umkreis von Dada, Surrealismus und Pop-Art variiert. In Werken von Ernst, Queneau, Wiener, Brinkmann und Balder-Schäuffelen werden Poesie, Prosa und Bilder in individuell anlegbare, aleatorisch konstruierte/konstruierbare und damit unendliche Ketten verwandelt.
Im Sinne einer medialen Verschränkung von Text und Bild sind außerdem fünf Bände zu nennen, die Cortázar mit Fotografen geschrieben hat. Literatur und Fotografie treten hier in einen fruchtbaren Dialog: Buenos Aires Buenos Aires, Buenos Aires 1968; Prosa del observatorio, Barcelona 1972; Estrictamente no profesional. Humanario, Buenos Aires 1976; Paris. Ritmos de una ciudad, Paris 1981; Alto el Perú, México 1984.

[12] Der auch für das Werk Cortázars relevante Begriff „Intermedialität" funktioniert in der Forschung mittlerweile als hypertrophierendes Emblem für Transformationsprozesse formalistischer, historischer, semiotischer und soziologischer Art zwischen unterschiedlich definierten „Medien" und führt in vielen Kontexten — Medientheorie, Geisteswissenschaft, Kunst — zu stark divergierenden Bewertungen. Damit erfüllt auch dieser Begriff den Gang jedes neuen Theorie-Konzepts (siehe „Postmoderne") und gerät in den unabwendbaren Kreislauf der Vereinnahmung, aus dem nicht (so einfach) auszubrechen ist. Vgl. die resümierende „Abrechnung" mit bisherigen intermedialen Ansätzen bei Paech, Joachim, „Intermedialität", in: *Medienwissenschaft*, Nr. 1, 1997, S.12-30. Die vorliegende Arbeit orientiert sich an Intermedialitäts- bzw. Medienkonzepten, die auf Differenz-Modelle setzen (eher Derridascher als Luhmannscher Art, vgl. dazu Tholen, Wetzel und Paech) und „Intermedialität" philosophisch und formalistisch als einen sowohl künstlerischen wie wissenschaftlichen Zwischenraum, ein Intervall, einen Bruch oder eine Leerstelle bestimmen, die neue Beobachtungen ermöglichen. Dabei wird das *Inter* ernst genommen und fällt nicht — wie teilweise bei Paech — mit dem Medium selbst zusammen. Diese Vorstellungen sind, wie sich zeigen wird, mit Cortázars Konzept des Interstitiums kompatibel.

Haus seiner Mutter, Großmutter, Tante und Schwester auf. Sein frühes Interesse an französischer und englischer Literatur, an Musik – Klassik, Tango, Jazz – und am Kino leitet seine Unabhängigkeitsbestrebungen aus der beengenden Umgebung während der Schulzeit. Nach einer Lehrerausbildung geht er für mehrere Jahre an eine Schule nach Chivilcoy in der Provinz Buenos Aires, verbringt seine Freizeit dort hauptsächlich mit Büchern und hält sich an den Wochenenden in der Hauptstadt auf. Hier schließt er sich dem *grupo del 40* an, einer intellektuellen Gruppierung, in deren Organen – *Canto*, *Huella* und *Oeste* – er Gedichte und Essays veröffentlicht. 1938 erscheint sein erster Gedichtband, *Presencia*, unter dem Pseudonym Julio Denis; sein erster Essay ist der 1941 ebenfalls unter dem Pseudonym in *Huella* erscheinende Aufsatz *Rimbaud*. Ein Freund holt ihn 1944 an die Universität von Mendoza, an der er Literatur unterrichtet, seinen ersten langen Essay – *La urna griega en la poesía de John Keats* – veröffentlicht und zum ersten Mal politisch Stellung bezieht: er verurteilt entschieden den zu der Zeit in Argentinien populären und massenhysterische Züge annehmenden Peronismus und löst damit – vor allem während der späteren Erfolgsphase im lateinamerikanischen *boom* – eine in der Linken grassierende Polemik aus. Die politische Entwicklung kostet ihn bei der Wahl Peróns Anfang 1946 zum argentinischen Präsidenten die Stelle an der Universität und veranlaßt ihn, nach Buenos Aires zu ziehen. Dort arbeitet er vorübergehend in einem Verlagsbüro, hat genügend Zeit für seine literarische Tätigkeit und legt an der Universität ein Dolmetscherexamen für Französisch und Englisch ab. 1949 reist er für mehrere Wochen nach Europa: Barcelona, Paris und Italien sind die Stationen auf den Spuren seiner frühen Kindheit und seiner vor allem französisch geprägten, über sein bisheriges Leben verstreuten Imaginationen. Paris fasziniert ihn so sehr, daß er sich vornimmt, später dort zu leben. In Buenos Aires übernimmt er nach seiner Rückkehr zunächst das Übersetzerbüro eines Freundes und verdient gut. 1951 bewirbt er sich – quasi als panische Reaktion auf das in Aussicht stehende Leben im bürgerlichen Wohlstand eines peronistischen Argentinien – um ein achtmonatiges Stipendium in Paris, ist erfolgreich und geht nun definitiv nach Europa. Seine schriftstellerische Tätigkeit in Buenos Aires, von der er finanziell nicht abhängig ist, führt zwischen 1946 und 1951 neben Veröffentlichungen in den literarischen Zeitschriften *Sur*, *La nación* und den von Borges herausgegebenen *Anales de Buenos Aires* zu den erst 1986 postum erschienenen, existentialistisch und surrealistisch motivierten Romanen *Divertimento* und *El examen*[13], dem lyrischen Prosastück *Los reyes* und der ersten Sammlung fantastischer Kurzgeschichten, *Bestiario*.

---

[13] Vgl. zu den ersten Romanen: Berg, Walter Bruno, „Apocalipsis y divertimento: escritura vanguardista en la primera novelística de Cortázar", in: Wentzlaff-Eggebert, Harald (Hg.), Europäische Avantgarde im lateinamerikanischen Kontext. Akten des internationalen Berliner Kolloquiums 1989, Frankfurt 1991, S.229-239.

Paris, mittlerweile ein halbes Jahrhundert lang Kulturzentrum der westlichen Welt, bedeutet einen radikalen Schnitt. Cortázar führt das Leben eines von der europäischen Großstadt faszinierten Lateinamerikaners. Nach dem Stipendium schlägt er sich zunächst mit Gelegenheitsarbeiten durch, übersetzt das Werk Edgar Allan Poes und verbringt dafür ein Jahr in Rom. In dieser frühen europäischen Phase entstehen die für das weitere Schaffen in vieler Hinsicht richtungsweisenden Sprachspiele der *Historias de cronopios y famas*. Zurück in Paris, wird Cortázar für längere Zeit Übersetzer bei der UNESCO und sichert sich damit seinen Lebensunterhalt. 1956 veröffentlicht er seine zweite Sammlung von Kurzgeschichten, *Final del juego*, die ihn mit Geschichten wie *Continuidad de los parques* und *Axolotl* als Erzähler der sogenannten fantastischen Literatur etabliert. Mit *Las armas secretas* folgt 1959 der dritte Band von Kurzgeschichten, der auch die Novelle *El perseguidor* enthält. Sie markiert im Schaffen Cortázars eine in Kritikerkreisen oft betonte „existentialistische" Wende, die seine Beschäftigung mit dem Tod und die metaphysisch orientierte Suche einleitet. *Los premios* (1960) und dann *Rayuela* (1963) sind literarische Zeugnisse, die das Ästhetisch-Spielerisch-Fantastische der vierziger und fünfziger Jahre um die neuen Erfahrungen ergänzen. 1962 beginnt mit der ersten Reise nach Kuba jedoch ebenfalls Cortázars politisches Engagement in Lateinamerika. Sein von ihm selbst oft vertretener revolutionärer und sozialistischer Humanismus bleibt trotz der politisch eindeutigen Stellungnahmen zu Kuba, Argentinien und Nicaragua ambivalent. In einem Brief an Fernández Retamar schreibt er 1967:

> A riesgo de decepcionar a los catequistas y a los propugnadores del arte al servicio de las masas, sigo siendo ese cronopio que (...) escribe para su regocijo o su sufrimiento personal, sin la menor concesión, sin obligaciones „latinoamericanas" o „socialistas" entendidas como *a priori* pragmáticos.[14]

Und 1983 in *El País*: „ ...pero ese socialismo debe ser un fénix permanente, dejarse atrás a sí mismo en un proceso de renovación y de invención constantes..."[15] Cortázars Bewertung des Phänomens der Revolution faßt die bisher formulierten Vorbehalte des Literaten zusammen:

> En sus formas iniciales, esas revoluciones adoptaron formas dinámicas, formas lúdicas, formas en las que el paso adelante, el salto adelante, esa inversión de todos los valores que implica una revolución, se operaban en un campo moviente, fluido y abierto a la imaginación, a la invención y a sus productos connaturales, la poesía, el teatro, el cine y la literatura. Pero con una frecuencia bastante abrumadora, después de esa primera etapa las revo-

---

[14] Revista *de la Casa de las Américas de Cuba*, 1967, zitiert in: Prego, a.a.O., S.19.
[15] El País, 9. Oktober 1983, ebenfalls zitiert in: Prego, a.a.O., S.19. Im Interview bezieht Cortázar außerdem eine antiideologische Stellung: „Yo no podía de ninguna manera aceptar el compromiso como una obediencia a un deber exclusivo de ocuparme de cosas de tipo ideológico." (S.132)

luciones se institucionalizan, empiezan a llenarse de quitina, van pasando a la condición de coleópteros.[16]

Der Prozeß der Institutionalisierung einer Revolution markiert für Cortázar den Verlust ihres kreativen Potentials, das sie in den Anfangsstadien vor allem im Spiel, in der Imagination und in den Künsten entfaltet. Die eingeforderte „revolución permanente" und die sich daraus ergebende Problematik einer Positionierung innerhalb sozialistischer Diskurse bedeutet für Cortázar ein konfliktgeladenes Engagement, das sich auf der einen Seite in klaren politischen Stellungnahmen gegen Unterdrückung und Gewalt in Lateinamerika ausdrückt, auf der anderen, literarischen Seite jedoch in komplexe, autoreflexive Texte mündet.

Ab Ende der sechziger Jahre hält er sich neben seinem Domizil in Paris im südfranzösischen Saignon in Vaucluse auf. Die folgenden Jahrzehnte bis zu seinem Tod im Januar 1984 wird er mit seinen Texten – dazu zählen ab 1968 die Romane *62* und *Libro de Manuel*, die Almanache, sechs Kurzgeschichtensammlungen und mehrere politische Schriften – und in seiner politischen Lebenspraxis an eine *toma de conciencia*, einen Prozeß der inneren Bewußtwerdung, appellieren, den er gegen jede Art von Erstarrung ins Feld führt. Den letzten Lebensabschnitt – 1980 wird er französischer Staatsbürger – charakterisieren neben öffentlichen Stellungnahmen zur politischen Lage in Lateinamerika und daraus hervorgehende Reisen und Aktionen vor allem auch Auseinandersetzungen mit Wortführern der lateinamerikanischen Linken, die einem komplex konstruierten Roman wie *Libro de Manuel* meist hilflos gegenüberstanden.

0.1.2.2. Kosmopolitismus und lateinamerikanischer *boom*

Nach der grob skizzierten Lebensgeschichte Cortázars soll der Kosmopolitismus als topologisches Merkmal einer Wahrnehmungsstruktur fokussiert werden, die Cortázar mit vielen lateinamerikanischen Schriftstellern teilt und die am Entstehen des *boom*-Phänomens maßgeblich beteiligt war.

Der *boom* steht als kulturpolitisch motivierte „Explosionsmetapher" eher für eine vielschichtige Bewegung denn für ein punktuelles Ereignis. Er war eng mit der kubanischen Revolution 1959 und der Einrichtung der *Casa de las Américas* verbunden, die das Zusammengehörigkeitsgefühl lateinamerikanischer Intellektueller intensivierte. Eckdaten des *boom* sind 1961 die Verleihung des internationalen Verlegerpreises an Borges, gemeinsam mit Beckett; 1962 der Preis der Biblioteca Breve von Seix Barral für *La ciudad y los perros* von Vargas Llosa; 1965 der erste Kongreß der lateinamerikanischen Schriftsteller, der dann zum Schriftstellerverband führte; 1967 der Nobelpreis für Literatur an Miguel Angel Asturias. *Rayuela* (1963) kann neben *La ciudad y los perros* am Beginn des *boom* verortet werden, ein Höhepunkt war *Cien años de soledad* (1967) von García Márquez. Das Ende

---

[16] Prego, a.a.O., S.137/138.

des „historischen" *boom* markiert in Lateinamerika der Fall Padilla 1971, der das Kuba Castros diesmal zum Zankapfel zwischen protestierenden und sympathisierenden Intellektuellen werden läßt. Nach Buenos Aires, Mexico-Stadt und Havanna als Zentren des *boom* in Lateinamerika – hier waren die Verlage Losada, Sudamericana und Fondo de Cultura Económica tonangebend – sind vor allem Barcelona und Paris die ersten Verteilerstellen der *boom*-Autoren in Europa. Die Agenten und Vermittler Carmen Balcells, Carlos Barral, Jaime Salinas und die Verlage Seix Barral, Alianza und Alfaguara – in dem z.B. die *bibliotecas* Cortázar, García Márquez und Carpentier existieren – sind im Spanien der sechziger und siebziger Jahre an der Verbreitung lateinamerikanischer Texte maßgeblich beteiligt. In Frankreich brachte Roger Caillois in der Reihe „La Croix du Sud" schon 1948 bei Gallimard Texte von lateinamerikanischen Autoren heraus. Bei Le Seuil sorgte später Severo Sarduy für deren Bekanntwerden in Frankreich. Deutsche Verlage zeigten erst in den siebziger Jahren ein zumeist aus Frankreich und Spanien importiertes Interesse für Lateinamerikaner, das mit der Frankfurter „Lateinamerika"-Buchmesse 1976 und dem Horizonte-Festival 1982 in Berlin publikumswirksamen Ausdruck fand. Die Institutionalisierung lateinamerikanischer Autoren in Deutschland dokumentieren die Lateinamerika-Reihen bei Suhrkamp, Fischer und Hanser.[17]

Viele lateinamerikanische Intellektuelle und Protagonisten des *boom* leben im Paris der 50er und 60er Jahre, in anderen europäischen Großstädten oder den USA – Arguedas und Lezama Lima bilden jedoch wichtige Ausnahmen – und reflektieren Lateinamerika in einem für ihr literarisches Schaffen bedeutsamen und oft problematischen Verhältnis der Distanz und Differenz.[18] Die mit Lezama Lima in *La expresión americana* (1957) und Carpentier in *Tientos y diferencias* (1964) initiierte und in Sarduys *Barroco* (1974) kulminierende Selbstbestimmung der lateinamerikanischen Kultur und Literatur als wesensmäßig barock bzw. neobarock schließt in der neueren, vor allem lateinamerikanischen und spanischen Literaturkritik auch Cortázar als deren Vertreter ein. Neobarock-Theorien sind zum einen im Anschluß an spanisch-französisch-lateinamerikanische „Gongorismen" im *modernismo* um Rubén

---

[17] Vgl. zum *boom* aus der Sicht eines Betroffenen: Donoso, José, Historia personal del 'boom', Barcelona 1972; daneben die Arbeiten zweier lateinamerikanischer Literaturkritiker der ersten Stunde: Harss, Luis, Los Nuestros, Buenos Aires 1966; Rodríguez-Monegal, Emir, El Boom de la novela latinoamericana, Buenos Aires 1972, auch Herausgeber einer der wichtigsten Organe des *boom*, an dem Cortázar aufgrund der neoliberalen Tendenzen der Zeitschrift allerdings nicht partizipierte: *Mundo Nuevo* (1966-68); zur europäischen — vor allem deutschen — Rezeptionsgeschichte des *boom*: Wiese, Claudia, Die hispanoamerikanischen *Boom*-Romane in Deutschland, Frankfurt 1992.

[18] Vgl. als Überblick zu kosmopolitischer Vita und zur Textproduktion der meist aus Diplomaten- und Akademikerkreisen stammenden und später oft auch politisch aktiven *boom*-Autoren: Eitel, Wolfgang (Hg.), Lateinamerikanische Literatur der Gegenwart in Einzeldarstellungen, Stuttgart 1978.

Darío, bei Borges und Autoren der *generación del 27* entstanden, zum anderen in der Aufnahme kultur- und kunstphilosophischer Konzepte der Jahrhundertwende (Nietzsche, Worringer, Spengler, D'Ors, Ortega y Gasset) und in Reaktion auf die spanisch-europäische Vormundschaft lateinamerikanischen Kulturguts. Cortázar selbst scheint „infiziert" von barocker *écriture* und sieht innerhalb eines „barroco como cifra y signo vital de Latinoamérica" Carpentier und Lezama Lima an den „dos polos de esa visión y manifestación de lo barroco"[19]. Bezüglich Carpentiers Theorien und gegen willkürliche Etikettierungen differenziert er jedoch in einem Interview: „es cierto en algunos planos; es muy cierto en el caso de él, es muy cierto en el caso de Lezama Lima o de una manera mucho más moderna en Severo Sarduy ahora. Pero no es en absoluto cierto en el caso de Vargas Llosa, ni tampoco en mi caso."[20] Sowohl die problematische Wirkung des Neobarock-Begriffs – nicht nur in Abgrenzung zu traditionellen Barock-Konzepten – als auch ihr oft identitätsideologischer Gestus führt in dieser Arbeit trotz „(neo)barocker" Stilelemente in Cortázars Texten zum Verzicht dieser Verortungen.[21] Vielmehr soll die topologische Anordnung des Kosmopolitismus in der Schrift Cortázars akzentuiert werden, die in den Aspekten *Lateinamerika/Europa*, *Reise* und *Großstadt* ihre motivischen Entsprechungen findet.

Das Verhältnis *Lateinamerika/Europa* ist ein Leitmotiv bei Cortázar. *Rayuela* dokumentiert diese Erfahrung in seiner Dreiteilung exemplarisch. *Del lado de allá*, das *jenseitige* Europa, ist schriftliches Zeugnis seiner Paris-Erfahrung der fünfziger Jahre und in selbstreflexiver Geste gleichzeitig die kritische Auseinandersetzung mit dem abendländisch-europäischen Geist. In Gestalt der *clocharde* Emmanuèle als Oliveiras Erfahrung des Anderen des humanistisch-rationalen Eurozentrismus erfährt er eine ironisch-humorvolle, aber resolute Infragestellung. *Del lado de acá*, das *diesseitige* Lateinamerika, ist die Rückkehr nach Buenos Aires und sowohl die Einkehr in die Welt der argentinischen Alltäglichkeiten als auch die Fortsetzung der in Europa begonnenen Suche mit anderen Mitteln. *De otros lados* veranschaulicht die

---

[19] „Para llegar a Lezama Lima", in: LV, S.224.
[20] Picon Garfield, Evelyn, Cortázar por Cortázar, México 1978, S.126.
[21] Einen kritischen Überblick über die wichtigsten Neobarock-Theorien bietet: Pauly, Arabella, Neobarroco: Zur Wesensbestimmung Lateinamerikas und seiner Kultur, Frankfurt/Berlin/Bern/etc. 1993. Eine Literaturgeschichte, die Lateinamerika als vielgesichtige Kultur-Konstruktion behandelt, bietet seit kurzem: Rössner, Michael (Hg.), Lateinamerikanische Literaturgeschichte, Stuttgart/Weimar 1995; vgl. in kulturgeschichtlichem Kontext auch: Berg, Walter Bruno, Lateinamerika: Literatur — Geschichte — Kultur, Darmstadt 1995. Ein differenziertes Denken, das das Andere Lateinamerikas für eine kritische Betrachtung seiner Kulturgeschichte voraussetzt, findet sich richtungsweisend in: Todorov, Tzvetan, La conquête de l'Amérique. La question de l'autre, Paris 1982. Postkoloniale kulturtheoretische Konzepte für Lateinamerika, die auf Alterität, *mestizaje* und Hybridität setzen (emblematisch bei Paz, Brunner und Canclini) bespricht der Band: Scharlau, Birgit (Hg.), Lateinamerika denken. Kulturtheoretische Grenzgänge zwischen Moderne und Postmoderne, Tübingen 1994.

Vermischung und Auflösung europäischer und lateinamerikanischer Diskurse. Die hier nebeneinander auftretenden Texte – ein Großteil davon die für Cortázars Schrifttheorie wegweisenden *morelliana*, aber auch Zeitungsartikel und Textfragmente lateinamerikanischer, asiatischer und europäischer Autoren vom Mittelalter bis zum 20. Jahrhundert – beinhalten außerdem die abgründigen Enden des Buches und geistern durch die beiden anderen (kulturellen und literarischen) Welten. Aus den zunächst dominant kulturästhetischen Erfahrungen – *Rayuela* markiert deren Kulmination – entwickelt sich in der Differenz *Lateinamerika/Europa* schließlich auch das politische Engagement für die unterdrückten Völker Lateinamerikas und die Reflexion über Gewalt, die er zunehmend in seine Texte integriert. Gerade in seiner eigenen *toma de conciencia* zeigt Cortázar immer wieder Gesten des Zweifelns und Hinterfragens – vor allem in seinem letzten und politischsten Roman *Libro de Manuel* – und problematisiert die Möglichkeit von Engagement überhaupt.[22]

Die *Reise* ist an das politische Bewußtsein gekoppelt. Kuba, Nicaragua, Chile, Argentinien, Mexico, das freiwillige Exil in Paris, Saignon im südfranzösischen Hinterland und gegen Ende seines Lebens auch Osteuropa und die USA sind Stationen, die Cortázar bio-graphisch durchläuft. Spuren dieser Bewegungen zeigen seine Texte: *Los Premios*, *Rayuela*, *62*, *Libro de Manuel*, viele Kurzgeschichten und die beiden Almanache inszenieren die Schrift an verschiedenen Schauplätzen, spielen auf Reisen und verweisen auf Topoi und Figuren der Reise als Erfahrung der Suche.[23]

Paris war nach dem Zweiten Weltkrieg mit späten Formen des Surrealismus, dem Existentialismus, dem absurden Theater, dem *Nouveau Roman* und der *Nouvelle Vague* erneut europäisches Zentrum avancierter und auf allen Ebenen der Kunstproduktion wirksamer Denkerfahrungen. Die in großer Zahl in Cortázars Texten vorhandenen Verweise und sowohl intertextuellen als auch intermedialen Spiele bezeugen den hohen Bewußtseinsgrad des Autors von der ihn umgebenden Kunst-Welt. Für die räumlichen Inszenierungen von

---

[22] Vgl. die politischen Texte, vor allem zu Kuba, Argentinien, Chile und Nicaragua, in: Nicaragua tan violentamente dulce; Argentina: años de alambradas culturales, beide Barcelona 1984 und: Obra crítica/3, Madrid 1994; die politisch motivierten Kurzgeschichten *Reunión*, *Segunda vez*, *Apocalipsis de Solentiname*, *Recortes de prensa*, *La escuela de noche* und *Libro de Manuel*. Vgl. zum politischen Engagement in der Literatur exemplarisch auch die frühe Auseinandersetzung mit Collazos und Vargas Llosa in: Collazos, Oscar, Literatura en la revolución y revolución en la literatura, México 1970; und die umfassende Darstellung der Problematik bei Berg, Grenz-Zeichen, a.a.O., vor allem S. 106-149.

[23] Vgl. zum Reise-Schreiben, das mit dem Kosmopolitismus eine fruchtbare Symbiose eingeht: Grivel, Charles, „Reise-Schreiben", in: Gumbrecht, Hans Ulrich/Pfeiffer, K. Ludwig (Hg.), Materialität der Kommunikation, Frankfurt 1988, S.615-634; zur *Reise* als neuzeitlicher Wissensspeicher und vor allem auch bildmedial inszeniertes Erkenntnismodell: Schneider, Manfred, „Das Kino und die Architekturen des Wissens", in: Tholen, Georg Christoph/Scholl, Michael O. (Hg.), Zeit-Zeichen. Aufschübe und Interferenzen zwischen Endzeit und Echtzeit, Weinheim 1990, S.281-295.

Paris in *Rayuela* und einigen Kurzgeschichten – z.B. in *El otro cielo* – spielt die surrealistische Topographie eine große Rolle, die schon in den zwanziger Jahren die Stadt Paris zum Schauplatz objektiver Zufälle und zufälliger Begegnungen gemacht hat. Bretons *Nadja* und Aragons *Le Paysan de Paris* sind vor allem in diesem Sinne signifikante Intertexte Cortázars. Durch Wahrnehmungsveränderungen und erhöhte Medienpräsenz – Kinos, Museen, Ausstellungen, Musikszene, Kultur der Massenmedien – gibt die Erfahrung der *Großstadt* als Konzentration von Ereignissen und Begegnungen ein keiner anderen Zeit-Raum-Konstellation vergleichbares Wahrnehmungsdispositiv ab. In Verbindung mit wissenschaftlichen und technologischen Umwälzungen seit der Jahrhundertwende – Quantentheorie, Relativitätstheorie, Psychoanalyse, Phonographie, Kinematographie, Kybernetik – bietet und erfordert die Stadt als Kultur-Zentrum veränderte Wahrnehmungsstrategien.

Mit dem Nachzeichnen der biographischen Spuren innerhalb medialer, topographischer und soziopolitischer Konfigurationen des 20. Jahrhunderts ist die Signatur Cortázar im Kontext „avantgardistischer" Kunstproduktionen näher bestimmt. Im Wechselspiel mit anderen Künsten und Medien, mit anderen Künstlern und ihren Werken, bedient sich der Schriftsteller Cortázar jedoch ausschließlich der Literatur als künstlerischer Ausdrucksform. Seine Reflexion ästhetischer Prozesse und sein Angebot neuer Wahrnehmungsmodelle sind somit zunächst an die traditionelle Geste des Schreibens in alphanumerischer Schriftform gebunden, und sein Medium bleibt der Text. Doch bricht sein literarisches Werk immer wieder aus der Geschlossenheit des Textes aus und transgrediert ihn. Im folgenden soll die Geste des Schreibens vom Text als ideologischem Konstrukt gelöst und Cortázars transtextuelle Schrift-Figuren innerhalb eines dekonstruktiven Schriftbegriffs situiert werden.

0.2. Literatur und die Geste des Schreibens

> *Qu'est-ce qu'un geste? Quelque chose comme le supplément d'un acte. L'acte est transitif, il veut seulement susciter un objet, un résultat; le geste, c'est la somme indéterminée et inépuisable des raisons, des pulsions, des paresses qui entourent l'acte d'une atmosphère (au sens astronomique du terme).[24]*

> *Es gibt kein Denken, das nicht durch eine Geste artikuliert würde.[25]*

> *Pienso en los gestos olvidados, en los múltiples ademanes y palabras de los abuelos, poco a poco perdi-*

---

[24] Barthes, Roland, „Cy Twombly ou Non multa sed multum", in: ders., L'obvie et l'obtus (Essais critiques III), Paris 1982, S.148.

[25] Flusser, Vilém, Gesten. Versuch einer Phänomenologie, Düsseldorf 1993, S.38.

> dos, no heredados, caídos uno tras otro del árbol del
> tiempo. (R, cap. 105, S.636)

0.2.1. Schrift-Bilder

Für Flusser ist Schreiben als Inskription und eindringende Geste „eine der Phänomenalisierungen des Denkens", die im Tippen auf der Schreibmaschine „die kennzeichnendste Geste des Schreibens"[26] gefunden hat. Indem Flusser in einer „Dialektik zwischen Wort und Ich" die Schrift ausschließlich an die sprachlichen, alphanumerischen Ordnungen der Textproduktion bindet, muß er sie im Zeitalter technischer Codes und Gesten als „ärmliche, primitive, wenig effiziente und kostspielige Geste" deklarieren, die Schreiben zum Archaismus macht.[27]

Doch die Brüche innerhalb einer dekonstruktiven Schrift-Problematik führen zunächst zu Heidegger. Wenn Derrida in dessen Diskurs aufdeckt, „wie um die Hand und um das Wort herum und mit einer stark ausgeprägten Kohärenz all jene Züge organisiert werden, auf deren unaufhörliche Wiederkehr ich an anderer Stelle unter den Namen des Logozentrismus und des Phonozentrismus aufmerksam gemacht habe"[28], dekonstruiert er den Schriftbegriff aus *Was heißt Denken?*, *Parmenides* und *Das Wort des Anaximander*. Mit Bezug auf literarische Texte von Hölderlin und Trakl entwickelt Heidegger ein Denken der/als Hand, das er als „Manier des Daseins" im Menschen-Geschlecht gegenüber einer hand-losen, nur mit Greiforganen ausgerüsteten „Animalität" geltend machen will. Das Denken gewinnt im Schreiben als eigentlichem „Hand-Werk" einen leiblichen Ausdruck, der sich nur handschriftlich manifestieren kann. Das führt ihn im Gegensatz zu Flussers Überlegungen zu einer „Denunziation der Schreibmaschine", die das versammelnde Wesen der Geste des handschriftlichen Schreibens und der Schrift in der Zerstörung der Einheit des Wortes verleugnet.[29] Indem Derrida

---

[26] ebd., S.35.
[27] ebd., S.37 und S.40. Vgl. zur Schriftkonzeption Flussers vor allem auch: ders., Die Schrift. Hat schreiben Zukunft?, Göttingen 1987.
[28] Derrida, Jacques, „Heideggers Hand (Geschlecht II)", in: ders., Geschlecht (Heidegger), Wien 1988, S.78. (frz. in: Psyché. Inventions de l'autre, Paris 1987).
[29] ebd., S.75. Heidegger zeigt auch innerhalb seiner Frage der Technik die Bedrohlichkeit und Un-Handlichkeit neuer Technologien und bleibt dabei einem anthropozentrischen Weltbild verhaftet. Er denunziert eine negativ bewertete Zerstreuung, die schon bei der Schreibmaschine ansetzt und der er seit *Sein und Zeit* eine versammelnde Eigentlichkeit entgegensetzt, die den Menschen immer wieder in den Mittelpunkt stellt. Seine Philosophie hat jedoch auch ambivalente Züge. Derrida stellt in seinem Text die doppelte Berufung der Heideggerschen Hand heraus, die neben der dogmatisch-logozentrischen Auslegung in der Gabe ein von ökonomischen Strukturen befreites Geben anzeigt. Vgl. dazu: Derrida, Geschlecht, S.68f; und zur Heideggerschen Medien-und Technik-Problematik in Zusammenhang mit seinem nationalsozialistischen An-Ruf: Ronell, Avital, The Telephone Book. Technologie — Schizophrenia — Electric Speech, London 1989.

seine Lektüre an die disseminierende Wirkung des Begriffs der *Monstrosität* bindet, kann er die Heideggersche „Abwertung der Schrift im allgemeinen"[30] in seiner Hand-Metaphorik gerade auch in bezug zur Literatur demonstrieren. Heideggers Unterscheidungen Gedicht/Dichtung und Erörterung/Erläuterung, die ihn neben anderen idiomatischen Wendungen bei der Bestimmung vom „versammelnden Ort" bei Trakl leiten, denunziert Derrida als der abendländischen Metaphysik verhaftete rhetorische Geste:

> Wenn die ‚Erörterung' des Gedichtes sich in ihren entscheidenden Momenten derart abhängig von der Zuflucht zum Idiom des Geschlechts und zum Geschlecht des Idioms erweist, wie soll dann die Beziehung zwischen dem Ungesprochenen des Gedichtes und seiner Zugehörigkeit zu einer Sprache und zu einem Geschlecht, wie soll die Aneignung noch seines Schweigens in einer Sprache und in einem Geschlecht zu denken sein?[31]

Derrida gibt gegenüber den logozentrischen Vorschriften Heideggers der Schrift als differentielle Spur und Gedächtnis einen anderen Raum als den der handschriftlichen Text-Sprache. Sie manifestiert sich vielmehr auf verschiedene Weise und in unterschiedlichen Formen als sinnloses Sinnspiel. Mit Bezug auf die souveräne Schrift in Batailles Texten, die sich vor allem gegen den sinnvollen Diskurs Hegels stellt, schreibt Derrida: „le sens est *en fonction du jeu*, il est inscrit en un lieu dans la configuration d'un jeu qui n'a pas de sens."[32] Und die *Schrift* als Sinn-Spiel nutzt in ihrer Geste des Schreibens unterschiedliche Ausdrucksformen und Medien:

> On tend maintenant à dire ‚écriture' (...) pour désigner non seulement les gestes de l'inscription littérale, pictographique ou idéographique, mais aussi physiques la totalité de ce qui la rend possible; (...) par là, tout ce qui peut donner lieu à une inscription en général, qu'elle soit ou non littérale et même si ce qu'elle distribue dans l'espace est étranger à l'ordre de la voix: cinématographie, choréographie, certes, mais aussi ‚écriture' picturale, musicale, sculpturale etc.[33]

Schrift manifestiert sich als kulturelle Inskription des Raumes in jeweils verschiedenen medialen, apparativen, sprachlichen und gestischen Dispositi-

---

Cortázars Hand-Manie in einigen Erzählungen und vor allem in *62* (hier insbesondere die Hände der blutrünstigen Frau Marta, S.78) ist zunächst eine unfreiwillige Analogie zu Heideggers Hand-Werk, die aber durch das rekurrente Auftreten einer Schreibmaschine als Instrument des schriftstellerischen Schreibaktes in den Texten Cortázars wieder relativiert wird.

[30] ebd., S.77.
[31] ebd., S.97.
[32] Derrida, Jacques, „De l'économie restreinte à l'économie générale. *Un hegelianisme sans réserve*", in: ders., L'écriture et la différence, Paris 1967, S. 369-407, hier S.382. Vgl. zum differentiellen Raum einer präsenz- und identitätslosen Schrift auch Derridas Texte zu den Schrift-Metaphern bei Freud: „Freud et la scène de l'écriture", in: L'écriture et la différence, a.a.O., S.293-340; und zur Schrift Blanchots: Parages, Paris 1986.
[33] Derrida, Jacques, De la grammatologie, Paris 1967, S.19.

ven. Sie kann in diesem Sinne von ihrer Fixierung auf den Text und auch auf die Literatur gelöst werden. Mit Michael Wetzel läßt sich sagen: „Literatur ist nur ein Spezialfall von Schrift, eine Technik der ‚Ver-' bzw. ‚Bearbeitung' von Schrift, und in der Tat eine kulturgeschichtlich spät entwickelte."[34]

0.2.2. Schrift, Text und Literaturwissenschaft

Wissen und Informationen haben sich seit dem Mittelalter hauptsächlich in Texten eingeschrieben und überliefert. Mit der Typographie – einer Erfindung des 12. Jahrhunderts – gelangten in Schriftsprache codierte Informationen im oft kontingenten, zeiträumlichen Schleifprozeß mehrerer Jahrhunderte insbesondere im abendländischen Kulturkreis aus einer schriftlich-heiligen Unendlichkeit zu einer linear strukturierten, eindimensional gesetzten Textur. Der Text ist in seiner Funktion eines kontrollierenden und archivierenden Schrift-Mediums ein vorläufiges Gewebe aus Linien, das sich einem Code – der alphanumerischen Schrift-Sprache – bedient.[35] Bei seiner Suche nach atextuellen Schriftformen in der Ästhetik Deleuze' und Guattaris stellt Hesper den Text als Schrift-Bild mit Illich und Chartier als imperialistisches und despotisches Wahrnehmungs-Paradigma innerhalb einer religiös dominierten Semiotik heraus.[36] Nach der Erfindung des Buchdrucks im 15. Jahrhundert wurden Texte in abgeschlossene (Buch)Formen gepreßt und mit ihrer fortschreitenden Verbreitung allmählich zu den bedeutendsten Wissens- und Informationsträgern, die zunächst ausschließlich elitären Kreisen – Machthabern und Klerikern – zugänglich waren und bestimmten Produktions-, Distributions- und Rezeptionsmechanismen unterlagen. Texte waren in der Folge mitverantwortlich für die Bildung eines historischen Bewußtseins und die Vorstellung eines modernen, rational denkenden Subjekts, das vor allem auf den in der *Grammatologie* Derridas dekonstruierten Kategorien der Identität und der Präsenz gründet. Seit den sechziger Jahren dieses Jahrhunderts hat das semiotische Text-Modell Hochkonjunktur und fand in Verbindung mit Computer-Technologien Eingang in die neuere Medientheorie. Dort fungiert das immaterielle Kommunikationsnetz als Chiffre für eine von allen Kontrollinstanzen befreite „networked society", einem allen Menschen zugänglichen textuellen Wissensspeicher, und unterschlägt die nur in anderen Dispositiven auftretenden Hierarchisierungen und Diskurskontrollen. Hesper geht es darum, „den Text (neben den Größen Buch, Autorschaft, Sinn) als

---

[34] Wetzel, Michael: Die Enden des Buches oder die Wiederkehr der Schrift, Weinheim 1991, S.35.
[35] Vgl. zur Erfindung der Schrift und ihrer Form-Entwicklung, vor allem in bezug auf die kontinuierliche Verdrängung von Bilderschriften in einzelnen Kulturregionen: Jean, Georges, L'écriture, mémoire des hommes, Paris 1987.
[36] Vgl. für diese und folgende Überlegungen: Hesper, Stefan, Schreiben ohne Text. Die prozessuale Ästhetik von Gilles Deleuze und Félix Guattari, Opladen 1994, Einleitung, S.13-39; McLuhan, Marshall, The Gutenberg-Galaxy: the making of typographic man, London 1962.

Maske wahrzunehmen, als politische Prozedur der Vergesichtlichung von Schrift, die vor einen beliebigen Hintergrund immer eine gute, distinkte Form projiziert." Schrift wird zu einer virtuellen Kategorie, „die im Text nur eine ihrer aktualisierten Formen findet."[37] Die *différance* geht weit über die semiotische Begrifflichkeit hinaus und legt den Text als ideologisches Konstrukt in seiner Rhetorizität bloß. Ihr Status – sie ist „ni un mot ni un concept"[38] und will in ihrer anti-logo/phonozentrischen Geste etwas nicht Hörbares/nur Sichtbares bezeichnen – verweist auf ihre paradoxale Struktur, die als ökonomische Auf/Verschiebung sowohl Temporalisierung als auch Verräumlichung umfaßt. Jenseits der Sprache der Metaphysik ist sie „le mouvement selon lequel la langue, ou tout code, tout système de renvois en général se constitue ‚historiquement' comme tissu de différences."[39]

Schrift-Figuren materialisieren sich über alle Ausdrucksformen. In literaturwissenschaftlicher Perspektive kann Literatur als künstlerische Textproduktion auf funktionaler Ebene zunächst als das unvollendete Universum von aufeinander verweisenden Texten angesehen werden, in dem Schreibende und Leser über eine unabschließbare Lektüre-Arbeit die unfertigen Gewebe austauschen, ergänzen, erweitern, vollenden, ignorieren, vernichten.[40] In systemtheoretischer Sicht ist sie neben anderen künstlerischen Ausdrucksformen kulturelle Reflexions-, Beobachtungs- und Beschreibungsebene gesamtgesellschaftlicher Verhältnisse als autopoietische Systeme.[41] Literatur kann zum Ort der Reflexion auf ihr eigenes Medium, ihren Seinsmodus und ihre Funktion werden. Über Selbst- und Fremdbeobachtung gelingt es ihr, sich und ihre Umgebung in Frage zu stellen und die Machtstrukturen ihrer Form, des Schrift-Bilds, und des Codes, der Schrift-Sprache, zu überlisten: „Cette tricherie salutaire, cette esquive, ce leurre magnifique, qui permet d'entendre la langue hors-pouvoir".[42] Dics kann jedoch vor allem an den Grenzen ihrer textuellen Ausdrucksmöglichkeiten und unter Einbezug heterogener Wahrnehmungsmodi geschehen. Literatur kann im Zusammenspiel mit anderen Medien den Schrift-Raum öffnen und durchkreuzen. Die Geste des Schreibens markiert Übergänge und Brüche zwischen Schrift und Körper, Mensch und Maschine, Gedächtnis und Wahrnehmung. Sie ist nicht an textuelle Wahrnehmungsstrategien gebunden – als systemtheoretisch formulierte Reduzierung von Komplexität geschieht im Text die „Löschung des Figura-

---

[37] Hesper, S.35 und S.37.
[38] Derrida, Jacques, Marges — de la philosophie, Paris 1972, S.7.
[39] ebd., S.12f.
[40] Hier gilt das Konzept einer komplexen Intertextualität, für die exemplarisch die Eigennamen Kristeva, Eco, Barthes, Todorov, Genette, Blanchot und Pfister stehen sollen.
[41] Vgl. zur systemtheoretischen Perspektive mit Beiträgen von Plumpe, Schwanitz, Esposito, Luhmann und anderen: Fohrmann, Jürgen/Müller, Harro (Hg.), Systemtheorie der Literatur, München 1996.
[42] Barthes, Roland: Leçon, Frankfurt 1979, S.20f.

len gegenüber dem Diskursiven"⁴³ – und generiert intermediale Modelle und Prozesse.⁴⁴

0.2.3. Schrift und Wahrnehmung

Relativität, Polyperspektivität und Konstruktion haben die bedenkenlose Vermessung und Beurteilung der Wirklichkeit durch menschliches Bewußtsein spätestens seit Ende des 19. Jahrhunderts inadäquat werden lassen. Existenz ist fragwürdig geworden. Foucaults epistemologische Blicke auf die Wissensproduktion der Neuzeit zeigen deren Abhängigkeit von der Architektur der jeweils gültigen Diskursformationen.⁴⁵ Neue Wahrnehmungsverhältnisse stehen im 20. Jahrhundert einer Legitimierung logozentrischer, textbasierter Diskurse und Seinsmodi entgegen. Einstein, Planck, Nietzsche und Freud sind in diesem Sinne erste Signaturen natur- und geisteswissenschaftlicher Unschärferelationen, die die Wissens-Dispositive dieses Jahrhunderts veränderten. Philosophie und Psychoanalyse verweisen jedoch gleichzeitig auf die epochal bedingte Geste der Rückführung auf transzendente und anthropozentrische Erklärungsmuster. Die Entwicklung neuer technischer Bild-Medien ging mit der im Impressionismus vorbereiteten Befreiung künstlerischer Ausdrucksformen von mimetischen Prinzipien einher. Die Entdeckung der Maßlosigkeit führt spätestens seit der Romantik zu immer wieder neuen imaginären Vermessungen der Wirklichkeit.⁴⁶ In kubistischer Malerei und Plastik findet die erste Auflösung perspektivischer Maßstäbe statt. Eine als „Avantgarde" etikettierte Kunst – Futurismus, Expressionismus, Dada, Surrealismus – dokumentiert daraufhin definitiv die Zerstörung und das Ineinandergreifen der bis dahin eindeutigen Oppositionen und Kategorien – Mensch/Natur, Rationalität/Irrationalität, Subjekt/Objekt, Zeit/Raum, Realität/Fiktion. Entwürfe und Projektionen lösen Abbilder ab.

Der alphanumerische Text-Code wiederum verliert seine totalitäre Bedeutung als kommunikativer Wissens- und Informationsträger. Texte

---

[43] Hesper, Stefan, a.a.O., S.37.
[44] Vgl. auch Überlegungen von Maurice Merleau-Ponty zur sprachlichen Geste in: Phenoménologie de la Perception, Paris 1980 (1945), vor allem Teil VI, Le corps comme expression et le langage; ebenfalls Gilles Deleuze, der den Gestus als Konstituent eines neuen, vor allem filmischen Erlebens mit Theatralität und Inszenierung in Verbindung bringt: Cinéma 2, L'Image-Temps, Paris 1985, Kapitel 8: Cinéma, corps et cerveau, la penseé.
[45] Vgl. die richtungsweisenden Infragestellungen Foucaults: Folie et Déraison. Histoire de la folie à l'âge classique, Paris 1961; Les mots et les choses, Paris 1966; L'archéologie du savoir, Paris 1969; Surveiller et punir. La naissance de la prison, Paris 1975. Vgl. dazu allerdings auch Derridas frühe Auseinandersetzung mit seinem Lehrer: Derrida, Jacques, „Cogito et histoire de la folie", in: L'écriture et la différence, a.a.O., S.51-97.
[46] Vgl. dazu die Arbeiten von Kittler, Friedrich, Aufschreibesysteme 1800/1900, München 1985; ders., Grammophon Film Typewriter, Berlin 1986; ders., Draculas Vermächtnis. Technische Schriften, Leipzig 1993; und Wetzel, Michael/Hörisch, Jochen (Hg.), Armaturen der Sinne. Literarische und technische Medien 1870 bis 1920, München 1990.

werden durch Medien ersetzt, die andere Wahrnehmungsbedingungen produzieren. Das Kino, das Fernsehen und der multimediale Computer bilden Dispositive, die als ebenso signifikante Informationsproduzenten in einer technischen Welt funktionieren wie die geschriebene Sprache.[47] Wenn Barthes sagt: „Je puis donc dire indifféremment: littérature, écriture ou texte"[48], bindet er in ähnlicher Weise wie Flusser die *écriture* an das historische Textmodell. Seine „pratique d'écrire" soll im Verlauf dieser Arbeit mit der von der Repräsentationspflicht „eines vor-schriftlichen Prinzips – sei es Stimme, Geist oder Tat" befreiten Schrift intermediale Perspektiven eröffnen.[49] Die Wirklichkeit wird zu einer kaleidoskopischen Figur, die in amimetischen Konstruktionen und figuralen Inszenierungen neuer und alter Welt- und Denk-Bilder immer wieder neu kadriert wird: „el mundo es una figura, hay que leerla. Por leerla entendamos generarla." (R, cap.71, S.540)[50]

---

[47] Vgl. zur Revolution der Neuen Medien trotz des apokalyptischen Pathos der Texte: Bolz, Norbert, Am Ende der Gutenberg-Galaxis: die neuen Kommunikationsverhältnisse, München 1993; Flusser, Vilém, Lob der Oberfläche. Für eine Phänomenologie der Medien, Mannheim 1995. Den diskursiven Paradigmawechsel angesichts veränderter Wahrnehmungsbedingungen durch neue Medien drücken für den Bereich der Literaturwissenschaft auf ihrem Weg zu einer breiter angelegten Medienwissenschaft die Titel neuerer Publikationen aus: Paech, Joachim, Literatur und Film, Stuttgart 1988; ders. (Hg.), Film, Fernsehen, Video und die Künste. Strategien der Intermedialität, Stuttgart 1994; Zima, Peter (Hg.), Literatur intermedial: Musik — Malerei — Photographie — Film, Darmstadt 1995.

[48] Barthes, Leçon, a.a.O., S.24.

[49] Wetzel, a.a.O., S.39. Hier könnte eine Problematisierung der Text/Schrift-Differenz innerhalb der Dekonstruktion anschließen. Derridas strukturalistische Herkunft führt ihn oftmals — wie auch Barthes — zu semiotischen und tropologischen Textanalysen im Spannungsfeld von Signifikant/Signifikat-Relationen. Eine umfassendere, das Bild und den Körper miteinbeziehende Rhetorik würde in Verbindung mit dem Konzept der *différance* in erkenntnistheoretischen Figurationen jedoch weit darüber hinausweisen. Vgl. neben „La différance" und „La mythologie blanche" in: Marges — de la philosophie, Paris 1972, vor allem Derridas neuere Arbeiten, die sich konkreter um eine *differentielle* Ethik drehen: Force de loi. Le ‚fondement mystique de l'autorité', dt. Gesetzeskraft, Frankfurt 1991; Donner le temps — 1. La fausse monnaie, Paris 1991; Les spectres de Marx, Paris 1992 und den Sammelband: Wetzel, Michael/Rabaté, J.-M. (Hg.), Ethik der Gabe. Denken nach Jacques Derrida, Berlin 1993.

[50] Deleuze und Guattari — in: Qu'est-ce que la philosophie?, Paris 1991, S.101 — setzen die Architektur und ihre Territorialisierung mit Plänen und Flächen für die erste Kadrierung von Raum an den Anfang der Kunst: „C'est pourquoi on peut la définer par le ‚cadre', un emboîtement de cadres diversement orientés, qui s'imposera aux arts, de la peinture au cinéma."

0.3. Zur Methode

Die hier präsentierte Lektüre will die Texte Cortázars nicht ablesen, sondern mitlesen. Es geht um eine differentielle Annäherung, die den von Cortázar selbst immer wieder thematisierten Ort einer „extrapolación" in seiner Unmöglichkeit mitdenkt und mitschreibt, ohne ihn auf mehr oder weniger eindeutige Koordinaten in festgelegten Registern – und sei es auch an den Grenzen aller Zeichen – festzuschreiben. Im Verhältnis von Kunst und Dekonstruktion bestimmt Michael Wetzel die Dekonstruktion als „Kunst der Enthaltung, der Suspension, des Aussetzens von Entscheidung und des Zulassens von Doppelung." Sie ist „paradigmatische Metapher für eine Fülle von komplexen Konstellationen, deren Heterogenität und Aporetik vom strukturalen bzw. systematischen Denken im Sinne einer Komplexitätsreduktion überwunden und angeeignet wird."[51] Gegen totalitäre Vereinnahmungen kann Kunst als Gegen- und Subversion aleatorisch kodifizierter Wirklichkeitskonstruktionen der dekonstruktiven Doppelstrategie gerecht werden. Im Geflecht kontextueller Unentscheidbarkeit ist ihre Sprache „die Vielheit der Zeichenströme, die geschriebenen Bilder ebenso wie das Tonband der Stimme, und die vielversprechende Spannung der Interferenzen und Widersprüche zwischen beiden."[52]

Für den Kontext Cortázar ergeben sich aufschlußreiche Analogien zwischen seinen eigenen Schreib- und Leseerfahrungen und Derridas *différance*. Sie ist philosophisch zunächst an Husserl, Nietzsche, Heidegger und Levinas orientiert, vom Denken Blanchots, Batailles und Artauds – Namen, die in Derridas Lektüren immer wieder erscheinen – jedoch maßgeblich geprägt. Bataille kommt dabei eine besondere Rolle zu. Neben seinen literarischen und philosophischen Texten schreibt er eine umfassende Gesellschaftstheorie und erscheint bei Derrida als Vertreteter der „souveränen Schrift". Der Beginn der Schreiberfahrung Cortázars in Buenos Aires stand im Zeichen einer intensiven Beschäftigung mit den Werken Batailles, Artauds und Cocteaus. Blanchot wiederum erscheint in Cortázars Annäherung an *Paradiso* in seinem langen Essay „Para llegar a Lezama Lima" als der ideale Kritiker, der er selbst nicht ist: „No soy un crítico; algún día, que sospecho lejano, esta suma prodigiosa encontrará su Maurice Blanchot, porque de esa raza deberá ser el hombre que se adentre en su larvario fabuloso." (LV, S.192f) Cortázar ist ein Schriftsteller, der komplexe Figuren der für unsere Epoche charakteristischen Wahrnehmungskonstellationen inszeniert. Sein Werk korreliert mit einem *differentiellen* Schrift-Begriff und zeigt dekonstruktive Gesten des Schreibens. Nach einem Blick auf die wissenschaftliche

---

[51] Wetzel, Michael, Dekonstruktion der Kunst oder Kunst der Dekonstruktion, in: Balkenhol/Kube Ventura, Surfing Systems: Die Gunst der 90er — Positionen zeitgenössischer Art, Basel/Frankfurt 1996, S.141.
[52] ebd., S.145.

Forschungssituation zu Cortázar werden die Spuren des Spiels der Verschiebungen in seinen Texten verfolgt. Unter dem Namen *poetismo* zeichnet sich schon in frühen Texten eine textübergreifende *figurale Ästhetik* ab. Existentialismus und Surrealismus sind dabei moderne Paradigmen der eigenen Bestimmung als *poetista*. Doch erfährt diese Selbstbestimmung in vielen Passagen der *morelliana* im dritten Teil *Rayuelas* und in einigen Texten aus *La vuelta al día en ochenta mundos* und *Último round I/II* eine transgressive Wendung, die Interstitien jenseits von Existentialismus und Surrealismus öffnet. In den Schriften Batailles, Kristevas und Derridas zeigen sich Analogien zu Morellis Konzeption eines möglichen (Zwischen-)Raums transtextueller Erfahrungen. Die Transgression textueller Schriftformen führt schließlich zur rhythmischen und fotografischen Schrift in intermedialen Konstellationen. In dem frühen Essay *Elogio del jazz*, in *El perseguidor* und in *Rayuela* führen die Spuren des Jazz zu spektralen Figuren einer rhythmischen Schrift. Anschließend werden in *Las babas del diablo*, *Apocalipsis de Solentiname* und Antonionis Film *Blow up* die wahrnehmungsbedingten Strukturen bildmedialer Konfigurationen innerhalb einer fotografischen Schrift analysiert. Ein Exkurs zu kulturgeschichtlichen Implikationen technischer Bildmedien ergänzt die Analysen. Einige Motive und Passagen in *Rayuela* als literarischer Zwischenraum weiterer transgressiver Figuren bilden den letzten Teil der Analysen.

1. Forschungsobjekt Cortázar

1.1. Kunst/Kritik

„En el caso de la gente de lo que se llama la ‚nouvelle critique', el grupo de ‚Tel Quel' y los estructuralistas en su conjunto, he leído poco, porque no entiendo nada."[1] Cortázar zeigt bei Bergs Versuch einer theoretischen Situierung innerhalb des französischen Konzepts der *écriture* die Geste der Abwehr, der Auflehnung: „no entiendo nada." Er will sich nicht verorten lassen. Doch Walter Bruno Berg bringt ihn in bezug auf *62* mit den Protagonisten der *écriture* in Verbindung:

> „...para mí, es una aplicación del método de la escritura, de ‚l'écriture'". „No es ninguna aplicación." – „Ahora, yo como – vamos a usar la palabra ‚creador' –, ...hay experimentos, hay cosas que se me ocurren hacer a mí, que yo decido hacer, pero que no vienen de lecturas de las tendencias actuales. De eso estoy perfectamente seguro."[2]

Die brüske Reaktion Cortázars ist eine klare Abgrenzung vom Verfahren der *nouveaux romanciers* (Butor, Robbe-Grillet, Sarraute, Sollers), von denen er sich auch in anderen Interviews immer wieder distanziert.[3] Berg muß sich mit Cortázars Résumé begnügen:

---

[1] Berg, Walter Bruno, Entrevista con Julio Cortázar, *Iberoamericana 40/41*, 1990 (1981), S.126-141, hier S.136.
[2] ebd.
[3] Vgl. González Bermejo, a.a.O. und folgende Passage bei Prego, a.a.O., S.92/93: „...las novelas del *Nouveau Roman* no me satisfacían porque me parecía que al mismo tiempo que se liberaban de una serie de cosas negativas, una serie de convenciones psicológicas (y en eso yo estaba completamente de acuerdo) por otro lado no conseguían reemplazar eso con elementos novelescos nuevos, inéditos. (...) El *Nouveau Roman* me pareció a mí una serie de *ensayos in situ*, es decir, descripciones novelescas, indagaciones novelescas (...) Yo encontré que era positivo la eliminación sistemática y deliberada del comportamiento psicológico previsible y usual en los personajes, esa presencia de todo un repertorio de sentimientos, de pasiones, de mecanismos lógicos." Cortázar äußert schon in frühen Artikeln, Rezensionen und vor allem seinem Essay *Situación de la novela* (1950) Vorbehalte gegenüber dem traditionellen Roman, die Sarraute in *L'ère du soupçon* (ebenfalls 1950), Butor in *Le roman comme recherche* (1955) und Robbe-Grillet in *Pour un nouveau roman* (1963) zu französischen Programmen des *Nouveau Roman* formulieren. Cortázars Kritik der *Nouveau Roman*-Texte als bloße Versuchsanordnungen ohne innovatives Potential für die Literatur korreliert mit medienbedingten Differenzen. Während in den französischen Projekten sehr bald schon Filme und Zeichnungen als textüberschreitende Medien genutzt werden und ein komplexes intermediales Unternehmen einleiten, zeigt Cortázar transtextuelle Gesten, die sich ausschließlich in der Literatur vollziehen und den Text sozusagen von innen und in Richtung auf andere Medien dekonstruieren, um eben der (lateinamerikanischen) Literatur andere Wege zu weisen.

> Es evidente que cuando estamos todos nosotros, usted, Derrida, Sollers y yo viviendo en el mismo tiempo, leyendo los mismos periódicos y recibiendo la misma descarga histórica, cultural y económica de nuestro tiempo, es perfectamente lógico que haya similitudes aunque no nos leamos entre nosotros.[4]

Die Ähnlichkeiten enden im Zeit-Geist, „en un cierto momento de la historia y es lógico que surjan determinados parelelos aunque individualmente no nos conozcamos." (ebd.) Berg schreibt seine als Habilitationsschrift erschienene Monographie über Cortázar *trotzdem* in dem Bemühen, Leben und Werk als kultursemiotische Grenz-Zeichen miteinander konvergieren zu lassen. Cortázars Bestimmung der Funktion des Kritikers scheint dieses Vorgehen zu legitimieren: „Ud. como crítico tiene perfectamente el derecho de encontrar coincidencias y paralelismos, porque eso es la función del crítico." (ebd., S.136) Doch in der oben zitierten Passage entdeckt man in ihrem ganzen Ausmaß die Geste des Angriffs und der Herausforderung. Im selben Atemzug mit der Legitimierung der kritischen Tätigkeit macht Cortázar die Differenz zwischen Kritiker und Künstler auf und etwas später wird seine Schuld beim Namen genannt: „..., yo le debo mucho más a Marcel Duchamps como pintor y filósofo de la pintura, mucho más que a Derrida y a Lacan o a quien sea..." (ebd., S.138) Dieses Bekenntnis schließt Analogien nicht aus, und immerhin scheint Berg im Verlauf des Interviews etwas erreicht zu haben: „Ud. me da muchas ganas de leer a Derrida y creo que voy a tener que leer." (ebd., S.139) Sind diese Worte Zeichen der Konzession oder einer Vergewaltigung des Künstlers durch den Kritiker? Oder beginnt der Kritiker in diesem Moment, aus seiner Funktion der Suche von Koinzidenzen und Parallelen auszubrechen und zum Anstifter zu werden, der neues Interesse weckt? Cortázar wird in jedem Fall schließlich selbst zum Entdecker von Koinzidenzen zwischen ihm und Derrida. *Diario para un cuento*, seine letzte Kurzgeschichte aus *Deshoras* (1983), ist eine intensive Beschäftigung und Um-Schreibung einiger Thesen aus *La vérité en peinture*. Und die Schuld gegenüber Duchamps gewinnt erneut an Bedeutung: Derrida – Duchamps – Cortázar, alle orientieren sich an, in und mit der Malerei. Die Begegnung von Philosoph, Maler, Schriftsteller und Kritiker markiert die Öffnung auf Schrift- und Wahrnehmungsformen, die die Erfahrung der Wirklichkeit in ihrer Komplexität und eine Reflexion auf ihre wahrnehmungsstrategischen Bedingungen in Szene setzt.

---

[4] Berg, Entrevista, a.a.O., S.137.

1.2. Cortázar in der Forschung

Bergs ausführlicher Darstellung zum Stand der Forschung der sechziger, siebziger und achtziger Jahre müssen in den neunziger Jahren vor allem interdisziplinäre Theorien und Ansätze zugerechnet werden, die zunehmend in digitalen Archiven gespeichert sind. Titel wie *The Sense of Chaos: A dynamical theory of narrative* oder *Julio Cortázar and the various interpretation of Quantum theory* finden sich bei den zahlreichen Einträgen zu Cortázar in der auf CD-Rom installierten MLA-Liste. Neben diesen neuesten, um naturwissenschaftliche Befunde angereicherten Ansätzen sind Intertextualität, Metafiktion, Poetologie, Semiotik, Strukturalismus, Feminismus, Polyphonie und Spieltheorie literaturwissenschaftliche Paradigmen, die schon in den vorangegangenen Jahrzehnten in der Cortázar-Forschung aufgegriffen wurden.

Die methodische Vielfalt hat ihre Verlängerung in den Neuen Medien und führt auch ins Internet. Hier gibt es eine Fülle von Einträgen zu Julio Cortázar; *Rayuela* wird im Netz neben Texten anderer „postmoderner" Autoren als Hypertext-Modell gehandelt. Der von García Márquez 1992 in Puebla, Mexiko, eingerichtete Lehrstuhl Julio Cortázar ist darüber hinaus ein Zeichen der wissenschaftlichen Institutionalisierung des argentinischen Autors. Die um die digitale und institutionelle Dimension erweiterte Forschungssituation macht einen Überblick zum Stand der Cortázar-Forschung nur bedingt möglich. Mit Alazrakis umfassender Aufsatzsammlung und Bergs Monographie, die wiederum eine Diskussion verschiedener Ansätze enthält und in der deutschen Romanistik in ihrem Umfang bisher richtungsweisend bleibt, sollen markante hermeneutische und semiotische Positionen reflektiert und eine ausreichende Basis für die eigene Problemstellung geschaffen werden.

1.2.1. Alazrakis Annäherungen

Neben der 1983 veröffentlichten Studie zu den Erzählungen aus *Bestiario*, die nach detaillierten Analysen zur Funktionsweise des Fantastischen als „metáforas epistemológicas" interpretiert und dem Genre des Neofantastischen zugeordnet werden[5], hat der argentinische Literaturwissenschaftler Jaime Alazraki mehrere Aufsätze verfaßt. Seine 1994 anläßlich des zehnten Todesjahres Cortázars erschienene Sammlung enthält Texte aus den Jahren 1972 bis 1992, die zahlreiche Aspekte des Cortázarschen Werkes erörtern.

Die Sammlung gliedert sich in achtzehn Sektionen, die jeweils unterschiedlich lange Texte aufweisen. Die längste Sektion beschäftigt sich mit *Rayuela*. Sie ist eine Neuauflage der schon 1980 publizierten Aufsätze in der Roman-Ausgabe der Biblioteca Ayacucho. Die insgesamt fünf Studien behandeln zunächst die ersten Prätexte des Romans. Die in der Zeitschrift

---

[5] Vgl. Alazraki, Jaime, En busca del unicornio: Los cuentos de Julio Cortázar, Madrid 1983.

Cabalgata (1947/48) abgedruckten Rezensionen Cortázars zu lateinamerikanischen, nordamerikanischen und europäischen Autoren (u.a. Lugones, James, Huxley, Gide, Alberti, Cernuda, Kierkegaard, Sartre) zeigen seine profunden Kenntnisse über die zu jener Zeit aktuelle internationale Kunst- und Kulturszene, vor allem des Existentialismus und Surrealismus, und enthalten nach Alazraki zusammen mit den Essays „Notas sobre la novela contemporánea" (1948) und „Situación de la novela" (1950) den Keim der Poetologie seines Romanwerks. In der Tradition des selbstreflexiven Romans der Neuzeit (Cervantes, Shakespeare, Durell, Unamuno, García Márquez) beschreibt Alazraki *Rayuela* mit Anleihen bei Ecos Theorie des offenen Kunstwerks als Beispiel der „obras en movimiento"[6], die in ihrer aleatorischen Struktur vor allem dem gestalterischen Lektürevorgang eine entscheidende Rolle zukommen lassen. Morellis Theorien und vor allem sein Konzept des *lector cómplice* entsprechen dieser Bewegung. Im Einklang mit Eco glaubt Alazraki „que la poética de la obra abierta es la respuesta del arte a los nuevos criterios de discontinuidad e indeterminación con que trabaja la ciencia contemporánea. A esos nuevos parámetros responde la estructura de *Rayuela*." (S.214) Nach dieser Verortung in zeitgenössischen Wissenschafts- und Kunstdiskursen sieht der Kritiker in der „técnica al modo Zen" (S.229) Cortázars Versuch einer Überwindung des Absurden. Das pataphysische Prinzip Jarrys und auch Brechts Verfremdungseffekt erscheinen ihm in der „violación del orden reglado y cerrado" (S.227) als bedeutende Intertexte zen-buddhistischer Methoden bei Cortázar.[7]

In seiner Interpretation von *62. Modelo para armar* vergleicht Alazraki den Text, ausgehend von der ersten Einstellung des Romans, mit einem Kaleidoskop: „La lectura de *62* podría compararse a una multiplicidad de figuras calidoscópicas que en su dinámica volubilidad y diversidad permiten explicar o ‚fijar' esa primera rosa como introito u obertura de la novela." (S.239) Im Rohr des Kaleidoskops bilden auf verschiedenen räumlichen Ebenen die drei Städte London, Paris und Wien die Prismen, auf denen sich die Geschichten in Form von Drehbewegungen abspielen. Auf allen Ebenen kommt es zu Spiegeleffekten, Substitutionen und zeitlichen wie räumlichen Verschiebungen der Figuren. In dieser Anordnung sieht Alazraki – wie auch in vielen anderen Texten Cortázars – „la búsqueda de un nuevo orden, la formulación de un código diferente." (S.245) Als „poética del movimiento" (S.246) bildet diese Suche nach einer „segunda realidad", wie Alazraki in anderen Texten formuliert, die Tiefenstruktur des Romans.

Die anderen Aufsätze des Bandes gruppieren sich um die Roman-Analysen. Während die ersten neun Sektionen frühen Texten und den Kurzge-

---

[6] Alazraki, Jaime, Hacia Cortázar: aproximaciones a su obra, Barcelona 1994, S.2.
[7] Die Bedeutung des Zen als Schreib-Methode betonen z.B. auch Imo, Wirklichkeitsauffassung und Wirklichkeitsdarstellung im Erzählwerk Julio Cortázars, Frankfurt 1981, und Berg, Grenz-Zeichen, a.a.O.

schichten gewidmet sind, behandeln die sieben letzten allgemeinere Aspekte des Werks. In Cortázars erstem Essay über Rimbaud und Mallarmé von 1941 sieht Alazraki den Keim der späteren Weltsicht des Autors. Cortázar spielt, hier noch als Julio Denis, die humanistische Haltung Rimbauds gegen den hermetischen Symbolismus Mallarmés aus und sieht das „changer la vie" Rimbauds als Vorläufer des existentialistischen Programms, zu dem er sich, wie Alazraki zu belegen versucht, neben dem Surrealismus in mehreren Texten bekennt. Die beiden Gedichtbände *Presencia* (1938) und *Pameos y meopas* (1971), die nicht zum Hauptkanon des Cortázarschen Œuvres gehören, erscheinen Alazraki als Ausdruck des poetischen Spiels, das bei Cortázar in der Folge Mallarmés, Roussels und Carrolls ontologischen Status bekommt. Der *poema en prosa Los reyes* liest er gegen die Bewertung einiger Kritiker, die es als bloße ästhetische Übung klassifizieren, unter politischen Aspekten als „denuncia de los abusos y aberraciones del poder." (S.52) Zusammen mit einigen parallel erschienenen Artikeln und dem Essay „La urna griega en la poesía de John Keats" (1946) sieht Alazraki in *Los reyes* Cortázars Machtkritik präfiguriert. Mehrere Kurzgeschichten bilden den Ausgangspunkt für die darauffolgenden Reflexionen. Alazrakis erste Veröffentlichung zu Cortázar von 1972 vergleicht das argentinische *compadre*-Thema bei Borges und Cortázar. Im nächsten Text wird eine ontologisch und anthropologisch angelegte Spieltheorie (Huizinga, Piaget, Caillois, Ehrmann, Nietzsche, Heidegger, Fink) auf einige Kurzgeschichten in *Bestiario* angewendet. Der folgende Text entwickelt den Begriff der „literatura neofantástica", die nach Alazraki bei Kafka beginnt und mit Cortázar einen wichtigen Nachfolger aufweist. Dann beschäftigt er sich mit narrativen Strukturen in den Kurzgeschichten auf der Basis von Konzepten Bachtins, Genettes und Uspenskys. In der langen Studie zu *Deshoras* bespricht Alazraki zunächst Cortázars Konzept des *intersticio* und bezieht es anschließend auf die metaphorische Struktur der fantastischen Erzählungen.

Der erste den Romananalysen folgende Aufsatz beschäftigt sich mit dem zeitgenössischen lateinamerikanischen Essay. Während Alazraki die narrative Struktur in Borges' Essays der Kurzgeschichte annähert, rückt er die Texte von Paz in die Nähe der Poesie. Das essayistische Werk Cortázars in *La vuelta al día en ochenta mundos*, *Último round* und *Territorios* weist nach Alazraki mit seiner dialogischen Form und der Collage-Technik wiederum Formen des modernen Romans auf. Allen gemeinsam ist jedoch die Tendenz zur Auflösung der Kategorien, zur „hibridación" des Genres, „que amplía sus límites y renueva sus posibilidades expresivas." (S.260) In den folgenden zwei Aufsätzen sieht Alazraki mit *Prosa del observatorio* (1972) und *Los autonautas de la cosmopista* (1983) ebenfalls Grenzüberschreitungen traditioneller Klassifizierungen. Ist der Dialog von Literatur zwischen Prosa und Poesie mit der Fotografie in *Prosa del observatorio* Zeugnis der „reversibilidad genérica en la que parecen reconciliarse las diferencias que separaron y separan tradicionalmente a los géneros" (S.277), bildet das Autonauten-Buch

Cortázars und Carol Dunlops als „*collage* de impresiones y reflexiones" (S.287) einen letzten kaleidoskopischen Spiel-Raum im Interstitium der Autobahnraststätten. Das politische Bewußtsein Cortázars ist ebenfalls Thema eines Aufsatzes. Während frühere Texte seit *Los reyes* immer wieder politische Dimensionen aufweisen, zeichnet sich das Spätwerk mit *Alguien que anda por allí* (1977) und *Deshoras* (1983) nach den Worten des Kritikers durch eine ethische Komponente aus, die die Surrealität, den Humor und die Kulturkritik aller Texte ergänzt. Die folgende Studie thematisiert Cortázars Beziehung zur zeitgenössischen argentinischen Literatur und betrachtet Cortázar als „puente que hace posible el reencuentro entre Arlt y la generación actual." (S.327) Die vorletzte Arbeit beschreibt sein Verhältnis zur spanischen Literatur, indem sie auf Textstellen früher Romane, aus den Almanachen und Aussagen Cortázars in Interviews mit González Bermejo und Prego zurückkommt. Die spanische Poesie, vor allem die *generación del 27*, erscheint als wichtiger Bezugspunkt, während Galdós die von Cortázar kritisch betrachtete realistische Tendenz im europäischen Roman repräsentiert.

Der letzte Aufsatz aus dem Jahre 1992 thematisiert die Postmodernität Cortázars und bietet in bezug auf Alazrakis Gesamtkonzept aufschlußreiche Einblicke. Aus dem von ihm selbst unterbreiteten Angebot postmoderner Theorien – Fokkema, Bertens, Fidler, Sontag, Spanos und Hutcheon – wählt er die eines „postmodernismo centrado en el existencialismo y la historia" (S.355), dem das Werk von Borges diametral entgegensteht, in Cortázar jedoch einen wichtigen Vertreter findet. Mit Hutcheon[8] stellt er dem „modernismo tardío" mit seinen „tendencias formalistas y elitistas" (S.358) einen dialektischen Postmodernismus gegenüber, der in der „confrontación de la crónica y la metaficción, la representación realista y la autorreflexividad, historia y formalismo, arte elevado y arte popular, parodia y política" seine Wurzeln hat und so zwischen „aceptación y rechazo de la estética modernista" (S.359) oszilliert. Mit seiner „transgresión de los límites entre géneros, disciplinas y discursos" sehen Hutcheon und Alazraki auch bei Cortázar die „poética postmodernista" (S.361) verwirklicht. Alazraki will Cortázars Gesamtwerk in die Tradition des engagierten Postmodernismus stellen: „Su obra representa la encarnación de ese esfuerzo postmoderno que confronta opuestos y desde esa tensión comenta, problematiza, redefine y critica." (S.365) Alazrakis hermeneutisches Bestreben einer Gleichschaltung von Cortázars Werk mit aktuellen kritischen und philosophischen Diskussionen, wie er sie in vielen Aufsätzen praktiziert, wird an dieser Stelle besonders deutlich. Seine Version des Postmodernismus ist dabei allerdings stark reduziert und bezieht sich auf eine existenzialistisch motivierte gesellschafts- und

---

[8] Alazraki verweist auf Hutcheon, Linda, A poetics of Postmodernism; History, Theory, Fiction, New York/London 1988 und dies., The Politics of Postmodernism, New York 1989.

kulturkritische Variante des Konzepts. Wenn er ihn mit existentialistischem Engagement zusammendenkt, scheint die Unterscheidung Moderne/Postmoderne aufgehoben. Alazraki verweist zwar auf den Raum für radikalen Widerspruch und das uneinholbare Andere in der „Postmoderne", funktionalisiert ihn jedoch in seiner Dialektik für grundsätzliche Kritikfähigkeit.[9] Synthetisierung ist auch das Programm vieler anderer Arbeiten Alazrakis. Sie wollen Cortázar in dem Bemühen einer Genealogie dominanter Motive seines Schaffens einen literatur- und kulturhistorischen Rahmen geben. Sowohl seine gründlichen Recherchen zu den frühen Artikeln und Essays als auch die interessanten Rekonstruktionen zum Romanwerk machen Alazrakis Arbeiten zu wichtigen Dokumenten der Cortázar-Forschung. Seine gelungene Interpretation von *62* als „novela calidoscópica" verweist ebenfalls auf figurale Aspekte des Textes. Indem er die Text/Bild-Relationen in den Schriften Cortázars jedoch lediglich „postmodernen" Hybridisierungen und Genre-Transgressionen zuschreibt und dekonstruktive Gesten des Schreibens nicht berücksichtigt, bleiben viele Potentiale der Texte für mediale und philosophische Kontexte unerschlossen.

1.2.2. Bergs Gesamtwerkanalyse

Bergs Monographie ist zunächst in drei Themenbereiche gegliedert. Die Einleitung zeigt Problemstellung, Forschungssituation und Methodik auf; in Teil I folgen biographische Kontexte Cortázars; der umfangreiche Teil II beinhaltet Modelle literarischer Erfahrung und ist wiederum in vier Kapitel unterteilt. Dabei bilden *Historias de cronopios y famas*, *Rayuela* und *62. Modelo para armar* den Textkorpus der ersten drei Kapitel; Texte aus den Almanachen, *Libro de Manuel*, *Fantomás contra los vampiros multinacionales* und *Diario para un cuento* werden im letzten Kapitel besprochen.

Die ersten zwei Jahrzehnte brachten innerhalb der Cortázar-Forschung, die sich zu Beginn der sechziger Jahre im Zuge des lateinamerikanischen *boom* zunächst in Lateinamerika und den USA etablierte, vor allem biographische, poetologische, quellenorientierte und inhaltsbezogene Arbeiten hervor, die Berg einer „unreflektierten Hermeneutik" zuschreibt.[10] Erst die achtziger Jahre lassen Arbeiten entstehen, die die methodische Annäherung an Cortázar problematisieren und nach neuen Parametern im Umgang mit dem autoreferentiellen Werk suchen. Dazu gehören nach Berg die von McAdam, de Mora Valcárcel und Alazraki veröffentlichten Studien zu Kurzgeschichten sowie die Roman- bzw. Gesamtwerkanalysen von Boldy, Imo und Barrenechea. Doch fallen seine Urteile bezüglich des Erkenntniswertes der genannten

---

[9] Postmoderne-Konzepte, wie unter anderen explizit Lyotard, Rorty und Welsch, implizit Foucault, Deleuze, Derrida Levinas u.a. entwickelt haben, bleiben in Alazrakis Überlegungen außen vor.

[10] Berg, Grenz-Zeichen, a.a.O., S.19. Dazu gehören die im Literaturverzeichnis aufgeführten Arbeiten von Harss, García Canclini, Brody, Picon Garfield, Scholz und Yurkievich.

Arbeiten insgesamt hart aus. Der auf Genette, Todorov und Greimas beruhende formalistische Ansatz de Mora Valcárcels, wie auch schon der frühe Versuch einer Typologie der Erzählungen bei McAdam, bleiben Berg in der Mißachtung der „kreativen Primärebene" (S.21) zu taxonomisch. Und wenn Alazraki am Ende trotz seiner weitreichenden epistemologischen Bestimmung der fantastischen Erzählungen aus *Bestiario* als „metáforas epistemológicas" die Opposition zwischen „un orden cerrado y un orden abierto" und schließlich einer „realidad embalsamada por la costumbre y una realidad revitalizada por el hombre y desde el hombre" (bei Berg, S.22) beibehält, sieht sie Berg „lediglich als eine Modifikation der formalistischen Taxonomie." (ebd.)[11]

Bezüglich der Romananalysen wird von Berg eine methodologische Krise verzeichnet. Imos Wirklichkeitsbegriff erscheint Berg unhinterfragt und mit anderen „Leerformeln" (S.23) gekoppelt; in Boldys facettenreicher Studie entdeckt er einen „ganz und gar ‚logozentrischen' Ansatz" (S.24), der selbst zu ungerechtfertigten Umdeutungen Derridascher Terminologie führt; und bei Barrenechea wird angesichts des offenen Signifikationsprozesses die „crítica genérica" der Autorin bemängelt, die zu endgültigen Rekonstruktionen der Prä-Texte führt. Angesichts dieser Forschungssituation glaubt Berg in seinem zeichentheoretischen Ansatz – schon im Vorwort will er die Welt als „Welt von Zeichen" (S.5) verstanden wissen – eine „Globalantwort auf die Vielzahl der aufgeworfenen Fragen" (S.27) bezüglich methodischer Probleme zu finden. In seinem Geltungsanspruch ist dieser Ansatz problematisch. Mit der Analyse einiger Passagen soll der eigentümliche Charakter einer äußerst differenzierten und zugleich reduktionistischen Cortázar-Lektüre belegt werden.

In seiner methodischen Grundlegung geht Berg von Peirce' semiotischer Trias – Representamen, Interpretant, Object – aus und legt damit die Basis für eine zeichentheoretische Erkenntnistheorie, die sich von idealistisch/positivistischen, nominalistischen und strukturalistischen Modellen distanziert.[12] In einem zweiten Schritt schreibt er den dekonstruktivistischen Strategien der *Grammatologie* Derridas, der sich dezidiert vom logozentrischen Ansatz bei Peirce absetzt, die „Funktion eines Regulativs, einer kritischen Argumentationsbasis zur Unterscheidung alternativer ‚Semiotiken'" zu, hält seine „Kontrastierung einer Theorie der Zeichen mit einer Praxis der Dekonstruktion" jedoch für „nicht akzeptabel" (S.32). Überlegungen von

---

[11] Eine neuere Arbeit zu ca. 40 Erzählungen Cortázars weicht den von Berg aufgezeigten Aporien nicht aus und entwickelt neue Konzepte. Drei Themenkreise — Mythos, Unbewußtes und Geschichte — bilden die Folie für eine Analyse, die einen umfangreichen Katalog von Semantiken aufstellt und deren Funktionsweise in den diskursiven und meist dekonstruktiven Figuren der Erzählungen demonstriert. Vgl. Terramorsi, Bernard, Le fantastique dans les nouvelles de Julio Cortázar. Rites, jeux et passages, Paris 1994.

[12] Details bleiben zugunsten einer knappen Darstellung der Vorgehensweise Bergs an dieser Stelle auf der Strecke. Die teilweise schon bei Berg vorfindlichen Verkürzungen komplexer Theorien müssen zwangsläufig und in noch höherem Grad wiederholt werden.

Barthes, Lotman und Bergs Lehrer Kloepfer bilden schließlich den Hintergrund für die Theorie des literarischen Zeichens. In seinem dynamischen Charakter entwickelt es nach Berg einen produktiven Bedeutungsüberschuß, der im Signifikationsprozeß der Sprache keinem logozentrischen Präsenz-Modell (im Sinne Derridas) mehr entspricht. Der etwas gewaltsame Kurzschluß von Semiotik und Dekonstruktion bildet die Voraussetzung für die darauf folgende Bestimmung Cortázars als Grenz-Zeichen. Dabei ist in Umkehrung traditioneller Biographien das Verhältnis von Werk und Leben des argentinischen Schriftstellers als Konvergenz in der „Erfahrung der *Grenze des Zeichens*" (S.37) bestimmt, und zwar des literarischen Zeichens als Erkenntnismodell. Literatur – und hier sucht sich Berg Bestätigung bei Aussagen Cortázars – versteht sich als „Vehikel lebensweltlicher Erfahrungen" (S.39). Fünf Figuren der Konvergenz von Leben und Werk – Eskapismus und Elfenbeinturm, Antiliteratur und Spiel, Die Suche nach dem ‚Anderen', ‚Schreibe' und schließlich Positionen der Differenz – dienen als Folie für Bergs Analysen und werden den ausgewählten Texten zugeordnet. Innerhalb der ausführlichen Erläuterungen zu den einzelnen Konvergenz-Figuren soll der Blick auf einige zentrale Positionen gelenkt werden, in denen Berg aus der *écriture* Cortázars ein Mimesis-Problem macht. Nach der Bestimmung *Rayuelas* als „Suche nach dem Anderen" und der Bestimmung des Anderen als das „Jenseits der Zeichen", sieht er am Ende des Romans – den er bedenklicherweise mit Kapitel 56 enden läßt – die „Erfahrung ursprünglicher Differenz" (S.41) in Oliveiras Rückzugstrategien, das heißt einer Mimesis des Anderen *als* Anderer. Cortázars ‚Schreibe' ist somit die „Erfahrung der ‚Unendlichkeit', der Unabschließbarkeit der kulturellen Semiose. Sie ist die Grunderfahrung jener oben entwickelten ‚differentiellen' Natur des Zeichens, die Erfahrung der Unmöglichkeit der Fixierung dogmatischer – ‚transzendentaler', ‚metaphysischer' – Bedeutungen." (ebd.) Die spätere Analyse *Rayuelas* ist folgerichtig der „Semiose des Anderen" gewidmet. Zuvor gelten die *Historias de cronopios y famas* als deutlichster Ausdruck von Antiliteratur und Spiel im Werk Cortázars. *62* wird hingegen im Sinne dekonstruktivistischer Strategien der Intertextualität zur „Schreibe als Transgression mythologischer Gewalt, wie sie semiotischen Systemen potentiell jederzeit zu eigen ist." (S.42) An diesen Punkten werden Bergs Grundsätze besonders deutlich. Hier soll auf die Einzelanalysen nicht gesondert eingegangen und nur einige generelle Probleme des Ansatzes erörtert werden.

Trotz der oft luziden Interpretationen zu den einzelnen Texten hat man immer wieder den Eindruck, es gehe bei Cortázar lediglich um die Grenzerfahrung in einer semiotisch und textuell codierten Welt. Berg würde dem vielleicht sogar zustimmen, muß sich aber die Kritik gefallen lassen, daß seine Welt-Sicht ebenso dogmatisch erscheint wie die Überzeugungen in den zuvor von ihm kritisierten Arbeiten. Über den Umweg der semiotischen „Dekonstruktion" holt er eine onto- und anthropologische Fragestellung bezüglich des Cortázarschen Textes als Leben *und* Werk in seine Überlegungen wieder herein. In andere Richtungen weisen jedoch folgende Fragen: Steht mit Cortázars Gesten des Schreibens nicht das Textuelle und damit auch die Semiotik als Wissensdispositiv auf dem Spiel? Was wäre also die Welt ohne die Dominanz der Texte und dessen sprachlich codierte Zeichen? Ist es sinnvoll, die Inszenierungen von Wirklichkeits*effekten* wie Träume, Halluzinationen und Imaginäres in der Schrift Cortázars ausschließlich semiotisch – das heißt in Form von Botschaften zwischen definierbaren Instanzen – zu verstehen? Daran anschließend stellt sich die Frage, ob man in diesem Sinne das Mimesis-Problem überhaupt anhand seiner Texte aufrollen kann und ob die „Mimesis des Anderen" als semiotische Grenzerfahrung nicht zu kurz greift. Neben diesen grundsätzlichen Problemen fallen die Verkürzungen der verschiedensten Theorien zu grob aus, und die Vereinnahmung einer semiotischen Dekonstruktion der sechziger Jahre, deren differentielle Umorientierung sich bei Derrida spätestens mit *La vérité en peinture* und schon in der *Grammatologie* ankündigt, scheint ebenfalls eher einer pragmatischen Problemvermeidungsstrategie zu entstammen. Abschließend läßt sich sagen, daß Berg mit Cortázar als Grenz-Zeichen den semiotischen Interpretationsrahmen an seine eigenen Grenzen geführt hat. Die für seinen Ansatz notwendigen Ausblendungen bezüglich philosophischer und medialer Fragestellungen eröffnen mithin neue Horizonte.

2. *poetismo* und figurale Ästhetik: jenseits von Existentialismus und Surrealismus

> *contrariamente a lo que parecen esperar o encontrar los críticos, las razones motoras de muchos de sus textos le vienen de la música o de la pintura antes que de la palabra en un nivel literario. („Las grandes transparencias", T, S.107)*

Cortázar lebt im Paris der 50er und 60er Jahre, *Rayuela* wird 1963 erstmals in Buenos Aires veröffentlicht. Der Roman enthält mit Oliveiras/Cortázars Geste der Suche existentialistische Themen und Motive: Absurdität und Sinnsuche, Engagement und Ästhetizismus, Freiheit, Wahl und Tod. Das Leiden an existentiellen Differenzen und Paradoxien, das er in seinen Texten abarbeitet, teilt Cortázar mit seinen Zeitgenossen Sartre, Camus, Gide und Malraux, deren Bücher er liest und rezensiert.[1] Der Existentialismus war eine geistige Strömung der europäischen Nachkriegszeit, mit der sich Cortázar schon in Buenos Aires theoretisch auseinandersetzt. In *Teoría del Túnel* (Obra crítica/1) von 1947 und in der Bestimmung der *Situación de la novela* von 1950 (Obra crítica/2, S.215-241) werden die Protagonisten der französischen Bewegung positiv diskutiert.[2] In seiner Auseinandersetzung mit Irrationalismus, Nazismus und Engagement in der Rezension *Irracionalismo y eficacia* (Obra crítica/2, S.189-202) von 1949 läßt er rhetorisch geschickt Fortschritts-Rationalismus und Irrationalismus im Nazismus paktieren, um gerade echte „irrationale" Rebellion im Existentialismus für eine Veränderung der okzidentalen Misere operabel zu machen. Das von Sartre – programmatisch in *Qu'est- ce que la littérature?* – geforderte literarische Engagement hingegen erfährt schon in *Teoría del túnel* und in Cortázars *toma de conciencia* während seines Paris-Aufenthaltes Differenzierungen, die der Batailleschen Variante eines auf Transgression, Alterität und nicht Versöhnung abhebenden „existentialistischen" Bewußtseins näherstehen. „Existen-

---

[1] Vgl. Alazrakis Besprechung der frühen Rezensionen aus den Jahren 1947/48 in *Cabalgata* und *Realidad*: Alazraki, Hacia Cortázar, a.a.O., S.180-190.

[2] Vgl. besonders „Situación de la novela", S.232-237. Die Affinitäten zu existentialistischen Autoren und Motiven führen in der Kritik allerdings häufig zu nicht akzeptablen Vereinnahmungen Cortázars als „existentialistischem" Autor. Für einen undifferenzierten, anthropologisch generalisierten Existentialismus-Begriff steht exemplarisch die Lektüre *Rayuelas* bei Genover, Kathleen, Claves de una novelística existencial (en *Rayuela* de Cortázar), Madrid 1973: „Es evidente que *Rayuela* está situada en el cauce de toda una tradición existencialista y que Horacio Oliveira, su protagonista, se identifica con el hombre sensible de todos los tiempos, sintiendo esa preocupación constante por la solución del misterio primordial de la vida y del modo de ser de la criatura humana." (S.248)

tialismus" steht in Cortázars Schrift als metaphysische Denkfigur zur Verfügung, die er seinem intellektuellen Umfeld schuldet. Die Selbstironie eines altmodischen Argentiniers inmitten der Pariser *Nouveau Roman*-Szene scheint ihn jedoch zeitweilig in die multimediale Synästhesie zu retten: Er liest, denkt, fühlt, hört, sieht, (riecht?), (schmeckt?) den Surrealismus:

> Rodeado de chicos con tricotas y muchachas deliciosamente mugrientas bajo el vapor de los *cafés crème* de Saint-Germain-des-Prés, que leen a Durrell, a Beauvoir, a Duras, a Douassot, a Queneau, a Sarraute, estoy yo un argentino afrancesado (horror, horror), ya fuera de la moda adolescente, del *cool*, con en las manos anocrónicamente *Etes-vous fous?* de René Crevel, con en la memoria todo el surrealismo, con en la pelvis el signo de Antonin Artaud, con en las orejas las *Ionisations* de Edgar Varèse, con en los ojos Picasso (pero parece que yo soy un Mondrian, me lo han dicho). (R, cap.21, S.229)

Ist Cortázar als „argentino afrancesado" und distanzierter Beobachter der französischen Literatur-Welt sicherlich kein schulmäßiger Existentialist, führt auch die Frage *¿Es Julio Cortázar un surrealista?*, wie sie sich programmatisch Picon Garfield stellt[3] und die in vielen Studien immer wieder auftaucht, zu unzureichenden Zuschreibungen. Der Surrealismus ist über den Existentialismus hinaus jedoch eine Denkfigur, der aufgrund ihrer vor allem auch formalen Insistenz bei Cortázar ein höherer Stellenwert zukommt.

Im folgenden geht es zunächst darum, das Verhältnis von Existentialismus und Surrealismus in Cortázars Tunnel-Programm näher zu bestimmen und sein Konzept des *poetismo* zu konturieren. „Surrealismus" wird hier zu einer universalen Kunst-Revolution auf allen Ebenen stilisiert, die über die historische Avantgardebewegung hinausgeht. Ausgehend von Cortázars frühem Tunnel-Programm und nach einer kritischen Bilanz des Bretonschen Surrealismus führt das Kapitel durch einige Texte in den Almanachen, in verschiedene Essays und in einige Kapitel und *morelliana* aus *Rayuela*. Der *poetismo* mit seinen transtextuellen Gesten jenseits von Existentialismus und Surrealismus weist schließlich auf eine figurale Ästhetik des Interstitiums, die bei Bataille, Kristeva, Barthes und Derrida philosophische Entsprechungen findet.

---

[3] Picon Garfield, Evelyn, *¿Es Julio Cortázar un surrealista?*, Madrid 1975.

2.1. Das Tunnel-Programm: „Surrealismo es cosmovisión"

> *Car la réalité est terriblement supérieure à toute histoire, à toute fable, à toute divinité, à toute surréalité.*[4]

In seiner *Teoría del túnel* (1947) versucht Cortázar, Existentialismus und Surrealismus als Theorien der Aktion in der Figur des engagierten Rebellen zusammenzuführen:

> ...si el „puente del hombre" se da de manera insistente en la actitud del siglo, está claro que un grupo verá en la acción un fin de autorrealización humana – son los existencialistas propiamente dichos, que a su vez pondrán el acento en el hombre para integrar la realidad (Sartre) o en la realidad para integrar al hombre (Malraux) –, mientras otro verá en la acción un *medio* de aprehensión – a veces de formulación – de la realidad todavía desconocida (hablo de los surrealistas y, en general, de los poetistas). (Túnel, S.124)

Den Existentialisten geht es dabei um menschliche Selbstverwirklichung, den *poetistas* um die Entdeckung einer noch unbekannten Realität. Mit seinen Klassifizierungen literarischer Strömungen des 19. und 20. Jahrhunderts und der impliziten Suche nach eigener Standortbestimmung bietet der Text aufschlußreiche literatur- und stilgeschichtliche Aspekte und läßt gegen Ende eine große Sympathie für den Erneuerer, den Umkehrer, den Surrealisten bzw. *poetista* durchscheinen. Längst vor *Rayuela*, noch in Buenos Aires und in der Zeit von *Los reyes* und *Divertimento*, zeigt Cortázar Gesten eines Surrealismus, der in seiner „evasión de las dimensiones inteligibles" und als „actitud más levantada" den Existentialismus noch zu übertrumpfen weiß:

> ..., el escritor existencial ha respetado las formas verbales, el género novela, y no nos ha pedido como el poetismo la evasión de las dimensiones inteligibles. Pero su acondicionamiento no es un signo de resignación al modo del escritor tradicional, y sí criterio docente, esperanza de desencadenar en torno a su obra la batalla existencial, a la espera del tiempo en que le será dado acercarse de lleno al poetismo, actitud más altiva, más levantada — ergo más solitaria y excepcional —. (ebd., S.128)

Cortázar formuliert sich im Verlauf des frühen Textes selbst zum *poetista* im Tunnel, in dem die Zerstörung traditioneller Formen und eine subversive „revisión de la realidad" (S.68) Programm sind. Hier zeichnet sich ein Realitäts- und Kunstbegriff ab, der den Surrealsimus als universales Phänomen transgressiver und offener Wahrnehmungsprozesse einsetzt. In einem Nachruf auf Artaud aus derselben Zeit konkretisiert sich diese Welt-Sicht. Cortázar bezeichnet Artauds Schaffen als „authentischen Surrealismus":

---

[4] Artaud, Antonin, Van Gogh — Le suicidé de la societé, in: Œuvres complètes XIII, Paris 1974.

> ..., desde que su significación ya definitiva es la del surrealismo en el más alto y difícil grado de autenticidad: un surrealismo no literario, anti y extraliterario; (Muerte de Antonin Artaud, *Sur*, 1948, hier: Obra crítica/2, S.153)

In dieser Geste der Öffnung – *no, anti, extra* – wächst die Literatur surrealistisch über sich hinaus. Derselbe kurze und für Cortázars Denken und Schreiben wegweisende Text enthält sein Bekenntnis zur „surrealistischen" Weltsicht und der damit verbundenen schriftstellerischen Arbeit:

> ...: la razón del surrealismo excede toda literatura, todo arte, todo método localizado y todo producto resultante. Surrealismo es cosmovisión, no escuela o ismo; una empresa de conquista de la realidad, que es la realidad, que es la realidad cierta en vez de la otra de cartón piedra y por siempre ámbar; una reconquista de lo mal conquistado (lo conquistado a medias: con la parcelación de una ciencia, una razón razonante, una estética, una moral, una teleología) y no la mera prosecución, dialécticamente antitética, del viejo orden supuestamente progresivo. (ebd., S.153f)

Das Bekenntnis – „Surrealismo es cosmovisión" – und die Kriegserklärung – „empresa de conquista de la realidad" – zum Schrift-Programm Cortázar(s) sind anläßlich des Todes des 1927 vom Kern der französischen Surrealisten um Breton ausgeschlossenen *poetista* schon früh geschrieben worden. Artaud und Bataille, der Anfang der 30er Jahre als Gegenspieler Bretons auftrat, stehen für ein Programm der Transgression, das Cortázar „surrealismo" und „poetismo" nennt. Er demonstriert damit – „cosmovisión, no escuela o ismo" – den notwendigen *double bind* im Akt des Bezeichnens: Namen, die benennen und gleichzeitig auslöschen wollen. In dem Essay *Notas sobre la novela contemporánea* (Obra crítica/2, S.141-150) schreibt Cortázar zum Vergleich zwischen wissenschaftlicher und poetischer Sprache: „...la realidad, sea cual fuere, sólo se revela poéticamente." (S.150) Wie in einigen schon zitierten Passagen wiederholt er auch hier zentrale Punkte romantischer und avantgardistischer Ästhetiken der Jahrhundertwende. Doch im Gegensatz zu ontologischen Bestrebungen auf der Suche nach einer bestimmten Realität erscheinen Surrealismus und *poetismo* bei Cortázar als wahrnehmungsstrategische Manöver im phantasievollen Umgang mit Realität(en), die es (noch) nicht gibt. Diese anti-essentialistische Haltung deckt sich eher mit dem poetischen Realitäts-Begriff Apollinaires als mit Bretons ontologischem Surrealismus. Der Erfinder des Begriffs „sur-réalisme"[5] schreibt in seinen *Méditations esthétiques* zur Malerei von 1917: „Mais on ne découvrira jamais la réalité une fois pour toutes. La vérité sera toujours nouvelle."[6] Die auf synästheti-

---

[5] Vgl. neben dem Vorwort zu *Les Mamelles de Tirésias* die erste Verwendung des Begriffs „sur-réalisme" im (intermedialen) Programm zu *Parade* (1917) unter Mitarbeit von Cocteau und Satie in: Apollinaire, Œuvres en prose complètes II, Paris 1991, S.865-867.

[6] ebd., S.8. Vgl. zur Ästhetik Apollinaires auch: Campa, Laurence, L'esthétique d'Apollinaire, Liège 1996; zur Wirkungs- und Rezeptionsgeschichte Apollinaires bei

schen und simultanen Effekten beruhende Ästhetik Apollinaires setzt zwar in romantisch motiviertem Verständnis den Poeten als Magier und kreativen Erfinder von Wirklichkeiten ein. Sie zeigt in ihren Grundzügen allerdings keinen transzendenten Gestus und nimmt einige Ideen der figuralen Ästhetik Cortázars/Morellis vorweg. Im folgenden geht es zunächst um eine kritische Betrachtung von Bretons Surrealismus, der mit seinen Manifesten zwischen den Weltkriegen schulbildend wirkte und auch in Cortázars Texten reflektiert wird. Er steht für die institutionalisierte Verzweigung eines Programms der Transgression, dem andere „Surrealismus"-Konzeptionen — von Apollinaires „esthétique de la surprise" bis Dalís *activité paranoïaque-critique* — vorausgingen und nachfolgten. Die Aporien des Bretonschen Surrealismus erfahren mit Benjamin, Adorno und Sartre jeweils anders akzentuierte Bewertungen. Die Differenz zwischen künstlerischen und politischen Aktionen durchzieht nicht nur deren Kritik. Sie setzt sich auch in aktuelleren Surrealismus-Diskussionen fort.

2.1.1. Programm und Aporien des historischen Surrealismus

> *L'écriture automatique est une machine de guerre contre la réflexion et le langage. Elle est destinée à humilier l'orgueil humain, particulièrement sous la forme que lui a donnée la culture traditionnelle. Mais, en réalité, elle est elle-même une aspiration orgueilleuse à un mode de connaissance, et elle ouvre aux mots un nouveau crédit illimité.*[7]

> *Es gehört heute zur noch seltenen kritischen Aufarbeitung des Surrealismus, wenn zwischen seinem Rufmord als einer kleinbürgerlich-anarchistischen Künstlerbewegung oder seinem Renommee als Gruppe von marxistischen Intellektuellen, für die die PCF nicht links genug war, und seiner wahren, nämlich historisch zu rekonstruierenden revolutionären Funktion unterschieden wird.*[8]

Die Distanzierung vom Dadaismus führte 1922 zur offiziellen Gründung der surrealistischen Bewegung. Mit den beiden Manifesten von 1924 und 1930 setzte Breton deutliche Zeichen. Im ersten Manifest nennt er sowohl die Bekenner als auch die wichtigsten, in ihren eigenen Ansätzen äußerst heterogenen Paten seiner Ideen – Freud, Apollinaire, Nerval, Lautréamont – und

---

Avantgarde-Bewegungen in Europa, Nord- und Lateinamerika auch: Bohn, Willard, Apollinaire and the International Avant-Garde, New York 1997.
[7] Blanchot, Maurice, La part du feu, Paris 1949, S.93.
[8] Gorsen, Peter, „Der ‚kritische Paranoiker', Kommentar und Rückblick", in: Dalí, Gesammelte Schriften, Hamburg 1974, S.401-518.

definiert in Wiederaufnahme und Neuinterpretation des Apollinaireschen Neologismus:

> SURRÉALISME, n. m. Automatisme psychique pur par lequel on se propose d'exprimer, soit verbalement, soit par écrit, soit de toute autre manière, le fonctionnement réel de la pensée. Dictée de la pensée, en l'absence de tout contrôle exercé par la raison, en dehors de toute préocupation esthétique ou morale.[9]

Im Glauben an eine „réalité supérieure de certaines formes d'associations négligées jusqu'à lui" (ebd.) dienen vor allem der Traum und das zweckfreie Denk-Spiel neuen ästhetischen Erfahrungen. In der endgültigen Zerstörung aller anderen psychischen Mechanismen hat der Surrealismus die „résolution des principaux problèmes de la vie" (ebd.) zum Ziel und wird damit politisch. In einer Fußnote macht Breton die bürgerliche Moral für die Mißstände in der Gesellschaft verantwortlich und hebt auf eine surrealistische Revolution ab: „Il faudra bien alors qu'une morale nouvelle se substitue à la morale en cours, cause de tous nos maux." (ebd., S.344) Die wichtigste surrealistische Methode ist neben den Traumberichten das freie Assoziieren in der *écriture automatique*, um willkürliche, surrealistische Bilder zu erzeugen. Breton veranschaulicht diese Methode in *Poisson soluble* (1924) und verweist auf das 1921 entstandene Werk *Les Champs magnétiques*, das er gemeinsam mit Soupault verfaßte.

Das zweite Manifest hat polemisch-dogmatischen Charakter. Lange Passagen sind der Auseinandersetzung mit Surrealismus-Gegnern bzw. Abtrünnigen der Bretonschen Bewegung wie Artaud, Desnos, Tzara und Bataille gewidmet. Außerdem findet eine historische Standortbestimmung statt, die dann in eine „adhésion au principe du matérialisme historique" (ebd., S.795) und in das Bekenntnis zum trotzkistischen Kommunismus einmündet. Wenn Breton die Befreiung des Menschen schließlich uneingeschränkt an eine „Révolution prolétarienne" (S.803) bindet, spricht er seine konträre Haltung gegenüber einer engagiert proletarischen Kunst deutlich aus, eine Überzeugung, die die anti-stalinistische Haltung Bretons schon einleitet: „Par contre, aussi faux que toute entreprise d'explication sociale autre que celle de Marx est pour moi tout essai de défense et d'illustration d'une littérature et d'un art dits ‚prolétariens'" (S.805).

Der Ton des zweiten Manifests wird schließlich zunehmend esoterischer. *Écriture automatique* und Traumberichte werden in den Dienst einer Neuordnung der Werte des Dichterischen gestellt, um am Ende eine „occultation profonde, véritable du surréalisme" (S.821) zu reklamieren, zu dem das Publikum keinen Zutritt mehr hat, „si l'on veut éviter la confusion." (ebd.)

Der französische Surrealismus gilt in der hermeneutisch-vergleichenden Literaturwissenschaft neben Futurismus, Dadaismus und Expressionismus als

---

[9] Breton, André, Œuvres complètes I, Paris 1988, S.328.

Teil einer „historischen Avantgarde", die zwischen 1910 und dem Beginn des 2. Weltkriegs situiert wird.[10] Doch schon Benjamin unterstreicht 1929 — ohne Kenntnis des zweiten Manifests — mit seiner Reflexion auf den „Sürrealismus" nicht unbedingt die Schule Bretons, sondern die surrealistische Bewegung, der er die Eigennamen Breton, Aragon, Soupault, Desnos und Eluard zuordnet. Surrealismus erscheint in Benjamins Text als Ausdruck einer revolutionären Freiheit: „Seit Bakunin hat es in Europa keinen radikalen Begriff von Freiheit mehr gegeben. Die Sürrealisten haben ihn. Sie sind die ersten, das liberale moralisch-verkalkte Freiheitsideal zu erledigen, (...)"[11] Diese zwischen den Weltkriegen und in der verfahrenen, zugespitzten Situation einer kaum noch funktionierenden Weimarer Republik entstandenen Zeilen sind von Euphorie und Orientierungssuche getragen. Benjamin zeigt seine Sympathie für die von ihm so titulierte „europäische Intelligenz", die in ihren Erfahrungen „‚Dichterisches Leben' bis an die äußersten Grenzen des Möglichen trieb." (ebd., S.296) Wenn sein Interesse jedoch vor allem in der Umsetzung dieser anti-bourgeoisen Weltsicht in die politische, das heißt für ihn wie für Breton kommunistische Praxis liegt, benennt er den für jede „Avantgarde" charakteristischen Konflikt zwischen radikaler Kunst- und bürgerlicher Lebenspraxis. Diesen Konflikt trägt auch Breton in seinem Verhältnis zum Kommunismus aus: 1927 tritt er euphorisch der Kommunistischen Partei bei und schreibt das zweite Manifest ganz im Sinne der surrealistisch-proletarischen Revolution; 1935 tritt er wieder aus und polemisiert vehement gegen den sowjetisch-stalinistischen Totalitarismus.[12] Benjamins Text klingt bezüglich der Verbindung von Surrealismus und Revolution noch skeptisch bis hoffnungsvoll:

> Aber gelingt es ihnen, diese Erfahrung von Freiheit mit der anderen revolutionären Erfahrung zu verschweißen, die wir doch anerkennen müssen, weil wir sie hatten: mit dem Konstruktiven, Diktatorischen der Revolution? Kurz – die Revolte an die Revolution zu binden? (...) Die Kräfte des Rausches für die Revolution zu gewinnen, darum kreist der Sürrealismus in allen Büchern und Unternehmen.[13]

Und als „Voraussetzungen der Revolution" (S.308) gilt am Ende die surrealistische Entdeckung des „hundertprozentigen Bildraum(s)" im moralisch gescheiterten „Raum des politischen Handelns" (S.309). Doch wie kann die

---

[10] Vgl. zum problematischen Begriff der aus militärischer Terminologie und im Umkreis utopisch-romantischer Ideen französischer Sozialisten — Saint-Simon, Fourier — entstandenen Begriff der „Avantgarde": Hardt, Manfred (Hg.), Literarische Avantgarden (Wege der Forschung, Band 648), Darmstadt 1989, hier besonders den als Überblick nützlichen Beitrag von Hardt, S.145-171, der gegen einen anderen, für die Problematik relevanten Text polemisiert: Bürger, Peter, Theorie der Avantgarde, Frankfurt 1974.
[11] Benjamin, Walter: „Der Sürrealismus. Die letzte Momentaufnahme der europäischen Intelligenz." In: Gesammelte Schriften II.1., Frankfurt 1977, S.306.
[12] Vgl. dazu: Breton, André, Position politique du surréalisme, Paris 1935.
[13] Benjamin, a.a.O., S.306.

anti-bourgeoise Revolte an die proletarische Revolution gebunden werden? Benjamin will „den Künstler bürgerlicher Herkunft" als Vertreter einer „dialektischen Gerechtigkeit" (ebd.) herausstellen, der mit dem Bildraum auch den Leibraum entdeckt und damit auf die kollektive Erfahrung der Revolution weist. Die teils diffuse Argumentation, die einer eigenen Standortbestimmung zu entspringen scheint, führt schließlich zur „profane(n) Erleuchtung":

> Erst wenn in ihr sich Leib und Bildraum tief durchdringen, daß alle revolutionäre Spannung leibliche kollektive Innervation, alle leiblichen Innervationen des Kollektivs revolutionäre Entladung werden, hat die Wirklichkeit so sehr sich selbst übertroffen, wie das kommunistische Manifest es fordert. (ebd., S.310)

Der historische Kontext macht Benjamins frühen Versuch einer mit surrealistischen Methoden hervorgerufenen „profanen Erleuchtung" gegenüber religiös oder bürgerlich motivierten Erkenntnismodellen zu einem Dokument einer von Ambivalenz und Orientierungslosigkeit geprägten Epoche.[14] Die Differenz künstlerische/politische (Lebens-)Praxis ist jedoch schon hier ein Motiv, das bis in die heutige Zeit die Diskussion über „avantgardistische" Kunstproduktionen leitet.

Stellvertretend für die Idee des gescheiterten Surrealismus steht zunächst das vernichtende Urteil Adornos – „Nach der europäischen Katastrophe sind die surrealistischen Schocks kraftlos geworden"[15] –, das selbst dem wichtigsten, jedoch anachronistischen surrealistischen Konstruktionsprinzip, der Montage, höchstens noch eine morbid-ästhetische Bedeutung beimißt: „Seine Montagen sind die wahren Stilleben. Indem sie Veraltetes auskomponieren,

---

[14] Die Paris-Erfahrung surrealistischer Flanerien, die über den *hasard objectif* schließlich zur „profanen Erleuchtung" führen, haben auch Benjamins Passagen-Werk inspiriert. Daß es hier nicht mehr um den modernen Drogenrausch eines Baudelaire geht, sondern um topographische Erkundungen des „Leibraums" und eines „plötzlich aufbrechenden *merveilleux*" (dem Satori-Erlebnis im Zen vergleichbar), zeigt Klengel in ihrer Arbeit: Die Amerika-Diskurse der Surrealisten. ‚Amerika' als Vision und als Feld heterogener Erfahrungen, Stuttgart 1994, hier S.21. Innerhalb des auch kulturell und politisch definierten Spannungsverhältnisses Zentrum-Peripherie rekonstruiert sie heterogene surrealistische Amerika-Bilder und -Erfahrungen, die auf Paris-Wahrnehmungen zurückgehen, und stellt dem in der Surrealismus-Kritik geläufigen Vorwurf eines neokolonialistisch-exotistischen Blicks einen ethnographisch orientierten „gestreuten Blick" (S.11) auf amerikanische, hauptsächlich präkolumbische Kulturen, gegenüber.

[15] Adorno, Theodor W., „Rückblickend auf den Surrealismus", in: Noten zur Literatur, Frankfurt 1958, S.153-160, hier S.155f. Vgl. auch Bürger, Peter, Theorie der Avantgarde, a.a.O.: hier wird das Scheitern aller Avantgarde-Bewegungen, einschließlich der „Neo-Avantgarde", als chronische Inkommensurabilität bezüglich lebenspraktischer Konsequenzen deklariert — zu bedenken ist der 68er-Kontext dieser im Ton desillusionistischen Schrift — und zu einem signifikanten Konstituenten der marxistisch orientierten, als kritisch-hermeneutisch ausgewiesenen Theorie.

schaffen sie nature morte."[16] In den surrealistischen Bildern „schleudert die bürgerliche Gesellschaft die Hoffnung auf ihr Überleben von sich."[17] Auch Sartre gehört zu den vehementesten Kritikern. Er wirft den Surrealisten bürgerliches Parasitentum vor und hält ihre Geste der radikalen Ablehnung mit den Elementen der *écriture automatique*, dem Traumdiskurs und dem objektiven Zufall nur für eine dem Kommunismus vorübergehend dienliche Attitüde im Kampf gegen die bürgerliche Klasse. Sein 1948 abgefaßtes Urteil ist nahezu zeitgleich mit Cortázars *Teoría del túnel* und Blanchots „Réflexions sur le surréalisme" aus *La part du feu* entstanden und steht ganz im Geiste des existentialistischen Engagements:

> Ainsi leurs déclarations révolutionnaires demeurent purement théoriques, puisqu'elles ne changent rien à leur attitude, ne leur font pas gagner un seul lecteur et ne trouvent aucun écho chez les ouvriers; ils demeurent les parasites de la classe qu'ils insultent, leur révolte demeure en marge de la révolution.[18]

Benjamin, Adorno und Sartre diskutieren bzw. verurteilen den historischen Surrealismus, der nach der Katastrophe des Zweiten Weltkriegs in seiner Funktion als revolutionäre und anti-bürgerliche Bewegung als gescheitert angesehen wird. In dem von Bürger herausgegebenen Band zum Surrealismus[19] ist Karl Heinz Bohrers Beitrag „Surrealismus und Terror oder die Aporien des Juste-Milieu" von 1970 als hoffnungsvollere Gegenrede aufschlußreich. Er bindet Bretons Surrealismus an die Fluxus- und Happening-Bewegungen in Deutschland und gibt beiden in der „Wiederholung des Banalen und des ‚Geheimnisses' des Alltagslebens"[20] den Status eines ästhetischen Materialismus. Die subversive Kraft liegt dabei in der Gleichsetzung von Realität und Ästhetik: „Sie erklären das Wirkliche als etwas Ästhetisches und reziprok, sie legen den Wirklichkeitscharakter von an sich theatralischen Vorgängen bloß und erreichen dadurch den surrealen Effekt."[21] Der universale Anspruch eines ästhetisch gedachten Surrealismus trifft sich mit den theoretischen Ausführungen und literarischen Schriften Cortázars. Die surrealen Effekte entlarven und generieren eine immer schon wahrnehmungsbedingte Realität als konstruiertes/zu konstruierendes Artefakt. Die von Breton ontologisch postulierte „réalité supérieure" des Traums und des freien Gedankenspiels als Gegenwelt zur bürgerlich-rationalen Wirklichkeit ist lediglich eines von vielen Konstruktionsprinzipien. Gorsen unternimmt in seinem Essay über Dalí den Versuch, die surrealistischen Prozeduren – in erster Linie die kritisch-paranoische Methode – politisch zu funktionalisieren.

---

[16] ebd., S.158.
[17] ebd.
[18] Sartre, Jean: Qu'est-ce que la littérature?, Paris 1948, S.232.
[19] Bürger, Peter (Hg.), Surrealismus (Wege der Forschung, Band 473), Darmstadt 1982.
[20] ebd., S.57.
[21] ebd., S.58.

In Anlehnung an das von Deleuze und Guattari entwickelte Konzept der Schizo-Analyse und der *machines désirantes* als Gegenbild zur industriellen Produktion[22] setzt er die dysfunktionalen Potentiale des Surrealismus gegen die kapitalistischen Produktivkräfte:

> Als Urheber von Wünschen, die gesellschaftlich nicht verwertbar und daher unterdrückt sind, bilden Künstler, Revolutionäre und Schizophrene gemeinsam *une instance d'antiproduction*: Sie produzieren Bedürfnisse, Hoffnungen, Träume, Utopien, Ideen, die vom kapitalistischen Verwertungsprozeß nicht erfaßt sind und auf den gesellschaftlichen Produktionszusammenhang sich dysfunktional auswirken können. Die Kunst ist ein möglicher Produzent dieser gesellschaftlich ‚unproduktiven' Wunschphantasien...[23]

Die surrealistische (Kunst)-Praxis wird von Gorsen mit Blick auf eine subversive, „das repressive kapitalistische Realitätsprinzip und die hedonistische Manipulation, d.h. Kommerzialisierung des Lustprinzips"[24] bekämpfende Kulturrevolution auf dysfunktionales Produzieren von Wunschphantasien ausgerichtet. Trotz der psychoanalytisch etwas überladenen Argumentation des Textes bringt Gorsen Programme und Aporien des Surrealismus noch einmal auf den Punkt. Bretons antibürgerliche Gesten sind in ihrem Dogmatismus in der Tat überholt. Doch in der Öffnung auf wahrnehmungsspezifische Verhältnisse läßt sich für ein surrealistisches Unternehmen, dem Cortázar den Namen *poetismo* gegeben hat und das als Programm der Transgression vielleicht keinen eindeutigen Namen braucht, durchaus eine kulturpolitische Tragweite erkennen. In *Rayuela* werden die aufgeworfenen Fragen wieder aufgenommen.

2.1.2. Surrealismus in *Rayuela*

Cortázars 1948 eingeforderte „conquista de la realidad" oder „reconquista de lo mal conquistado" greift die Differenz *künstlerische/politische Praxis* auf. Ähnlich wie Rimbaud, Jarry, Apollinaire, Breton, Aragon, Bataille, Artaud im Frankreich des späten 19. und der ersten Hälfte des 20. Jahrhunderts, wie die Protagonisten von *Nouvelle Vague*, Fluxus- und Happening-Szene, *Pop art* und anderer als „avantgardistisch" etikettierte Bewegungen in den fünfziger und sechziger Jahren, umschreiben Cortázars theoretische Texte das Motiv eines Welt-Bildes, das Realität als ästhetisch zu erfahrenden Zeit-Raum erscheinen läßt. Diese Überzeugung und der Glaube an eine Veränderung gegebener Zustände im Sinne des in einigen Texten zitierten Rimbaudschen Credos *changer la vie* gegenüber dem Rückzug in die poetische Stille

---

[22] Vgl. Deleuze, Gilles/Guattari, Félix, Capitalisme et schizophrénie, tome I, L'Anti-Œdipe, Paris 1972.
[23] Gorsen, a.a.O., S.504f.
[24] ebd., S.496.

eines Mallarmé[25] verbindet ihn auch mit dem existentialistischen Engagement und dem Programm des historischen Surrealismus. Doch findet sich nach der Distanzierung von traditionellen Strukturen der existentialistischen Literatur in den Essays der fünfziger Jahre in *Rayuela* auch die Kritik an dem in seinen Ausdrucksformen radikaleren Surrealismus. Cortázar reflektiert mit Etienne und Oliveira – Morelli paraphrasierend – den Surrealismus und seine Möglichkeiten bzw. Grenzen. Das ausführliche Zitat aus Kapitel 99 soll Cortázars Schrift-Erfahrung veranschaulichen. Etienne sagt:

> Los surrealistas creyeron que el verdadero lenguaje y la verdadera realidad estaban censurados y relegados por la estructura racionalista y burguesa del occidente. Tenían razón, como lo sabe cualquier poeta, pero eso no era más que un momento en la complicada peladura de la banana. (...) Los surrealistas se colgaron de las palabras en vez de despegarse brutalmente de ellas, como quisiera hacer Morelli desde la palabra misma. (...) No sospecharon bastante que la creación de todo un lenguaje, aunque termine traicionando su sentido, muestra irrefutablemente la estructura humana, sea la de un chino o la de un piel roja. Lenguaje quiere decir residencia en una realidad, vivencia en una realidad. Aunque sea cierto que el lenguaje que usamos nos traiciona (y Morelli no es el único en gritarlo a todos los vientos) no basta con querer liberarlo de sus tabúes. Hay que re-vivirlo, no re-animarlo. (R., cap.99, S.613f)

Für Morelli und die Mitglieder des Clubs gingen die französischen Surrealisten in ihrer sprachlichen Revolution nicht weit genug. Es reicht nicht, bürgerlich-rationale Zensuren zu ignorieren und Tabus zu brechen, um eine neue – surrealistische – Sprache zu instaurieren. Mit dem Motto „Del ser al verbo, no del verbo al ser" (S.614) ist das Mißtrauen Cortázars gegenüber der Schrift-Sprache benannt, das ihn mit Morellis figuraler Ästhetik zu einer *differentiellen* Schriftpraxis über den textuellen Surrealismus hinaus und in die Nähe Magrittes und Duchamps' führen wird. In Oliveiras Rede spiegelt sich Cortázars Selbstkritik und auch Adornos profunder Skeptizismus gegenüber den „Avantgarden": „Visión poética del mundo, conquista de una realidad poética. Pero después de la última guerra, te habrás dado cuenta de que se acabó. Quedan poetas, nadie lo niega, pero no los lee nadie." (S.614) Das Spannungsverhältnis von *realidad poética/realidad tecnológica*, das mit dem Zweiten Weltkrieg eine neue Dimension erhielt, ist eine Variation der Differenz *künstlerische/politische Praxis* und wird als autoreflexive Geste – und in Aufnahme ähnlicher Motive aus den früheren Romanen *Divertimento*, *El examen* und *Los premios* – in den Diskussionen des Clubs und in den *morelliana* entfaltet.

Kapitel 99 ist schließlich als Reflexion der Möglichkeiten und Konsequenzen von Morellis Theorien gerade in ihrer Distanz zu surrealistischen

---

[25] Vgl. den ersten Essay Cortázars unter dem Pseudonym Julio Denis, in dem er Rimbaud gegen Mallarmé ausspielt: *Rimbaud*, Obra crítica/2, S.15-23.

Überzeugungen gestaltet: „No se trata de sustituir la sintaxis por la escritura automática o cualquier otro truco al uso. Lo que él (Morelli) quiere es transgredir el hecho literario total, el libro, si querés." (S.620) Es geht um die Transgression sowohl auf der Rezeptions- als auch auf der Produktionsebene: „quebrar los hábitos mentales del lector" (S.615), „echar abajo las formas usuales" (S.616). Eine Revolution auf Textebene reicht nicht aus, und das Buch genügt als eindimensional geschlossene Form nicht mehr dem Programm der Transgression. Dies klingt allerdings schon in Bretons Definition des Surrealismus an: „par lequel on se propose d'exprimer, soit verbalement, soit par écrit, soit de toute autre manière, le fonctionnement réel de la pensée."[26] Doch geht es Cortázar nicht um die ontologische Suche nach dem wirklichen Ablauf des Denkens. Der auf dem Boulevard Saint-Germain-des-Prés altmodisch wirkende Argentinier – um das Motiv aus dem *Rayuela*-Zitat vom Beginn dieses Kapitels wieder aufzunehmen – umgibt sich in seiner Bibliothek in Paris mit Werken, die sich ästhetisch, theoretisch und programmatisch der transgressiven Erfahrung an den Wahrnehmungsgrenzen von Traum, Perversion und Unmöglichem verschrieben haben.[27] Sie vertreten dasselbe Programm in intermedialen Dimensionen: die transgressive Eroberung der Wirklichkeit.

2.2. Die figurale Ästhetik Cortázars

Wir wollen die bisherigen Reflexionen zum Surrealismus um eine genauere Bestimmung des Programms der Transgression bei Morelli/Cortázar ergänzen. Die *morelliana* und einige Texte aus den Almanachen entwerfen eine figurale Ästhetik, die im Interstitium als Wahrnehmungsraum und dem Kaleidoskop als Grundfigur ihre wichtigsten Konstituenten aufweist. In ihrer intermedialen Ausrichtung ist sie auch topologisch und ideologisch ein Zwischenraum, der die Differenz Lateinamerika/Europa wieder aufnimmt. Sie liegt auf der Schnittstelle lateinamerikanischer (*real maravilloso, realismo mágico, neobarroco*) und europäischer (*Nouveau Roman, Nouvelle Vague*, Neorealismus) Literatur- bzw. Kunst-Modelle. Cortázar entwirft als „argentino afrancesado" einen Wahrnehmungsraum, der in beide Richtungen verlängert werden kann. Die „serie de notas sueltas, muchas veces contra-

---

[26] Vgl. auch Bretons Schriften zum figürlichen Surrealismus: Le surréalisme et la peinture, Œuvres complètes II, Paris 1988.

[27] Die willkürlich zusammengestellte Liste der dort vertretenen Autoren weist folgende Namen auf: Apollinaire, Aragon, Artaud, Barthes, Bataille, Blanchot, Burroughs, Caillois, Calvino, Cocteau, Colette, Conrad, Crevel, Deleuze, Eliot, Foucault, Heidegger, Hölderlin, Jarry, Joyce, Keats, Lautréamont, Mallarmé, Musil, Nabokov, Poe, Rilke, Rimbaud, Roussel, Sade, Sontag, Thomas, Tzara, Valéry, Yeats. Daneben erscheinen Lezama Lima, Neruda, Borges, Paz, Carpentier und Rulfo als Zeugen lateinamerikanischer Grenzerfahrungen.

dictorias" (cap.115) der *morelliana* sind als Fundstücke des *Club de la serpiente* Imaginationen, Zitate, Referenzen und Randbemerkungen des im Roman unscharf konturierten Schriftstellers Morelli. Dieses andere *alter ego* Cortázars wird im ersten Teil und in den *capítulos prescindibles* aktiver Bestandteil der Erzählung – Autounfall, Krankenhausaufenthalt und Besuch von Oliveira und Etienne – und gewinnt so auch für den Handlungsablauf an Bedeutung. Seine Schriften sind für den Club Ausgangspunkt für zahlreiche Diskussionen, die um Kunst, Literatur und Philosophie kreisen. Schon der Nicht-Ort der einzelnen Fragmente von Morellis Literatur-Theorie im dritten Teil der *capítulos prescindibles* von *Rayuela* kennzeichnet ihren Stellenwert: sie begleiten sprunghaft den Roman-Text und sind dessen Konstruktion und Dekonstruktion als Kommentar, Erweiterung und Kritik. Mit ihrer heterogenen Motivik und ihren Spiegelungseffekten im Text unterliegen sie allerdings einer spektralen Dynamik, die sie nicht nur als Meta-Text und -Theorie erscheinen läßt. Vielmehr spiegeln sie als permutierende Selbstreflexionen auf den Schreibakt die kaleidoskopische Konstruktionsfigur des Romans.

Die Relevanz der Schriften Morellis für den Gesamttext drückt vor allem das zu Cortázars Surrealismus-Kritik schon herangezogene Kapitel 99 aus. In der breit angelegten Diskussion des Clubs werden die in den *morelliana* eröffneten Möglichkeiten eines neuen Schreibens kommentiert und damit zum expliziten Thema *Rayuelas*. Der Roman gerät durch die auf mehreren Text-Ebenen sich spiegelnden *morelliana* zur dynamischen Praxis eines figuralen Schreibens, das mit dem ebenso dynamischen Akt des figuralen Lesens – im Sinne Morellis – zusammenfällt. Vor dem Hintergrund dieser Überlegungen sollen im folgenden die Hauptmotive von Morellis Schrifttheorie diskutiert und ihre Relevanz für eine figurale Ästhetik in der Schriftproduktion Cortázars herausgestellt werden.

2.2.1. Figuren

In den von den Mitgliedern des Clubs zitierten Passagen sind zunächst zwei Pole auszumachen. Auf der einen Seite motiviert eine vehemente Kulturkritik an abendländischen Denkmodellen die oft nostalgisch wirkenden Fluchtlinien in Mystik, mittelalterliche Weltbilder, Traum, Literatur und Spiel. Auf der anderen Seite entwickelt sich aus diesem fundamentalen Skeptizismus eine originelle Literatur- und Schrift-Theorie, die vor allem um den Begriff der *Figur* kreist. *Figur* ist ein in der Literaturwissenschaft reichlich strapazierter Begriff.[28] Genettes strukturalistischer Versuch einer Grammatik intertextuel-

---

[28] lat. *figura* = Gestalt, Gebilde; mit etymologischer Verwandschaft zu fingieren (formen), Fiktion und Finte; vgl. dazu die etymologischen Anmerkungen bei Auerbach, der die Verwendung des Begriffs mit der Graezisierung der Römer und dem frühen, noch unentschiedenen Gebrauch in Texten von Varro, Lukrez und Cicero einsetzen läßt, um seine Geschichte dann über Quintilians Rhetorik, die ihm richtungsweisende Impulse innerhalb der Tropenlehre gegeben hat, und über die Kirchenväter, die ihn schließlich in das christliche Weltbild integrierten, bis zu mittelalterlichen Texten verfolgt: Auerbach,

ler Figuren²⁹ reduziert *Figur* auf ein für diese Analyse unzureichendes rhetorisch-textuelles Phänomen. Paul de Man lenkt seine Aufmerksamkeit in seinen tropologisch-dekonstruktiven Lesestrategien auf Ironie und Allegorie als Figuren zeitlicher Erfahrung. Unter der Prämisse: „Die Trope ist keine abgeleitete, marginale oder anormale Form der Sprache, sondern das linguistische Paradigma par excellence. Die figurative Struktur ist nicht ein Sprachmodus unter anderen, sondern sie zeichnet die Sprache insgesamt aus"³⁰, macht er „ironische Allegorien" mit Schlegel, Baudelaire und Nietzsche als philosophische Kategorie geltend.³¹ Textübergreifende Überlegungen zur *Figur*, die die Bildebene ansprechen, finden sich bei Lyotard.³² Im zweiten Teil seiner Dissertation – L'autre espace – verweist er auf die Brüche und Zwischenräume von Text und Bild. Im strukturalistisch-psychoanalytischen Kontext wird hier das fantasmatische „double renversement" der Figuralität als Dekonstruktion und Transgression der textuellen Ordnungen wirksam. *Figur* soll in den folgenden Analysen als gleichzeitig räumlicher, bildlicher und rhetorischer Begriff erscheinen.

Liest man *Rayuela* nach der Vorgabe des *tablero*, stößt man schon in der ersten *morelliana* (cap. 116) nach einer Reflexion auf den Unterschied des seriell-bildlichen Weltmodells im Mittelalter zum repräsentationistischen Modell der Neuzeit auf die beiden, in den *morelliana* angelegten Pole und den Begriff der *figura*:

> Acostumbrarse a emplear la expresión *figura* en vez de imagen, para evitar confusiones. Si, todo coincide. Pero no se trata de una vuelta a la Edad Media ni cosa parecida. Error de postular un tiempo histórico absoluto: Hay tiempos diferentes *aunque paralelos*. En este sentido, uno de los tiempos de la llamada Edad Media puede coincidir con uno de los tiempos de la llamada Edad Moderna. Y ese tiempo es el percibido y habitado por pintores y escritores que rehúsan apoyarse en la circunstancia, ser ‚modernos' en el sentido en el que lo entienden los contemporáneos, lo que no significa que opten por ser anacrónicos; sencillamente están al margen del tiempo superficial de su época, y desde ese otro tiempo donde todo accede a la condición de *figura*,

---

Erich, „Figura", in: ders., Gesammelte Aufsätze zur romanischen Philologie, Bern u. München 1967, S.55-92.

²⁹ Genette, Jean, Figures I-III, Paris 1966/1969/1972. Hier wäre auch Barthes' semiologische Rhetorik anzusiedeln: Barthes, Roland, L'aventure sémiologique, Paris 1985.

³⁰ Paul de Man, Allegories of reading: Figural language in Rousseau, Nietzsche, Rilke and Proust, New Haven, dt. Allegorien des Lesens, Frankfurt 1988, S.148. Vgl. auch folgende Werke de Mans: Blindness and Insight, Essays in the Rhetoric of Contemporary Criticism, New York 1971; ders., The Rhetoric of Romanticism, New York 1984; The Resistance to Theory, Minneapolis 1986; Aesthetic Ideology, Minneapolis 1988.

³¹ Vgl. zu einer tropologischen, linguistisch-historisch orientierten Diskursanalyse auch: White, Hayden, Tropics of discourse, New York 1986; und zur philosophischen Rhetorik, in der die Katachrese als diskursbegründende Figur erscheint: Derrida, Jacques, „La mythologie blanche", in: ders., Marges de la philosophie, Paris 1972.

³² Lyotard, Jean-Francois, Discours, figure, Paris 1974.

donde todo vale como signo y no como tema de descripción, intentan una obra que puede parecer ajena o antagónica a su tiempo y a su historia circundantes, y que sin embargo los incluye, los explica, y en último término los orienta hacia una trascendencia en cuyo término está esperando el hombre. (R, cap.116, S.659)

Die Motive dieser Passage sind programmatisch für Morellis Unternehmen und treten in anderen Fragmenten variiert und erweitert wieder auf. Morelli reklamiert eine von mittelalterlich kodierter Emblematik und religiöser Symbolik befreite *figurale Weltsicht* gegenüber einer repräsentationistischen Moderne.[33] In der Kunst als „creador de imágenes" (ebd.) fallen die Zeitebenen figuraler Welten am Rande oberflächlicher Zeitvorstellungen zusammen.[34] *Kunst* wird als überzeitlicher Wahrnehmungsraum bestimmt, der die Figuren einer anders als repräsentationistisch konfigurierten Welt erst ermöglicht. Der Begriff des *Zeichens* fungiert an dieser Stelle lediglich als Gegensatz zur modernen, Abbilder produzierenden Beschreibung von Realität. Zeichen, Embleme, Symbole sind Teile einer aleatorisch konstruierten, immer schon diskontinuierlichen Figur, die im Kaleidoskop ihr sinnloses Sinn-Bild finden wird.

Doch gleichzeitig tritt in Kapitel 116 Morellis moderne Geste der Suche nach einer neuen, aus der künstlerischen Erfahrung resultierenden Transzendenz zum Vorschein, die schließlich auf den Menschen hinausläuft. Hier wiederholen sich surrealistische Ansprüche, wie sie Breton in den zwanziger Jahren deklariert. Doch befinden sich die *morelliana* im Zwischenraum der *capítulos prescindibles*, in dem Moderne und Nachmoderne, Transzendenz und Immanenz, Konstruktion und Dekonstruktion gegeneinander ausgespielt werden. Ihre achronologischen Verlängerungen finden die *morelliana* vor

---

[33] In diesem Kontext wird der Gegensatz zu Auerbachs Hermeneutik in seinem *Figura*-Aufsatz von 1939 besonders deutlich. Die im heilsgeschichtlichen Programm der Christenheit verankerten und bis ins Mittelalter verfolgten Figuraldeutungen als Realprophetien im Spannungsfeld Figur/Erfüllung haben einen klar umrissenen historischen Kontext: „Die figurale Realprophetie hingegen, mit Notwendigkeit aus einer bestimmten geschichtlichen Lage, nämlich der Ablösung des Christentums vom Judaismus und den gegebenen Bedingungen der Heidenmission zu aktueller Bedeutung erwachsen, besaß eine geschichtliche Funktion: mit der Schlagkraft, die einer einheitlichen und zielsicheren Interpretation der Weltgeschichte und der providentiellen Weltordnung innewohnt, gewann sie die Phantasie und das innerste Gefühl der Völker." (Auerbach, „Figura", a.a.O., S.79.)

[34] Ironie, eine der Komponenten der Literaturtheorie in den *morelliana*, ist nach de Man hellsichtiger Wahnsinn, „Bewußtsein von einem Nichtbewußtsein, eine sich innerhalb des Wahnsinns vollziehende Reflexion auf den Wahnsinn." (Die Ideologie des Ästhetischen, Frankfurt 1993, S.114) Als zeitliche Erfahrung weiß die Ironie um die uneinholbare Nichtauthentizität der Ereignisse. Mit ihr als Augenblickserfahrung und Modus der Gegenwart mit synchroner Struktur und der Allegorie als Modus des Nacheinander in einer idealen, imaginären Zeit findet de Man „zwei Gesichter derselben fundamentalen Zeiterfahrung" (ebd., S.124), die der Morellis sehr ähnlich ist.

allem in frühen Essays und den Almanachen. Das nächste Kapitel durchkreuzt Cortázars poetologische Texte in ihrer Doppelung und stellt die Motive einer interstitiellen Ästhetik heraus.

2.2.2. Das *intersticio*: Transtextueller Wahrnehmungs-Raum

Mit den literarischen Programmen der deutschen und angelsächsischen Romantik – vor allem bei Schlegel und Novalis, Coleridge, Poe und Keats – und im französischen Symbolismus und den „Ismen" der Jahrhundertwende findet die Idee einer poetischen Welterfahrung und -konstituierung, die zum ersten Mal in Vicos *Scienza Nova* formuliert ist, ihre deutlichsten Formulierungen. Als Magier im Reich der Imagination haben die Poeten einen quasi demiurgischen Status, den Apollinaire bei der Bestimmung des *esprit nouveau* 1917 noch einmal treffend umschreibt: „Les poètes modernes sont donc des créateurs, des inventeurs et des prophètes; ils demandent qu'on examine ce qu'ils disent pour le plus grand bien de la collectivité à laquelle ils appartiennent."[35] Cortázar beschäftigt sich in den vierziger und fünfziger Jahren auf der einen Seite mit den französischen Symbolisten, Avantgardisten und Surrealisten, auf der anderen Seite aber auch intensiv mit der romantisch-angelsächsischen Ästhetik, die ihn insbesondere für seine Vorstellung des Fantastischen inspiriert. Die literarischen Orientierungspunkte liegen zunächst im 19. Jahrhundert. Das dokumentieren Cortázars frühe poetologische Texte, seine ersten Schreiberfahrungen unter dem Pseudonym Julio Denis und *Los reyes*. Seine ersten Romane – *Divertimento* und *El examen* – tragen existentialistische wie surrealistische Züge, doch bricht auch seine Begeisterung für die romantische Literatur nicht ab. Jules Verne taucht als Doppelgänger in seinen Büchern auf, er übersetzt Werke von Keats und Poe ins Spanische und schreibt 1952 eine umfangreiche Abhandlung zu Keats[36], die 1946 in *La urna griega en la poesía de John Keats* einen kürzeren, essayistischen Vorgänger hatte.

Die Cortázarsche Poetologie, die über sein Werk der nächsten Jahrzehnte in Einzeltexten verstreut ist, kreist um die Erfahrung der menschlichen Wahrnehmungsgrenzen und variiert immer wieder die bei Keats entwickelten Motive eines Sensualismus mit poetischer bzw. fantastischer Bewußtseinsdimension. Schon in seinem Essay von 1946 setzt er den „poeta cameleónico" aus einem Brief von Keats (Obra crítica/2, S.47) ins Zentrum seiner Überlegungen zum Verhältnis von Mythologie und Poesie in den Gedichten des englischen Romantikers. In *Casilla del camaleón* (LV, S.321-328) wird dieselbe Stelle zitiert und näher erläutert. Der *camaleonismo* ist eine wandelbare Identitätslosigkeit des Poeten, eine Partizipation im Sinne der *Einfühlung* der deutschen Romantik. Gleichzeitig – und in der Aneignung Poescher

---

[35] Apollinaire, Guillaume, „L'Esprit nouveau et les poètes", in: Œuvres en prose complètes II, a.a.O.,S.952.
[36] Cortázar, Julio, Imagen de John Keats, Madrid 1995 (1952).

Vorstellungen – geht es Cortázar auch um eine „capacidad negativa"[37], die vampirartige „posesión" der Realität:

> Sediento de ser, el poeta no cesa de tenderse hacia la realidad buscando con el arpón infatigable del poema una realidad cada vez mejor ahondada, más real. Su poder es instrumento de posesión pero a la vez e inefablemente es deseo de posesión; (...) Ser poeta es ansiar, pero sobre todo obtener, en la exacta medida que se ansía. De ahí las distintas dimensiones de poetas y poéticas... (LV, S.326)[38]

In *Del sentimiento de no estar del todo* (LV, S.32-38) öffnet Cortázar die Erfahrung eines autobiographisch motivierten „continuo extrañamiento" (S.35) und einer „yuxtaposición" im „sentimiento de no estar del todo en cualqiera de las estructuras" (S.32) auf eine interstitielle Ästhetik. Die Deplazierung in einen Zwischenraum und die damit verbundene „entrevisión" (S.34) erweitern die Qualitäten des *poeta camaleón*:

> Mucho de lo que he escrito se ordena bajo el signo de la **excentricidad**, puesto que entre vivir y escribir nunca admití una clara diferencia; si viviendo alcanzo a disimular una participación parcial en mi circunstancia, en cambio no puedo negarla en lo que escribo puesto que precisamente escribo por no estar o por estar a medias. Escribo por falencia, por descolocación; y como escribo desde un intersticio, estoy siempre invitando a que otros busquen los suyos ... (ebd.)

Das Interstitium ist Leerstelle der Wahrnehmung im Sinne einer intermedialen Heterotopie und Heterochronie.[39] Cortázars Schreiberfahrung ent-grenzt und de-zentriert einen Zwischenraum, in dem Raum und Zeit keinen rational strukturierten Ordnungen angehören.

Die „zona intersticial" (ebd., S.36) erhält in *La muñeca rota* (ÚR I, S.248-271) weitere Akzentuierungen. In der Reflexion auf einige aleatorisch angeordnete Intertexte von *62* – Aragon, Hölderlin, Nabokov, Felisberto, ein indischer Text, Merleau-Ponty, Bachelard und Rimbaud – betont Cortázar den Zusammenhang von *intersticio* und der Erfahrung von *lo otro*, dem Anderen. Der „novelista *adelantado*" (S.260) hat die Aufgabe,

---

[37] Vgl. die hervorragende Darstellung der „romantischen" Poetik Cortázars bei Hernández, Ana María: „Camaleonismo y vampirismo: La poética de Julio Cortázar", in: Lastra, a.a.O., S.79-96.

[38] In *Para una poética* (1954) spielt Cortázar programmatisch die poetische Erfahrung gegen den wissenschaftlichen Rationalismus aus, indem er die poetischen Bilder an das analogisch-magische Weltverständnis des „Primitiven" bindet. Mit Keats, Rilke, Mallarmé, Poe, Rimbaud, Baudelaire und Lorca bestimmt er den „poeta" als „mago ontológico" und definiert die Poesie hier ebenfalls als Möglichkeit zur „posesión de la realidad" (Obra crítica/2, S.284f).

[39] Die Arbeiten von Wetzel und Tholen im Anschluß an Foucault („Andere Räume", in: Aisthesis, a.a.O., S.34-46) verweisen auf diesen Nicht-Ort der Wahrnehmung zwischen Sichtbarkeit und Unsichtbarkeit, Fort/Da-Sein.

> alcanzar el límite entre lo sabido y lo otro, porque en eso hay ya un comienzo de trascendencia. El misterio no se escribe con mayúscula como lo imaginan tantos narradores, sino que está siempre *entre*, intersticialmente. (...) Ese sentimiento de porosidad virtual, de que lo único capaz de permitir el *adelanto* era provocar irrupciones intersticiales... (ÚR I, S.261)

Die Grenze zwischen Wißbarem/Fühlbarem und dem Anderen ist das Interstitium, ein raum- und zeitloses Zwischen, das als virtuelle, unmögliche, weil existenzlose Wahrnehmungsdimension un/begreifbar ist. Der von Cortázar zitierte Text aus dem indischen *Vijñana Bhairava* drückt die Idee dieser unmöglichen Simultaneität in der Wahrnehmung kongenial aus: „‚En el momento en que se perciben dos cosas, tomando conciencia del intervalo entre ellas, hay que ahincarse en ese intervalo. Si se eliminan simultáneamente las dos cosas, entonces, en ese intervalo, resplandece la Realidad.'" (ebd.) Das Intervall/Interstitium *ist* die Wirklichkeit. Sie bleibt immer nur als virtuelle, imaginäre Erfahrung möglich. Denn die simultane Wahrnehmung zweier Dinge und ihre Auslöschung führt zum Nichts, zur Leere. Cortázar kommentiert in bezug auf *62*:

> En el modesto, pequeño mundo de la novela que veía hacerse noche a noche, muchos intervalos (que yo había llamado intersticios y que valían tanto para el espacio como para el tiempo, repercusiones a la distancia, relampagueantes *gestalt* en que una rápida curva cerraba un dibujo hasta entonces irreconocible y lo convertía en una explicación de Hélène o un acto de Tell, o de Juan) se iban llenando de realidad, eran la realidad revelada por el texto indio. (ÚR I, S.263)

Die Virtualität des Interstitiums ist die Unmöglichkeit des Realen. Aus ihr leitet sich in *Del sentimiento de lo fantástico* (LV, S.65-71) auch die Erfahrung des Fantastischen ab. Mit Bezug auf eine Passage aus den *Illuminations* von Rimbaud schreibt Cortázar:

> Si el mundo nada tendrá que ver con las apariencias actuales, el impulso creador de que habla el poeta habrá metamorfoseado las funciones pragmáticas de la memoria y los sentidos; toda la ‚ars combinatoria', la aprehensión de las relaciones subyacentes, el sentimiento de que los reversos desmienten, multiplican, anulan los anversos, son modalidad natural del que vive **para esperar lo inesperado**. (LV, S. 68)

Mit der Verwandlung von Erinnerungs- und Wahrnehmungsstrukturen erreicht der Künstler das Unerwartete im Unsichtbaren der sichtbaren Erscheinungen. Die Modalität des „poeta" in Cortázars Ästhetik ist die des im Interstitium Entrückten. Von dort aus nimmt er die „relaciones subyacentes" der Welt im Sinne einer *ars combinatoria* wahr. Hier offenbart sich erneut Cortázars moderner Gestus. Spricht er vom „impulso creador", hält er einen transzendenten Zugang zur „anderen" Welt für möglich. Gegen den Pragmatismus einer utilitaristisch-rationalen Wirklichkeitsstruktur setzt er interstitielle Virtualitäten. Wie die Romantiker, die Symbolisten und Surrealisten optiert er zum einen für die kreative Utopie einer poetischen Wirklichkeit, die der Künstler gegen den Rationalismus und dessen austauschbare Zuweisungen setzt. Aus seiner „yuxtaposición" sind seine fantastischen Kurzgeschichten und seine Gedichte entstanden.

In ihrer *différance* spielen seine Schriften zum anderen jedoch Heterotopien aus. Die Virtualität der Wirklichkeitskonstruktion – auch der poetischen – wird nicht zugunsten einer einzigen Welt-Sicht aufgehoben. Virtualität *ist* Wirklichkeit im Interstitium. In vielen Passagen eröffnet sich eine interstitielle Ästhetik der Virtualität, die Analogien zu den Strategien der Bildmedien aufweist. Fotografie, Film und digitale Medien schaffen Welt-Bilder, die nicht zeigen, was *ist*, sondern das, was (noch) nicht (mehr) ist.

Cristal con una rosa dentro (ÚR II, S.127-129) ist ein Text, der die *differentielle* Struktur dieser Ästhetik zum Ausdruck bringt und zu Morelli zurückführen wird. Im Gegensatz zum „extrañamiento" des Poeten beschreibt Cortázar den Zustand des „papador de moscas", eines Gaffers also, als „distracción":

> En mi condición habitual de papador de moscas puede ocurrirme que una serie de fenómenos iniciada por el ruido de una puerta al cerrarse, que precede o se superpone a una sonrisa de mi mujer, al recuerdo de una callejuela en Antibes y a la visión de una rosa en un vaso, desencadene una figura ajena a todos sus elementos parciales, por completo indiferente a sus posibles nexos asociativos o causales, y proponga – en ese instante fulgural e irrepetible y ya pasado y oscurecido – la entrevisión de otra realidad en la que eso que para mí era ruido de puerta, sonrisa y rosa constituye algo por completo diferente en esencia y significación. (ÚR II, S.127f)

In dieser Passage beschreibt Cortázar eine Wahrnehmungssituation, die die gegenseitige Referenzlosigkeit simultaner Wahrnehmungsaffekte und ihre daraus entstehenden Figuren ausdrückt. Eine Erinnerung, ein auditiver und zwei visuelle Eindrücke ergeben eine aus ihren zusammengesetzten Elementen nicht ableitbare, unvorhersehbare und unvorhersagbare Figur. Die „entrevisión de otra realidad" erscheint hier jedoch nicht als *die* andere Realität, die der „poeta" in seinen poetischen Bildern schriftlich zu besitzen und zu artikulieren sucht. Der gewollten „imagen poética" setzt er das passive Erleiden der Affekte entgegen:

> La diferencia estriba en que el poeta es el enajenador involuntario o voluntario pero siempre intencionado de esos elementos (intuir la nueva articulación, escribir la imagen), mientras que en la vivencia del papador de moscas la entrevisión se da pasiva y fatalmente: la puerta se golpea, alguien sonríe, y el sujeto **padece** un extrañamiento instantáneo. Personalmente proclive a las dos formas, la más o menos intencionada y la totalmente pasiva, es esta última la que me arranca con mayor fuerza de mí mismo para proyectarme hacia una perspectiva de la realidad en la que desgraciadamente no soy capaz de hacer pie y permanecer. (S.28)

Die Wahrnehmungsstrukturen des Poeten und des Gaffers sind beide interstitiell. Der Gaffer, dessen Wahrnehmung pathologische Züge trägt, findet keinen Halt, kann im Interstitium keine dauerhaften Erfahrungen machen und ist in seinem affektgeleiteten Wahrnehmungsmodus der Umwelt ausgeliefert. Die „cristalización fulgurante" ereignet sich simultan: „En realidad **todo ocurre (es) a la vez**: la ‚puerta', la ‚sonrisa' y el resto de los elementos que dan la figura, se proponen como facetas o eslabones, como un relámpago articulante que cuaja el cristal en un acaecer sin estar en la duración." (S.129) Die Figur zieht sich blitzartig zu einem Bild zusammen, das unidentifizierbar bleibt, „puesto que no sabemos des-plazarnos." (ebd.) Dieser kurze Text markiert anschaulich Cortázars Erweiterung der sich zunächst aus romantischen und surrealistischen Elementen zusammengesetzten Ästhetik. Affektive Halt-losigkeit und passive „Erleidung" von nicht (be)greifbaren Bildern in sich kaleidoskopisch ereignenden, diskontinuierlichen Kristallisationen verlangt eine Überschreitung interstitieller Text-Poetik.

Exkurs: Interstitielle Räume bei Bataille, Kristeva und Derrida

> *La poésie mène au même point que chaque forme de l'érotisme, à l'indistinction, à la confusion des objects distincts. Elle nous mène à l'éternité, elle nous mène à la mort, et par la mort, à la continuité: la poésie est l'éternité.*[40]

Bataille, Kristeva und Derrida öffnen Denk-Räume, die einer differentiellen Wahrnehmung Platz machen. In diesem Exkurs sollen einige Analogien solcher philosophischen Konzepte zur interstitiellen Ästhetik Cortázars aufgezeigt werden. Es geht nicht um eine Engführung, die den literarischen mit theoretischen Diskursen überlagert. Die Grenzen zwischen unterschiedlichen Diskursen sind schon bei Cortázar selbst durchlässig und fragwürdig. Vielmehr zeigt das Bemühen um die Beschreibung ästhetischer Phänomene in Literatur und Philosophie die Notwendigkeit, neue Wahrnehmungsmodelle zu entwerfen.

a) Bataille: transgression, consumation, souveraineté

Die Bedeutung Batailles für Cortázar ist groß: Morelli zitiert ihn explizit an zwei Stellen, *Último round II* beinhaltet zwei Texte mit Zitaten und Verweisen auf Bataille[41], Cortázar spricht in Interviews über den Batailleschen Einfluß auf sein Denken und die Kritik berücksichtigt den für das Verständ-

---

[40] Bataille, George, Oeuvres complètes 10, Paris 1987, S.30.
[41] Vgl. ÚR II, *Ciclismo en Grignan*, S.22-26, und */que sepa abrir la puerta para ir a jugar*, S.58-84.

nis Cortázars unentbehrlichen Denker in einigen Studien.[42] In der Pariser Bibliothek befinden sich mehrere, vielfach angestrichene und kommentierte Einzeltexte und die von Foucault herausgegebene Gallimard-Gesamtausgabe. Batailles Denken kreist um die Begriffe der *transgression, consumation* und *souveraineté*. Sie umschreiben den Versuch, die von Diskontinuität geprägte, rationale Welt der Nützlichkeit und Intentionalität im Kontinuität schaffenden Akt der erotischen Transgression und der vom ökonomischen Kreislauf ausgeschlossenen Verausgabung zu überwinden. *L'Érotisme* von 1957 ist in vieler Hinsicht die Quintessenz Batailleschen Motive.[43] Die Verbindung von *érotisme* und Tod als Akt der Transgression menschlichen Lebens par excellence bildet den Ausgangspunkt seines Denkens. Gewalt, Mord, Opferhandlungen und das Heilige – *le sacré* – sind als Elemente einer Übertretung der die westlich-kapitalistische Welt begründenden Verbote demzufolge konstitutive Elemente des *érotisme*. Einige Passagen *Rayuelas* und vor allem das Schlußkapitel aus *Del lado de acá* können als literarische Transposition der in der Einleitung des Batailleschen Textes diskutierten Ideen gelesen werden. Der erste Satz in der *Introduction* von *L'érotisme* lautet: „De l'érotisme, il est possible de dire qu'il est l'approbation de la vie jusque dans la mort." (S.11) Und in seinem Denken leitet Bataille folgende Überzeugung:

> Nous sommes des êtres discontinus, individus mourant isolément dans une aventure inintelligible, mais nous avons la nostalgie de la continuité perdue. Nous supportons mal la situation qui nous rive à l'individualité de hasard, à l'individualité périssable que nous sommes. En même temps que nous avons le désir angoissé de la durée de ce périssable, nous avons l'obsession d'une continuité première, qui nous relie généralement à l'être. (S.21)

Die Obsession einer ursprünglichen Kontinuität und Identität im diskontinuierlichen Sein ist auch der Motor der Suche Oliveiras nach dem „kibbutz del deseo", die in die ambivalenten Distanzierungstaktiken und Territoriumsbegrenzungen gegenüber Traveler in Kapitel 56 münden. Mit Bataille kann man die Figur Oliveiras als diskontinuierliches Wesen auf der Suche nach Konti-

---

[42] Vgl. z.B.: Rodríquez Monegal, Emir, „Le ‚fantôme' de Lautréamont", in: Lastra, Pedro (Hg.), Julio Cortázar. El escritor y la crítica, Madrid 1981, S. 136-149; Safir, Margery A., „Para un erotismo de la liberación: Notas sobre el comportamiento transgresivo en *Rayuela y Libro de Manuel*", in: Alazraki, Jaime et al (Hg.), La isla final, S. 223-251, und Arbeiten von Sarduy, Severo, z.B. „Del Ying al Yang", *Mundo Nuevo 13*, Paris, julio 1967.

[43] Vgl. Œuvres complètes 10, S.11-270. Batailles *Éxpérience intérieure*, die umfassenden Gesellschaftsanalysen im ersten und dritten Teil von *La Part maudite, La Consumation* und *La Souveraineté*, sowie deren Implikationen für Batailles Positionen zum Kommunismus und Surrealismus müssen neben anderen wichtigen Texten unberücksichtigt bleiben. Vgl. dazu jedoch nochmals den Text von Derrida: „De l'économie restreinte à l'économie générale. *Un hegelianisme sans réserve*", in: L'écriture et la différence, a.a.O.

nuität mit allen Mitteln verstehen.[44] Liebe, Absurdität und Wahnsinn sind dabei die Figuren der Grenzüberschreitungen.[45]

In seiner Gleichsetzung vom Heiligen der primitiven Opferhandlungen mit dem Göttlichen – *le divin* – der monotheistischen Religionen kommt Bataille in *L'Érotisme* zu der Feststellung:

> Le sacré est justement la continuité de l'être révélée a ceux qui fixent leur attention, dans un rite solennel, sur la mort d'un être discontinu. Il y a, du fait de la mort violente, rupture de la discontinuité d'un être: ce qui subsiste et que, dans le silence qui tombe, éprouvent des esprits anciens est la continuité de l'être, à laquelle est rendue la victime.[46]

Das Erotische stellt im Wissen um den Tod die kennzeichnendste Qualität des Menschengeschlechts gegenüber anderen Lebewesen dar. In seiner Interpretation der transgressiven Ausdrucksformen des Erotischen stehen Bataille vor allem und immer wieder Sade, Lautréamont, Nietzsche und Blanchot Pate. In *Les Larmes d'Éros*, Batailles letzter Schrift von 1961, gibt er einen historischen Abriß über die transgressiven Formen des Eros in künstlerischen Ausdrucksformen. Er beginnt bei den ca. 20000 Jahre alten Höhlenmalereien von Lascaux, die er in ihrer erotischen Darstellung des Mordes und der Sühne und dem daraus hervorgehenden Wissen um das Phänomen des Todes als die Geburt des Eros bezeichnet. Auf der Suche nach Tendenzen des *érotisme* in der Antike stößt er auf den Dionysos-Kult: „Dionysos est le dieu de la fête, le dieu de la transgression religieuse"[47], der dann nach Ausbreitung des Christentums verteufelt wird: „Rejetant l'érotisme de la religion, les hommes ont réduit celle-ci á la morale utilitaire...L'érotisme, perdant son caractère sacré, devint immonde..." (ebd., S.611)

Nach der christlichen Verdammung des Eros als Satanismus kommt er in der Malerei wieder zum Vorschein. Im Mittelalter in Höllendarstellungen; bei Dürer, Cranach und Baldung schon mit ambivalenten Zügen; und der Manierismus bringt für Bataille schließlich die Malerei des *érotisme* hervor: Michelangelo, Fontainebleau, El Greco, Tizian und Tintoretto. Im 18. Jahrhundert ist es Goya in Verbindung mit Sade, dann sind es die Impressionisten Delacroix, Manet, Degas, Moreau und schließlich die Surrealisten, die die manieristische Kunst in Opposition zum Klassizismus vertreten: „le manié-

---

[44] Hier sind dann auch ethnologisch-kulturtheoretische und psychoanalytische Anschlüsse denkbar, wie sie Berg in seinem Erklärungsmuster mit Girard und Levinas versucht (vgl. Berg, S.214ff) und die im Sinne des Seins-Mangels und im Begehren des Anderen wiederum auf Lacan zurückführen. Allerdings erscheint uns Bergs völlige Nichtbeachtung des Batailleschen Œuvres für Cortázar nicht nur an dieser Stelle unverständlich.

[45] Die Lektüre des Romans *L'Abbé C.* fiel in die fünfziger Jahre und begleitete Cortázars Arbeit an *Rayuela*. In den Bemerkungen am Seitenrand seiner Romanausgabe bringt der Argentinier gerade auch das bei Bataille wichtige Element der Zeremonie mit der für die Romankonstruktion relevanten Brückenszene aus Kapitel 28 in Verbindung.

[46] Œuvres complètes 10, S.27.

[47] Œuvres complètes 10, S.610.

risme est la recherche de la fièvre!" (S.622) Passagen aus *Rayuela, Libro de Manuel*, den Almanachen und vielen Kurzgeschichten bezeugen die bewußt im Text inszenierte Transgression in der Tradition Sades, Batailles, Genets, Célines und Millers.[48] Die Präsenz der Renaissance-Malerei und surrealistischer Bilder als textuell inszenierter Hintergrund in *Rayuela* und anderen Texten ist auffällig. Cortázar begibt sich mit Bataille auf die Suche nach Elementen kultureller und künstlerischer Transgression.

Doch geht es im Verhältnis Cortázar-Bataille-Derrida um noch etwas anderes. Batailles Denken bildet mit seinen bis hierher skizzierten Motiven in Verbindung mit Derridas Konzept der *différance* den Hintergrund für eine Ästhetik, in die auch ethische Fragen miteinfließen. Neben der ästhetischen – in seinem eigenen künstlerischen Werk vor allem textuellen – Transgression bürgerlich-rationaler Moralvorstellungen sucht Bataille eine Ethik der Gabe außerhalb ökonomischer Kreisläufe. Diese Vorstellung der Gabe – Bataille rekurriert diesbezüglich auf die Untersuchungen von Mauss zum potlatch-Phänomen bei primitiven Völkern[49] – wird von Derrida in Anlehnung an Heidegger vor allem in seinen neueren Texten immer wieder aufgegriffen.[50] Anhaltspunkte zu einem zweckfreien Denken, das in der erotischen Verausgabung seinen Ausdruck findet, durchziehen ebenfalls die Schrift Cortázars. Neben den Texten zu den *cronopios*, deren Leben sich jenseits utilitaristischer Prinzipien abspielt, spricht Oliveira in *Rayuela* im Sinne einer wirklichkeitsüberschreitenden „Gabe des Seins" von der Liebe zur Maga: „Amor, ceremonia ontologizante, dadora de ser." (R, cap.22, S.239f) Doch diese differentiell organisierte Gabe ist angesichts einer „realidad abierta y porosa" – analog zur Batailleschen Diskontinuität des Seins – nie zu fixieren:

> Saberse enamorado de la Maga no era un fracaso ni una fijación en un orden caduco; un amor que podía prescindir de su objeto, que en la nada encontraba su alimento, se sumaba quizá a otras fuerzas, las articulaba y las fundía en un impulso que destruiría alguna vez ese contento visceral del cuerpo hinchado de cerveza y papas fritas. (...) Tal vez el amor fuera el enriquecimiento más alto, un dador de ser; pero sólo malográndolo se podía evitar su efecto bumerang, dejarlo correr al olvido y sostenerse, otra vez solo, en ese nuevo peldaño de realidad abierta y porosa. (R, cap.48, S.449)

Liebe funktioniert als „dador de ser" nur „malográndolo", indem sie aus der traditionellen Tausch-Ökonomie im Sinne Batailles und Derridas ausbricht. Oliveira und Maga sind Figuren des differentiellen Spiels der Gabe und verschieben sich als Doppelgänger im Verlaufe des Romans.

---

[48] Namen, die auch in Cortázars Text zur erotischen Literatur fallen: /*que sepa abrir la puerta para ir a jugar*, ÚR II, S.58-84.
[49] Vgl. z.B. Œuvres Complètes 7, S. 66-79.
[50] Vgl. vor allem die Wiederaufnahme des *potlatch*-Themas in Kombination mit dem späten Heidegger-Text *Zeit und Sein* in: Derrida, Donner le temps I. *La fausse monnaie*, a.a.O., S.9ff.

Mit der *souveraineté* beschreibt Bataille wiederum einen instabilen Zustand, der als ästhetischer Erfahrungs-Raum dem zweck- und vernunftorientierten Subjekt gegenübersteht:

> Le souverain, s'il n'est pas imaginaire, jouit reéllement des produits de ce monde au delà de ses besoins: en quoi réside sa souverainité. Disons que le souverain (ou que la vie souveraine) commence quand, le nécessaire assuré, la possibilité de la vie s'ouvre sans limite.
> Réciproquement, est souveraine la jouissance de possibilité que l'utilité ne justifie pas (l'utilité: ce dont la fin est l'activité productive). L'au-delà de l'utilité est le domaine de la souverainité.[51]

Das „règne miraculeux du non-savoir" (ebd., S.252) jenseits der Nützlichkeit ist die Kunst, das Lachen, das Heilige und Göttliche. In diesem Reich der *souveraineté* ergeben sich heterogene und simultane Wahrnehmungsstrukturen an einem paradoxalen Punkt, „où le rire qui ne rit pas et les larmes qui ne pleurent pas, où le divin et l'horrible, le poétique et le repugnant, l'érotique et le funèbre, l'extrême richesse et la nudité douloureuse coincident." (S.251) An diesem Punkt, der zu Kunst und Literatur zurückführt, soll das Denken Batailles um die differentiellen Modelle Kristevas und Derridas erweitert werden.

b) Kristeva – Derrida: *Chora*

Auf den Spuren eines *sujet-en-progrès* und einer revolutionären Text-Praxis situiert Julia Kristeva mit dem Instrumentarium des strukturalistischen Begriffsapparates der *Tel Quel*-Gruppe Mallarmé und Lautréamont am Anfang einer neuen Text-Erfahrung, die sie bei Joyce und Bataille fortgesetzt sieht.[52] Die Bedeutung des Textes liegt vor allem in seiner Suche nach einem Raum für die Entstehung und Möglichkeit heterogener und diskontinuierlicher Erfahrungen. In den „Préliminaires théoriques", dem ersten Teil der Abhandlung, dient ihr im Spannungsverhältnis von Semiotischem und Symbolischem der Begriff der *chora* aus Platons *Timaios* zur Bestimmung dieses Raumes. *Chora* erscheint als eine

> articulation toute provisoire, essentiellement mobile, constituée de mouvements et de leurs stases éphémères. (...) Ni modèle, ni copie, elle est antérieure et sous-jacente à la figuration donc à la spécularisation, et ne tolère d'analogies qu'avec le rythme vocal ou kinésique. (S.23f)

---

[51] Bataille, Œuvres Complètes 8, S.248.
[52] Kristeva, Julia, La révolution du langage poétique, Paris 1974. Intertexte der semiotischen Untersuchung stammen von den für das neomarxistisch-strukturalistische Umfeld charakteristischen Autoren Freud, Husserl, Hegel, Marx, Frege, Hjelmslev, Lacan, Derrida und Barthes.

Sie ist vorsymbolischer, rhythmischer Raum des Semiotischen, das wiederum über Verschiebungs- und Verdichtungsprozesse gestaltet wird.[53] Dieser provisorische Raum der **chora** ermöglicht zuallererst semiotische Prozesse, die dann wiederum in symbolische bzw. thetische Strukturen transformiert werden. Die Analogie zu Derridas *différance* und seinem Schrift-Begriff stellt die Autorin mehrmals selbst her. Derrida umschreibt 1987 in seiner Analyse des Verhältnisses von Mythologie und Philosophie *chora* als den unbestimmten Nicht-Ort jenseits jeder Situierung:

> Chora verzeichnet einen abseits gelegenen Platz, den Zwischenraum, der eine dissymetrische Beziehung wahrt zu allem, was „in ihr", ihr zur Seite oder ihr entgegen ein Paar mit ihr zu bilden scheint. In dem außerpaarlichen Paar können wir diese eigentümliche Mutter, die Statt gibt, ohne zu erzeugen, nicht mehr als einen Ursprung ansehen. (...) Der Bezug der Unabhängigkeit, der Nicht-Bezug ist im Hinblick auf das, was sich darin niederläßt, um darin aufgenommen zu werden, mehr dem des Intervalls oder des Zwischenraums ähnlich.[54]

Er betont dabei auch die Formbarkeit dieses Raumes, der keiner ist. *Chora* wird erst durch die verschiedensten Bedeutungen und Interpretationen informiert, erhält Markierungen und Eindrücke, denen sie sich jedoch immer entzieht.[55] In Kristevas *chora*-Interpretation ist für den Kontext dieser Arbeit die Betonung der rhythmischen Stimme und der Gestik von Bedeutung, die noch vor der thetischen Strukturierung zur Geltung kommen.[56] Die Texte Mallarmés und Lautréamonts sind nach den thetischen Konstituierungsprozessen des Subjekts für Kristeva Ausdruck eines „,thétique au second degré', c'est-à-dire à une reprise du fonctionnement propre à la chora sémiotique dans le dispositif du langage" (S.48) und werden zur signifikanten Praxis: „L'expérience textuelle vise ce lieu crucial: le thétique, depuis lequel se constitue l'humain comme signifiant et/ou comme social.[57] Elle représente, en

---

[53] In diesen Passagen zieht Kristeva Überlegungen Jakobsons und Lacans zu Metonymie und Metapher heran. Vgl. Jakobson, Roman, Essais de linguistique générale, Paris 1943; Lacan, Jacques, Écrits 1/2. Paris 1971.

[54] Derrida, Jacques, Chora, Wien 1990 (1987), S.68.

[55] Vgl. ebd., S.19. Zur *chora* bei Derrida siehe auch: „La pharmacie de Platon", in: La dissémination, Paris 1972 — ein Text, der Kristeva in ihrer Bestimmung der *chora* zeitlich näher stand.

[56] In ihrer „reinsten" Form scheint diese vor-thetische Wahrnehmung in der Ästhetik Artauds angelegt. Vgl. Artaud, Antonin, Le théâtre et son double suivi de Le théâtre de Séraphin, Paris 1964; und zu Artaud: Derrida, Jacques/Thévenin, Paule, Antonin Artaud, Paris 1986; Derrida, Jacques, „La parole soufflée", „Le théâtre de la cruauté et la clôture de la représentation", beide in: L'écriture et la différence, a.a.O., S.253-292, S.341-368; Finter, Helga, Der subjektive Raum II, Tübingen 1992.

[57] Vgl. dazu auch Barthes' Umschreibung des sinn-losen Ortes, der keiner *ist*, als Atopie. In Opposition sowohl zu biographischen und doktrinären Bestimmungen als auch zur sinnvollen Utopie steht die Atopie für eine identitätsfreie, „abtreibende" Wahrnehmungsstrategie: „*Fiché*: je suis fiché, assigné à un lieu (intellectuel), à une résidence de caste (sinon

ce sens, l'une des explorations les plus hardies que le sujet puisse se permettre, du procès qui le constitue." (S.67) Die Kunst – in Poesie, Tanz, Theater und Musik – transgrediert in diesem Sinne jeden thetischen Prozeß und gelangt in die Nähe und gleichzeitig in Opposition zu sakralen Ereignissen wie Opferhandlungen und Tabu-Vorschriften. Als Semiotisierung des Symbolischen ist sie gegenüber dem totemistisch-religiösen Verbot, das das Symbolische erst gründet, transgressive Erfahrung und Einzug des Lustlebens in die Sprache (vgl. S.78). Kristeva schließt ihre an Bachtin und Barthes orientierte intertextuelle Praxis mit einer Ökonomie der *différance* kurz. Im Anschluß an die *Grammatologie* und an *L'écriture et la différence* und nach einer neuerlichen Lektüre der Triebtheorie bekennt Kristeva

> que le désir n'épuise pas les mécanismes du procès de la signifiance. C'est en technologie et en politique, mais aussi en art, qu'on semble trouver des domaines où le désir est excédé par un ‚mouvement' qui surpasse les stases de la structuration désirante et déplace les cadres des dispositifs intersubjectifs où coagulent les identifications fantasmatiques. (S.133f)

Damit öffnet sie ihren semiotisch-psychoanalytischen Diskurs auf andere Wahrnehmungsstrukturen und weist über den „caractère tyrannique, terroriste, castrateur, du signifiant"[58] hinaus.

2.2.3. Fotografische Schrift

Batailles transgressives Konzept des *Non-savoir*, Kristevas und Derridas Beschreibung der *chora* und auch Barthes' *Atopie* sind philosophische Versuche, undenkbare Räume zu denken, Nicht-Orte der Möglichkeit einer Erfahrung anderer Welten. Cortázars Gesten des Schreibens gehen über den Text hinaus und entwerfen transtextuelle Schrift-Figuren. Die fotografische Schrift bildet den Versuch einer Auflösung vom Text zum Bild innerhalb des Figur-Begriffs. Nicht zufällig ist die Verbindung von Fotografie und figuraler Ästhetik in Kapitel 109. Morelli, um seine „incoherencias narrativas" (R, cap.109, S.646) zu rechtfertigen, beschreibt das Leben der anderen als fragmentarisches „álbum de fotos, de instantes fijos" (ebd.). *Cristalización* und *coágulo* sind der Fotografie angeglichene Begriffe, die deren momenthafte Wahrnehmung auf Morellis Schrift-Idee übertragen. Das Kino – und in diesem Zusammmenhang ist das traditionelle Erzählkino gemeint – muß als negativ bestimmter, weil kohärenzstiftender Gegensatz herhalten:

> dar coherencia a la serie de fotos para que pasaran a ser cine (como le hubiera gustado tan enormemente al lector que él llamaba el lector-hembra) signifi-

---

de classe). Contre quoi une seule doctrine intérieure: celle de l'*atopie* (de l'habitacle en dérive). L'atopie est supérieure à l'utopie (l'utopie est réactive, tactique, littéraire, elle procède du sens et le fait marcher)." Barthes, Roland, Roland Barthes par Roland Barthes, Paris 1975, S.53.

[58] Deleuze, Gilles, Pourparlers 1972-1990, Paris 1990, S.35. (Aussage von Felix Guattari)

caba rellenar con literatura, presunciones, hipótesis e invenciones los hiatos entre una y otra foto. (ebd.)

Die bildlichen und textuellen Zwischenräume der diesem Kino gegenübergestellten *fotografischen écriture* soll der Leser erfinderisch in Eigenregie ausfüllen. In dieser schon erwähnten und an barocke Traditionen erinnernden *ars combinatoria*[59] stellt Morelli dem *lector-hembra*[60] den *lector-cómplice* entgegen:

> El novelista romántico quiere ser comprendido por sí mismo o a través de sus héroes; el novelista clásico quiere enseñar, dejar una huella en el camino de la historia.
> Posibilidad tercera: la de hacer del lector un cómplice, un camarada de camino. Simultaneizarlo, puesto que la lectura abolirá el tiempo del lector y lo trasladará al del autor. Así el lector podría llegar a ser copartícipe y copadeciente de la experiencia por la que pasa el novelista, *en el mismo momento y en la misma forma*. (R, cap.79, S.560)

Im Gegensatz zu Romantik und Klassik entsteht in der offenen Grundstruktur des figuralen Schreibens – Morelli changiert ständig zwischen produktions- und rezeptionsästhetischer Perspektive und zieht Parallelen zu den Zeichnungen in der Gestaltpsychologie (S.647) – ein Netzwerk *in actu*, von Autor und Leser (z)erschrieben, kon- und defiguriert. Die Methodik der von Morelli als „roman comique" bezeichneten Schrift: „la ironía, la autocrítica incesante, la incongruencia, la imaginación al servicio de nadie." (R, cap.79, S.559f)[61] Der Roman gibt lediglich „una arcilla significativa, un comienzo de modelado, con huellas de algo que quizá sea colectivo, humano o individual." (ebd., S.561) Diese Enwürfe erinnern an die nahezu zeitgleich entstandene intertextuelle Ästhetik des offenen Kunstwerks nach Eco.[62] In ihrer Figuralität sind Morellis Theorien jedoch anders akzentuiert und haben eine asemiotische Perspektive. Sie bauen gerade nicht auf die fruchtbare, intentionale und

---

[59] Vgl. zur surrealistisch motivierten *ars combinatoria* bei Cortázar: Roloff, Volker, „Rayuela", in: ders./Wentzlaff-Eggebert, Harald (Hg.), Der hispanoamerikanische Roman, Band II, Von Cortázar bis zur Gegenwart, Darmstadt 1992, S. 78-90.

[60] Cortázar entschuldigt sich mehrmals für die Verwendung des misogynen Begriffs *lector hembra*, mit dem er als ironisch verzerrtes Nietzsche-Zitat den oberflächlichen, konsumorientierten, unselbständigen Leser, den „lector pasivo" meint. Vgl. z.B. sein Interview mit Evelyn Picon Garfield, Cortázar por Cortázar, a.a.O., S.117.

[61] Die aus diesem Zitat ableitbare spielerische, an karnevaleske Traditionen erinnernde Gesamtanlage des Romans führt in der Forschung zu Interpretationen in Folge der Überlegungen Bachtins und Kristevas, vgl. z.B.: Henderson, Carlos, Estudios sobre la poética de Rayuela, Madrid 1995. In Anbetracht der Zentrifugalität und Heterogenität des „nachmodernen" Cortázarschen Œuvres scheint uns jedoch die durchaus auffällige diskursive Polyphonie *Rayuelas* traditionelle karnevaleske Diskurse in andere Richtungen zu überschreiten und nicht ohne weiteres an Rabelais, Shakespeare, Dostojevski, Dickens und weitere Vertreter der Bachtinschen karnevalesken Literatur anschließber zu sein.

[62] Eco, Umberto, L'opera aperta, Roma 1962.

damit sinnstiftende Begegnung von Autor und Leser, die am künstlerischen Produkt imaginieren, um gemeinsam ein Werk zu schaffen. Morellis Projekt ist durchdrungen von seiner „repulsión del lenguaje ‚literario'" (R, cap.112, S.652) und *literario* verwendet Morelli in *Rayuela* in gleicher Weise wie *retórico, estético, decorativo*, um die vorfabrizierte Sprache für den passiven *lector-hembra* zu bezeichnen. Vielmehr geht es Morelli um die ambivalente und unmögliche Praxis des „‚desescribir'": „ya no hay diálogo o encuentro con el lector, hay solamente esperanza de un cierto diálogo con un cierto y remoto lector." (S.653) Diese Passage veranschaulicht die paradoxe Anlage der *morelliana* und die für sie charakteristische Ambivalenz, ergänzt man sie etwa um diese Stelle aus Kapitel 79:

> Tomar de la literatura eso que es el puente vivo de hombre a hombre, y que el tratado o el ensayo sólo permite entre especialistas. Una narrativa que no sea pretexto para la transmisión de un ‚mensaje' (no hay mensaje, hay mensajeros y eso es el mensaje, así como el amor es el que ama); una narrativa que actúe como coagulante de vivencias, como catalizadora de nociones confusas y mal entendidas (...) (R, cap.79, S.560)

Wir begegnen den simultanen Effekten von Konstruktion und Dekonstruktion. Es geht dieser Schrift nicht um die Vermittlung von Botschaften zwischen den festgelegten Instanzen „Leser" (Empfänger) und „Autor" (Sender); sie zerstört sie vielmehr im Sinne des „desescribir". Ihre Botschaft ist lediglich ihr „Bote-Sein", und das heißt im Sinne der figuralen Ästhetik das kaleidoskopische „Einfrieren" von Lebensmomenten in Koagulate und Kristallisationen.[63]

Die Ambivalenz dieser Ästhetik, die sich ja immer noch die „puente vivo de hombre a hombre" vorstellt, tritt vor allem auch in der skeptischen Haltung gegenüber der „era cibernética" (R, cap.71, S.541), den neueren Wissenschaften und ihrer Errungenschaften zutage. Hier steht auf der einen Seite der Topos der Technologie-Feindlichkeit mit der Verurteilung der westlichen Konsumgesellschaft und ihrer Konsequenzen: „Cada reunión de gerentes internacionales, de hombres-de-ciencia, cada nuevo satélite artificial,

---

[63] An die Überlegungen Morellis zum *desescribir* und mit Blick auf *chora* und die Konzepte Kristevas und Derridas ließe sich die avancierte Medientheorie Tholens anschließen. Im Sinne einer nicht-instrumentellen und nicht-anthropomorphen Medientheorie und gegen den „Kurzschluß von Körper und Technik, Menschen und Programmen" in der traditionellen Mediengeschichte von McLuhan bis Kittler, verweist Tholen in Anlehnung an Derrida und Lacan auf den „Zwischenraum des Medialen": „Als unbesetzbarer, offener Raum, der weder leer noch erfüllt ist, ist die referenzlose Ordnung des Symbolischen ein seinem eigenen Ursprung entzogenes, ausdehnungsloses Feld, das zwar wechselnde Orte zuweist, aber mit sich selbst nie gegenwärtig sein kann." Georg Christoph Tholen: „Medium ohne Botschaft — Aspekte einer nicht-instrumentellen Medientheorie", in: *Nummer 4/5*, 1996, S.102-112. hier S.111f. Der Mensch ist dabei Teil des Zwischenspiels medialer Konstruktionen, und „Medialität als Bote ohne Botschaft" (ebd., S.112) ist zuallererst Konstituens symbolischer Vorgänge.

hormona o reactor atómico aplastan un poco más estas falaces esperanzas (auf ein von Morelli ironisch gebrochenes „reino milenario"). El reino será de material plástico, es un hecho." (R., cap.71, S.541) Am Ende eines Vortrags zur lateinamerikanischen Wirklichkeit sagt Cortázar 1976:

> El hombre del futuro, como muchos de nosotros en Hispanoamérica lo soñamos, tendrá que hallar las bases de una realidad que es verdaderamente suya y, al mismo tiempo, mantener la capacidad de soñar y jugar (...), puesto que a través de esas puertas es por donde lo Otro, la dimensión fantástica y lo inesperado se introducirán siempre, igual que todo aquello que venga a salvarnos de ese robot obediente en el que tantos tecnócratas quisieran vernos convertidos y que nosotros no aceptaremos jamás.[64]

Und noch einmal alias Oliveira in *Rayuela*:

> Yo diría para empezar que esta realidad tecnológica que aceptan hoy los hombres de ciencia y los lectores de *France-Soir*, este mundo de cortisona, rayos gamma y elución del plutonio, tiene tan poco que ver con la realidad como el mundo del *Roman de la Rose*. (...) que el hombre, después de haberlo esperado todo de la inteligencia y el espíritu, se encuentra como traicionado, oscuramente consciente de que sus armas se han vuelto contra él, que la cultura, la civiltá, lo han traído a este callejón sin salida donde la barbarie de la ciencia no es más que una reacción muy comprensible. (R, cap.99, S.617)

Die Sackgasse technologischer Entwicklungen führt die Kultur nach Cortázar – dies wird in diesen und analogen Passagen aus Kapitel 71 und 99 deutlich – immer nur in unvollständige Realitäten: „...la realidad, aceptes la de la Santa Sede, la de René Char o la de Oppenheimer, es siempre una realidad convencional, incompleta y parcelada." (ebd.) Eine Alternative zur „realidad tecnológica" sehen die Protagonisten des *Club de la serpiente* in einer „exaltación estética" und „entrevisión" (R, cap.99, S.618f), die in der Kunst und ihrer „realidad poética" möglich werden kann. Damit wiederholt Cortázar moderne Vorstellungen künstlerischer Welt-Modelle. Wenn er jedoch mit Morelli und in seinen Almanachen einen interstitiellen Wahrnehmungs-Raum entwirft, der mediale und philosophische Fragestellungen aktualisiert, weist er über den Topos der künstlerischen Gegen-Welt und damit verbundene Utopie-Vorstellungen hinaus.[65]

---

[64] „El estado actual de la narrativa en Hispanoamérica", in: Alazraki/Ivask/Marco (Hg.), La isla final, Madrid 1981, S.59-82.

[65] Zum technologiefeindlichen Denken Cortázars muß ergänzt werden, daß ihm ein Medienbegriff zugrundeliegt, der den Menschen als identifizierbares und stabiles Wesen voraussetzt. Ihm wird ein Abhängigkeitsverhältnis zu den ihn umgebenden, meist nur prothetisch ergänzenden Medien attestiert und dabei eine Un/Kontrollierbarkeit unterstellt, die in avancierteren Medientheorien hinterfragt wird und neue Akzentuierungen erfährt. Vgl. dazu Cortázars kritische, an Chomskys oft unzureichende Medienkritik erinnernde Einstellung zu Manipulationsstrategien der Massenmedien in *Libro de Manuel*, hier zum Attentat bei den Olympischen Spielen in München: „Una vez más entra en juego el masaje a escala mundial de los *mass media*. No se oye, no se lee más

Denn auf der anderen Seite der Schrift-Theorie kennzeichnen Ambivalenz, Offenheit und Experimentalität die Suche Morellis nach neuen Freiheiten im Zeitalter technologischer Welt-Bilder. Die von Planck, Heisenberg und Einstein initiierte „nueva visión a que tiende la ciencia, esa des-antropomorfización que proponen urgentemente los biólogos y los físicos" wird mit buddhistischen, hinduistischen und mystischen Erfahrungen korreliert: „no es otra cosa que la remota, aislada, insistente voz con que ciertas líneas del budismo, del vedanta, del sofismo, de la mística occidental, nos instan a renunciar de una vez por todas a la mortalidad." (R, cap. 151, S.731) Aus diesen Überlegungen entsteht dann auch das Projekt zu *62. Modelo para armar*, präfiguriert im Kapitel 62 *Rayuelas*. Hier will sich Morelli – nie ohne ironisches Pathos – in einem „drama impersonal", geleitet von „flujos secretos de la materia viva" (R, cap.62, S.523), von der Psychologie endgültig verabschieden und seine Figuren als bloße Instanzen elektromagnetischer Ströme konstruieren, befreit von individualpsychologischen Mechanismen und angelehnt an eine Theorie zu chemisch ablaufenden Denkprozessen, die ein schwedischer Neurobiologe entwickelt:

> Así las cosas, basta una extrapolación para postular un grupo humano que cree reaccionar psicológicamente en el sentido clásico de esa vieja, vieja palabra, pero que no representa más que una instancia de ese flujo de la materia animada, de las infinitas interacciones de lo que antaño llamábamos deseos, simpatías, voluntades, convicciones, y que aparecen aquí como algo irreductible a toda razón y a toda descripción... (R, cap. 62, S.524)

In diesen Abschnitten wird ein Handlungsablauf erdacht, der den Menschen lediglich als Träger biochemischer Prozesse nutzt. Wenn Cortázar diese entpersonalisierten und entpsychisierten Konstellationen hier und in *62* literarisch durchspielt und damit Experimente des *Nouveau Roman* variiert, zeigt er gleichzeitig die Aporien solcher Versuche auf. Juan, Hélène, Tell, Marrast, Nicole, Feuille Morte, Calac und Polanco sind Figuren, die trotz ihrer Steuerung durch unkontrollierbare und unergründliche biochemische Prozesse ein Eigenleben führen und eine literarische Individualität entwickeln, die der Leser mit der Zeit zu schätzen lernt. Cortázar – so könnte man sein Bemühen umschreiben – zeigt die ironischen Gesten der Entpsychologisierung, um die kaleidoskopischen Kristallisationen der „instantes fijos" auch auf psychologische Prozesse und ihre raumzeitlichen Diskontinuitäten zu übertragen.

Morelli ist desillusionierter – und dabei nicht unglücklicher – Metaphysiker auf der Suche nach dem unmöglichen Absoluten: „Sigo tan sediento de absoluto como cuando tenía veinte años, pero la delicada crispación, la deli-

---

que Munich, Munich. No hay lugar en sus canales, en sus columnas, en sus mensajes, para decir, entre tantas otras cosas, Trelew." (LM, S.13) Tholens Medientheorie weist andere Wege: Tholen, Georg Christian, „Zwischen den Bildern. Zur Topik und Zäsur der Medien", in: Pfeil, Hannelore/Jäck, Hans-Peter (Hg.), Eingriffe im Zeitalter der Medien, Rostock 1995, S. 123-141 und ders., „Medium ohne Botschaft", in: *Nummer 4/5*, a.a.O.

cia ácida y mordiente del acto creador o de la simple contemplación de la belleza, no me parecen ya un premio, un acceso a una realidad absoluta y satisfactoria." (R, cap.112, S.653) Er steht zu seinem nostalgischen Anachronismus: „Se puede matar todo menos la nostalgia del reino, la llevamos en el color de los ojos, en cada amor, en todo lo que profundamente atormenta y desata y engaña. *Wishful thinking*, quizá; pero ésa es otra definición posible del bípedo implume." (R., cap.71, S.542) Wenn er also den „cierto diálogo con un cierto y remoto lector" sucht und das „luzide Auge" als Autor und Leser gleichzeitig fremde und verbindende Instanz einsetzt, spricht aus ihm die Geste des sich des unhintergehbaren Verlustes bewußten Melancholikers, der mit Wohlwollen die Nostalgie der Begegnung, den „puente vivo de hombre a hombre", denkt, ohne noch an diesen zu glauben. Die Theorien und Ideen seiner figuralen Ästhetik erscheinen gleichsam als Figuren eines *differentiellen* Denkspiels, dessen Sinn-Bild das Kaleidoskop ist.[66] Es wird zur Weltfigur:

> donde un ojo lúcido pudiese asomarse al calidoscopio y entender la gran rosa policroma, entenderla como una figura, *imago mundi* que por fuera del calidoscopio se resolvía en living room de estilo provenzal, o concierto de tías tomando té con galletitas Bagley. (R, cap.109, S.647)

In seiner mehrdimensionalen Bildstruktur, seiner beweglichen Farbigkeit und seiner unberechenbaren Oszillation von Statik und Dynamik bildet das Kaleidoskop Figuren, die keine Abbildfunktion haben und sich erst *außerhalb* des Instrumentes in Bilder einer vor-gebildeten Wirklichkeit auflösen. Die kaleidoskopischen Kristallisationen sind somit eher Vor-Bilder der identifizierbaren, geronnenen Wirklichkeit. Sie unterlaufen damit ebenfalls das alphanumerisch kodierte Liniengewebe des Textes und des Buches. Beide sind in die lineare Raumzeit eingeschriebene Formen, die vom Kaleidoskop durchbrochen werden. Betrachtet man *Rayuela* metaphorisch als literarischen Produktionsraum von Koagulaten und Kristallisationen, erscheinen die Schrift-Spiele des Romans mit ihren interdiskursiven und intermedialen Schreib-Experimenten als kaleidoskopische Ereignisse einer figuralen Schrift.[67] Der interstitielle Raum eines *fotografischen Schreibens* erfährt in *62* und *Libro de Manuel* literarische Erweiterungen und erreicht in den Almanachen interme-

---

[66] Das Kaleidoskop (von gr. kalos=schön, eidos=Gestalt, skopein=sehen) erfand 1816 der Schotte Sir David Brewster, der später im Zuge der optischen Entdeckungen in den vierziger Jahren des 19. Jahrhunderts auch das Linsenstereoskop und die zweiäugige Stereokamera entwickelte. Siehe zum Kaleidoskop: Brewster, Sir David, The Kaleidoscope — its History, Theory and Construction, with its application to the fine and useful arts, London 1858. Zur modernen Geschichte des Kaleidoskops, vor allem auch als Kunstobjekt: Baker, Cozy, Kaleidoscope Renaissance, Annapolis 1993.

[67] Ein autoreferentielles Lektüre-Kaleidoskop, das neben den inhaltlichen Verschiebungen auch den Lesevorgang immer wieder reflektiert und neu organisiert, bietet Calvinos *Se una notte d'inverno un viaggiatore* (1979), ein Roman, dessen Vielschichtigkeit zu Vergleichen mit Cortázars kaleidoskopischen Schrift-Spielen einlädt.

diale Dimensionen. Die Gestaltung dieser Alben entspricht der Visualität des Kaleidoskops und erweitert das imaginäre Spektrum der Figuren.[68]

In gewisser Weise nimmt das optische Instrument, das in bedeutendem Maße vom Lichteinfall abhängig ist, auch Effekte von Malerei, Fotografie[69] und Kinematografie vorweg, dekonstruiert sie aber auch. Der Stillstand läßt kristallisierte „instantes fijos" entstehen, die die Gestalt abstrakter Gemälde oder fotografischer Farbaufnahmen annehmen. Diese Figuren lösen sich jedoch bei jeder Drehbewegung wieder auf und gerinnen in immer neue Konstellationen. Als differentielle Figur enthält und verschiebt das Kaleidoskop in dem ihm eigenen ZeitRaum seine unwiederholbaren Figuren. Die Verschiebung wird wiederum durch denjenigen ausgelöst, der seine Hand und damit das Kaleidoskop bewegt. Das „ojo lúcido" ist dabei allerdings eine (menschen)unmögliche Wahrnehmungssituation, die von Morelli melancholisch-ironisch durchgespielt wird. Das Welt-Bild, das viele Bilder ist und sich selbst immer wieder entweicht, kann nie fixiert und das heißt begriffen werden.

---

[68] Wenn Scholz in seiner Arbeit zur Poetik Cortázars (Scholz, Laszlo, El arte poética de Julio Cortázar, Buenos Aires 1976) die „libros calidoscópicos" im Sinne moderner Collage-Techniken lediglich als „métodos extraliterarios" der Heterogenität des Werkes zurechnet, verkennt er die medialen Implikationen der figuralen Vielschichtigkeit des Kaleidoskops. Fröhlicher hingegen weist auf die visuellen Figuren und Kommunikationsstrukturen hin, die — oft in Verbindung mit optischen Instrumenten (Mikroskop, Teleskop, Kaleidoskop) — eine dominante Rolle in Erzählungen, Romanen und Cortázars Poetik spielen. Den transitiven, ästhetischen Blickrichtungen auf eine *imago mundi* im Kaleidoskop, wie sie die Romane und viele Kurzgeschichten durchziehen, stellt er reziproke Blickkontakte gegenüber, die er dann im Sinne eines dialogischen Kommunikationsmodells in *Deshoras* verwirklicht sieht: „Si la mirada transitiva apunta al conocimiento y a la interpretación del mundo, la mirada recíproca es la expresión de una comunicación intersubjetiva privilegiada." (Fröhlicher, La mirada recíproca, a.a.O., S.233). Wenn Fröhlicher dabei auf das existentialistische Blick-Modell Sartres abhebt, vernachlässigt er die Perspektive intermedialer Aspekte.

[69] Susan Sontag schildert zur Fotografie eine dem Kaleidoskop analoge Wahrnehmungserfahrung: „Durch Fotografien wird die Welt zu einer Aneinanderreihung beziehungsloser, freischwebender Partikel, und Geschichte, vergangene und gegenwärtige, zu einem Bündel von Anekdoten und *faits divers*." (Sontag, Susan, „In Platos Höhle", in: dies., Über Fotografie, Frankfurt 1995 (1977), S.28.)

2.2.4. Gespenster und Masken

Wenn Morelli das Fort/Dasein eines textuellen Gespenstes führt und als *alter ego* Cortázars auf mehreren Ebenen durch *Rayuela* spukt, so beschwört auch er wiederum zahlreiche Gespenster. Kapitel 60 erwähnt eine angeblich nie veröffentlichte „lista de acknowledgements" (S.518), die durch ihre Heterogenität besticht. Aufgelistet werden Jazzmusiker, Philosophen, Schriftsteller und Maler aus mehreren Epochen, Komponisten und Cineasten. Der ironische Kommentar am Ende löst die Identität Morelli-Cortázars in der bekannten Manier des anderen Geistes – Borges – vollkommen auf: „Los nombres de Rimbaud, Picasso, Chaplin, Alban Berg y otros habían sido tachados con un trazo muy fino, como si fueran demasiado obvios para citarlos." (S.519) Zitate durchziehen den Roman. Sie werden als verzichtbare – und das heißt aus- oder durchgestrichene – Texte über den dritten Teil in die narrative Struktur oft unkommentiert eingeflochten. Der Text des ersten und zweiten Teils ist voll von Anspielungen auf und Benennungen von Eigennamen zahlloser Denker und Künstler aller Richtungen und Epochen. Diese intermediale Zitierfreudigkeit spiegelt sich wiederum in den *morelliana*. Zitate von Bataille (cap.116 u. 136), Gombrowicz (cap.145), Ferlinghetti (cap.121), Musil und Hofmannsthal (cap.102) sind neben expliziten Verweisen auf andere Geister wie Proust, Joyce und Beckett Teil der Fundstücke des Clubs. In Kapitel 62 findet sich das lange Zitat des schwedischen Neurobiologen aus *L'Express*, und Kapitel 86 enthält Zitate der Esoteriker Pauwels und Bergier, die der binären Weltsicht der Wissenschaft eine „conciencia analógica" (R, cap.86, S.574) entgegensetzen. Hier findet sich auch ein Verweis auf Morellis Zitierfreude: „Los del Club, con dos excepciones, sostenían que era más fácil entender a Morelli por sus citas que por sus meandros personales." (R, cap.86, S.573) Man stellt sich die unbeantwortbare Frage: Wer mögen die zwei Ausnahmen sein? Und was heißt „meandros personales", wenn in Kapitel 148 „Person" zur „Maske" (per)mutiert?

In Kapitel 148 schreibt ein Zitat aus *De otros lados*, dem gespenstischen Raum innerhalb/außerhalb des Romans, den zweiten Teil – folgt man dem *tablero* – in den Prozeß des neuen Maskentauschs ein: „‚ (...) Así, pues, porque la máscara hace la voz humana más sonora y vibrante, se le ha dado el nombre de persona, y por consecuencia de la forma de esta palabra, es larga la letra *o* en ella.'" (R, cap.148, S.728) Maske/persona: diese Doublette eröffnet das disseminierende Spiel der Figuren aus *Del lado de acá* in neuen Konstellationen. Und die Einschreibung geschieht als abgründiges Zitat: Cortázar zitiert kommentarlos aus *Noctes Atticae*, einem Werk von Aulus Gellius, lateinischer Schriftsteller aus der Zeit nach Augustus, der in seinem zwölfbändigen Buch – „llenas de citas y noticias curiosas para los historiadores"[70] – wiederum Gauius Bassus über die Etymologie des Wortes *persona* sprechen läßt. Doch hier hören die fantasmagorischen Zuweisungen von

---

[70] Amorós, Andrés in seiner Anmerkung zu diesem Kapitel, R, cap., S.728.

Eigennamen nicht auf. Abgründe zeigen sich im Text selbst, denn die Frage: wer hat wem/was den Namen *persona* gegeben?, bleibt unentscheidbar: „se le ha dado el nombre de *persona*". Hat *man* der *Maske* oder der menschlichen *Stimme* den Namen gegeben? Aufgrund desselben Genus bleibt auch in der deutschen Übersetzung hier alles offen: „hat man ihr den Namen *persona* gegeben" (S. 618). Wer ist die Maske, die *persona*, die Stimme, wer ist *man*? Und am Ende steht die unglaubliche *Konsequenz* dieses abgründigen Benennungsspiels: „y por consecuencia de la forma de esta palabra, es larga la letra *o* en ella". Die Form des Wortes, die buchstäbliche Form, also die Schrift-Gestalt? Oder die lautliche Form, also der von der Stimme hervorgerufene Klang? Oder beides? Warum ist gerade der Buchstabe (!) *o* lang? Weil er in der Mitte des Wortes liegt? Weil er sowohl bei Morelli als auch bei Cortázar im Namen auftritt? Weil er bildhaft der Geste des maskenhaften Sprechens mit der stimmhaften Rundung des Mundes am nächsten kommt, wie es vorher im doppelt zitierten Text heißt? „,No teniendo la máscara que cubre por completo el rostro más que una apertura en el sitio de la boca, la voz, en vez de derramarse en todas direcciones, se estrecha para escapar por una sola salida, y adquiere por ello sonido más penetrante y fuerte.'" Die Maske, die das ganze Gesicht verdeckt bzw. ent-stellt, hat demnach nur eine Öffnung: die des Mundes. Erst hier kann sich die sonst hoffnungslos verlorene/sich verlierende Stimme bündeln, durchdringend und stark werden. Erst die Maske ermöglicht also die Stimme: sie kanalisiert sie in der richtungslosen Streuung und gibt ihr schließlich ihren Eigen(en)-Namen, *persona*, dessen mittlerer Vokal den ganzen Vorgang des Verengens, Konzentrierens, Bündelns in seiner lautlichen und schriftlichen Form *wiederholend* und andauernd – „larga" – artikuliert. *Spricht* man *persona*, ist man *persona*, ist man Maske, gibt man der Stimme ihre Maske.[71]

Morelli und Cortázar fungieren/fingieren als Masken ihrer Texte, die selbst wiederum Masken der Schrift sind. Die Zitierfreudigkeit in *Rayuela* ist auf der einen Seite das intertextuelle und intermediale Verweisungsspiel eines modernen Bildungsromans à la Eco. Auf der anderen Seite entlarvt sie jede Person, jede Schrift als Maske und Fiktion, liefert den Text im figuralen Spiel seiner kaleidoskopischen Möglichkeiten der Austauschbarkeit aus.

---

[71] Vgl. zur Person als Maske(n) die eigentümlichen Analogien zu Kapitel 148 in Barthes' essayistischer Autobiographie, die immer in Anführungsstrichen gelesen werden will: „Tout ceci doit être considéré comme dit par un personnage de roman — ou plutôt par plusieurs. Car l'imaginaire, matière fatale du roman et labyrinthe des redans dans lesquels se fourvoie celui qui parle de lui-même, l'imaginaire est pris en charge par plusieurs masques (*personae*), échelonnés selon la profondeur de la scène (et cependant personne derrière)." Barthes, Roland, Roland Barthes, a.a.O., S.123. Vgl. auch: de Man, Paul, „Autobiography as De-facement", in: ders., The Rhetoric of romanticism, a.a.O., S.67-81; und zur Unmöglichkeit bzw. medialen Umkodierung von Autobiographien im 20. Jahrhundert: Schneider, Manfred, Die erkaltete Herzensschrift. Der autobiographische Text im 20. Jahrhundert, München/Wien 1986.

2.2.5. Bild und Rhythmus (*Rayuela*, Kapitel 66 und 82)

Morelli geht neben den Verweisen auf Komponisten, Maler und Cineasten in zwei Fragmenten explizit über die Schrift-Sprache hinaus. In Kapitel 66 kommt es zum Zusammenspiel von Text und Zeichnung: „Le gustaría *dibujar* ciertas ideas, pero es incapaz de hacerlo. Los diseños que aparecen al margen de sus notas son pésimos. Repetición obsesiva de una espiral temblorosa, con un ritmo semejante a las que adornan la *stupa* de Sanchi." (R, cap.66, S.531) Die Spirale – krakelig gleich den Verzierungen an der indischen Ruine – ist das den Text begleitende Symbol. Soll es die im Text ausgedrückten Ideen veranschaulichen? Sie ergänzen und kommentieren? Oder selbständige Denkfiguren zeigen? Es gibt nur den ironischen Hinweis auf die hilflosen Versuche Morellis, seine Ideen zeichnerisch darzustellen.

Im selben Kapitel kommt es zu einer anderen Figur, die Text und Bild durch den Raum der beschriebenen Seite in die intermediale Mehrdimensionalität überführt:

> Proyecta uno de los muchos finales de su libro inconcluso, y deja una maqueta. La página contiene una sola frase: ‚En el fondo sabía que no se puede ir más allá porque no lo hay.' La frase se repite a lo largo de toda la página, dando la impresión de un muro, de un impedimento. No hay puntos ni comas ni márgenes. De hecho un muro de palabras ilustrando el sentido de la frase, el choque contra una barrera detrás de la cual no hay nada. Pero hacia abajo y a la derecha, en una de las frases falta la palabra *lo*. Un ojo sensible descubre el hueco entre los ladrillos, la luz que pasa. (ebd.)

Das Spiel zwischen Text und Bild wird als Spiel zwischen Sichtbarkeit und Unsichtbarkeit auf mehreren Ebenen gespielt. Die Fläche der leeren Seite wird zunächst gefüllt mit Wörtern, die ohne Satzzeichen aneinandergereiht sind und für den Betrachter einen einzigen Block darstellen. Die Wörter werden zu Ziegeln einer Mauer, die Wahl der Wörter erscheint zunächst willkürlich. Begibt man sich in einem zweiten Schritt auf die semantische Ebene des geschriebenen Textes – „En el fondo sabía que no se puede ir más allá porque no lo hay" –, wird die Verschränkung zwischen Text und Bild hergestellt. Die Übertragung würde folgendermaßen lauten: *Im Grunde (!) wußte er, daß man nicht auf die andere Seite der Mauer gelangen kann, weil es diese andere Seite nicht gibt*. Im dritten Schritt kommt es schließlich zur mehrdimensionalen Vermischung von Text- und Bildebene: Betrachtet das sensible Auge die Abfolge der Sätze ganz genau, entdeckt es in der rechten, unteren Ecke ein Loch in der Mauer, zwischen den Ziegeln, das jedoch auf der Bildebene unsichtbar bleibt und nur auf der Textebene existiert. Es fehlt das Wort *lo* in einem Satz und dieser Umstand macht die Mauer durchlässig für den Lichtstrahl von der anderen Seite, der in paradoxaler Anordnung den in/auf der Wort-Mauer scheinbar unendlich wiederholten Sinn des Satzes auflöst und widerlegt.

Die *morelliana* aus Kapitel 82 nimmt das Motiv der gezeichneten Ideen wieder auf: „Escribir es dibujar mi mandala y a la vez recorrerlo, inventar la purificación purificándose;" (R, cap.82, S.564f) Mandala soll der erste Titel des Romans gewesen sein, der dann jedoch den Namen *Rayuela* erhielt. Das mystische Bild wird im Buddhismus als labyrinthisches Medium benutzt, um ins Meditations-Zentrum zu gelangen. Der Roman hat mit seinen labyrinthischen Diskursstrategien ein ähnliches Konstruktionsprinzip, ohne daß jedoch ein Zentrum auszumachen wäre. Die Figur des Hüpfspiels kommt dem offenen Schreiben Morellis näher.[72]

Doch stößt man hier auch auf eine andere, in *Rayuela* selbst und in vielen anderen Texten Cortázars wieder aufgenommene Figur: der Analogie von Schrift und Musik im *rhythmischen Schreiben*:

> Por qué escribo esto? No tengo ideas claras, ni siquiera tengo ideas. Hay jirones, impulsos, bloques, y todo busca una forma, entonces entra en juego el ritmo y yo escribo dentro de ese ritmo, escribo por él, movido por él y no por eso que llaman el pensamiento (...) si lo que quiero decir (si lo que quiere *decirse*) tiene suficiente fuerza, inmediatamente se inicia el *swing*, un balanceo rítmico que me saca a la superficie (...) ese *swing* en el que se va informando la materia confusa, es para mí la única certidumbre de su necesidad (...) (ebd.)

Das, was sich sagen will, die „materia confusa", sucht sich ihre Form im rhythmischen Swing des Jazz. Mit dem Essay *Elogio del jazz* von 1949, einigen poetologischen Texten und der Novelle *El perseguidor* wird die rhythmische Schrift Cortázars präzisiert.

---

[72] Die Analogien zwischen den Ideen des Mandala und des Rayuela-Spiels betont auch Amorós in seiner Anmerkung zu diesem Kapitel, vgl. R, S.564/565.

3. Intermediale Konstellationen

Musik, Malerei Fotografie und Film haben Cortázars literarische Arbeit stets begleitet und mündeten in mehrere Publikationen zu und mit Musikern, Malern und Fotografen. Indem Cortázar/Morelli in seinen Schriften über den Text hinausweist und transtextuelle Figuren entwirft, nähert er sich kompositorischen und bildhaften Ausdrucksformen, die im offenen Polylog der Künste rhythmische und fotografische Figuren der Schrift entstehen lassen. Nach der Konturierung des intermedialen Konzepts des *poetismo* im zweiten Teil der Arbeit bilden diese Figuren den Untersuchungsgegenstand des dritten Kapitels. Cortázars Verhältnis zum Jazz steht im ersten Abschnitt im Vordergrund. Sein früher Text *Elogio del jazz* nimmt Motive aus der Tunneltheorie auf und erweitert das Programm des *poetismo* um musikalische Ausdrucksformen des schwarzen Jazz. Die Novelle *El perseguidor* wird im Anschluß daran als literarische Transposition einer rhythmischen Erfahrung des Anderen gelesen, wie sie die Figur Charly Parkers als *poetista* des Jazz vorgibt. Anschließend wird gezeigt, daß *Rayuela* in *Del lado de allá* nicht nur auf zahlreiche Interpreten und Jazzstücke verweist; vielmehr finden sich in der Gesamtstruktur des Romans rhythmische Effekte, die sich Elementen des Jazz verdanken.

Im zweiten Teil des Kapitels geht es um den Dialog der Literatur mit den Bildmedien. Fotografie, Film und Malerei generieren einerseits synästhetische Effekte in den Texten Cortázars und führen zu experimentellen Schreibweisen innerhalb des alphanumerischen Schriftcodes. Andererseits sind sie im Spannungsfeld von Imagination, Halluzination und Konstruktion Träger von Realitätseffekten, die in *Apocalipsis de Solentiname* und *Las babas del diablo* erzählkonstituierende Funktionen erhalten. Das Wechselspiel von Literatur, Fotografie und Film wird in detaillierten Analysen der beiden Erzählungen und Antonionis *Blow up* – als differentielle „Verfilmung" von *Las babas del diablo* – das Verschwinden von Wirklichkeitsspuren in literarisch und bildtechnisch inszenierten Räumen demonstrieren. Ein kulturkritischer Blick soll die Analysen erweitern und die Bedeutung technischer Bilder in medialen Kontexten veranschaulichen.

3.1. Cortázar und die Musik: die rhythmische Schrift

> *La ejercitación rítmica, ya sea en el plano visual, auditivo o sintáctico, como equilibrio de la escritura, es equivalente o intercambiable; siempre es la misma noción del ritmo.*[1]

„Betrug und Untergang des Jazz" als überlebte Gebrauchsmusik proklamiert Adorno 1933 anläßlich des Sendeverbots von „Negerjazz" im Nazi-Deutschland:

> Die Versöhnung von Kunstmusik und Gebrauchsmusik, von Konsumierbarkeit und ‚Niveau', von Ursprungsnähe und Arriviertheit, von Strenge und Freiheit, von Produktion und Reproduktion ist unwahr in allen Stücken. So zwar, daß alle Elemente von ‚Kunst', individueller Freiheit des Ausdrucks, Unmittelbarkeit sich als bloße Verhüllungen des Warencharakters zu erkennen geben. Wie der Reiz der Nonenakkorde, der Septime am Schluß, der Ganztonkleckse im Jazz schäbig und abgebraucht ist und eine verwesende Moderne von vorgestern konserviert, so ist es bei genauerem Zusehen auch um jene Errungenschaften bestellt, in denen man etwas von frischem Beginn und spontaner Regeneration zu entdecken meinte: denen des Rhythmus.[2]

Im Gegensatz zur „Neuen Musik" Schönbergs, Bergs, Weberns und Strawinskys wird dem Jazz in den musikalischen Schriften Adornos auf seiner „Flucht in Militärmärsche und allerlei Folklore"[3] das Todesurteil gesprochen. Allein der synkopischen Zählzeit werden noch innovatorische Leistungen für die Tanzmusik zugestanden, obwohl Adorno sie innerhalb der „Kunstmusik" schon bei Brahms in „unvergleichlich größerem Reichtum" verwirklicht sieht, im Jazz dagegen lediglich ein „Minimum stereotyper und, wie man wohl sagen darf, ‚genormter' Formeln"[4] vorfindet. Er schreibt den Jazz verachtend einer kapitalistisch-faschistischen Warenästhetik zu und wendet sich von ihm ab. Cortázars Jazz-Euphorie basiert jedoch größtenteils auf Jazz-Formen, die Adorno zum Zeitpunkt seiner Kritik noch nicht kennen konnte. In *Rayuela* stehen die Namen der Komponisten „neuer Musik" gleichwertig neben Blues-, Bebop- und Cooljazzmusikern. Kritische musiksoziologische Einstellungen löst der Lateinamerikaner in der Differenz *poetismo/estética* auf. Der schwarze Jazz erscheint als surrealistisches Lebensgefühl und gleichzeitig Rebellion des kreativen *poetista* mit metaphysisch aufgeladenen Potentialen gegen ein ästhetisch vorgefertigtes und existentiell

---

[1] Cortázar im Interview mit González Bermejo, a.a.O., S.111.
[2] Adorno, Theodor W., „Abschied vom Jazz", in: Gesammelte Schriften, Bd.18, Musikalische Schriften V, Frankfurt 1984, S.797.
[3] ebd., S.795.
[4] ebd., S.797. Vgl. zu Adornos Bewertung des Jazz und seiner positiven Begegnung mit „Neuer Musik", vor allem bei Strawinsky und Weill: „Neunzehn Beiträge über neue Musik", in: ebd., S.57-87.

ausgeblutetes Europa. Ist *Elogio del jazz* noch ganz aus der Sicht des Nicht-Europäers verfaßt, leben *El perseguidor* und *Rayuela* von der europäischen Jazz-Szene der fünfziger und sechziger Jahre, die das absurde und existentialistische Klima der Paris-Erfahrung begleitet. Der scharfe wissenschaftliche Blick Adornos kontrastiert also mit der künstlerischen Einstellung Cortázars, in der ‚Jazz' zum Chiffre transgressiver, rhythmisch organisierter Wahrnehmungen wird.

3.1.1. *Elogio del jazz* (1949): die rhythmische Schrift des *poetismo*

In seinem Brief-Artikel *Elogio del jazz: Carta Enguantada a Daniel Devoto*, 1949 erschienen in der Zeitschrift *Nueve Artes* in Buenos Aires, entwickelt Cortázar eine rhythmische Literaturtheorie, die er an seine Überlegungen zum *poetismo* anschließt: „Lo que voy a escribirte podría constituir el capítulo final de *Teoría del Túnel*..." (S.37) In seiner polemischen Antwort auf einen Text Devotos, in dem dieser die Gemeinsamkeiten von Jazz und „klassischer" Musik herausstellt, unternimmt Cortázar den Versuch, das Verhältnis von „música culta" und Jazz zu bestimmen: „Si alguna intención tiene mi carta, es la de esbozar una *situación del jazz*, y mostrar que sólo en un plano técnico (como los que tú señalas) cupieron o caben algunos puentes o influencias entre el jazz y la música culta..." (ebd.) Mit dem in der Tunneltheorie entfalteten Verständnis von *poetismo* und seiner negativen Einschätzung des Begriffs „estética" will er dabei zu folgendem Ergebnis kommen: „la música culta se mueve dentro de una estética, mientras el jazz lo hace dentro de una poética. La música es un producto musical, y el jazz es un producto poético." (S.38)

In bezug auf den *ragtime* konstatiert er nach dem Ersten Weltkrieg „una corriente común de liberación humana" (ebd.), die er mit dem *poetismo* gleichsetzt. Daraufhin werden schriftlicher und figürlicher Surrealismus mit dem Jazz in ihren Methoden und Improvisationstechniken zusammengedacht:

> no es sino el nacimiento continuo e inagotable de formas melódicas y rítmicas y armónicas, instantáneas y perecederas (salvo cuando las conserva el disco), al igual que los juegos de la escritura automática y el dibujo onírico que llenaron la primera y más alta etapa del surrealismo. (ebd.)

Cortázar klammert hier das Problem der Materialität der klanglichen und schriftlichen Zeichen und ihre Wiederholbarkeit auf den jeweiligen Trägern – Schallplatte und Buch – und damit auch die rezeptionsspezifischen Fragen aus. In „Melancolía de las maletas" aus *La vuelta al día en ochenta mundos* kommt er jedoch auf die *takes* im Jazz – mehrere Aufnahmen des gleichen Themas – und ihre Reproduzierbarkeit zu sprechen:

> El disco definitivo incluye el mejor **take** de cada uno de los trozos, y los otros se archivan y a veces se destruyen; cuando muere un gran jazzman las compañías de discos se lanzan a imprimir los **takes** archivados de un Bud Powell o de un Eric Dolphy. Ya en sí es una gran maravilla escuchar cuatro o cinco

takes de un tema del que sólo se tenia la versión definitiva (...); más admirable todavía es asomarse, **écouteur** en el sentido que los franceses dicen **voyeur**, al laboratorio central del jazz y desde ahí comprender mejor algunas cosas. (LV, S.308)

Im „voyeuristischen" Hören der verschiedenen *takes* eines einzigen Stückes sieht der Schriftsteller die Möglichkeit, das Zustandekommen des kreativen Potentials im Jazz nachzuvollziehen. Dabei interessiert ihn nicht die zweifelhafte Perfektion der schließlich endgültig ausgewählten „besten" Aufnahme, sondern das Prozeßhafte, die Variation und das Unvorhergesehene, die in den archivierten Aufnahmen erhalten sind. Das kommt dem Konstruktionsprinzip *Rayuelas* nahe. So formuliert Cortázar auch am Ende dieses kurzen Textes über Jazz und Literatur: „Lo mejor de la literatura es siempre **take**, riesgo implícito en la ejecución, (...) Yo no quisiera escribir más que **takes**." (ebd., S.309)

In *Elogio del jazz* interessiert Cortázar in erster Linie der kreative Akt in der improvisatorischen Produktion diskontinuierlicher Formen im Jazz und in der *écriture automatique*.[5] Ist der schwarze Jazzmusiker in diesem Sinne der Revolutionär in der Musik, so ist es in Analogie dazu der Weiße im Bereich der Literatur, Philosophie und Poesie. Armstrong und Breton stehen im Text für die beiden Typen von Revolutionären, die sich verschiedener Methoden bedienen, um ihre poetische Kreativität zu entfalten: „,la inmaculada concepción' del poema automático no es sino el exacto mecanismo (o abolición del mecanismo) de la ejecución jazz." (S.39) Die Ausübung des Jazz – Cortázar spielte bis in die fünfziger Jahre hinein selbst Trompete und Saxophon[6] – steht als „manifestación musical del poetismo" auf derselben Ebene mit „producto(s) poético(s)" (ebd.) eines Breton oder Crevel.

Die *jam session* als innovative Entdeckung der vierziger Jahre bietet im Gegensatz zum *swing*, der in seinem musikalischen Arrangement höchstens noch in seiner „inspiración del arreglo" (ebd.) als dem Jazz verwandt erscheint, dem Menschen die Möglichkeit – „en este tiempo de aires existencialistas" (S.42/43) –, sich selbst zu finden und zu verwirklichen. Die *jam session* wird schließlich zur „creación por el acto mismo de crear" (S.42). Dem Jazz wird seine Funktion zugeschrieben. Innerhalb der „cosmovisión surrealista" sieht Cortázar ihn als schwarzamerikanische Ausdrucksform eines Freiheitsgefühls, einer „liberación humana", die in Roussel, Breton, Crevel, Tzara, Miró – diese Namen fallen im Text – und die in Paralleltexten immer wieder genannten Artaud und Bataille ihre europäischen Protagonisten hat. In der Idee der „liberación total" kann der Argentinier in diesem Brief-

---

[5] Im Interview mit Bermejo, a.a.O., S.105, sagt Cortázar: „Me dije — y no sé si eso ya está dicho — que el jazz es la sola música entre todas las músicas — con la de La India — que corresponde a esa gran ambición del surrealismo en literatura, es decir, a la escritura automática, la inspiración total, que en el jazz corresponde a la improvisación (...)."

[6] Vgl. dazu Bermejo, a.a.O., S.107.

Artikel Jazz, Surrealismus und Existentialismus kurzschließen. Jazz ist Teil des Programms der Transgression und soll im hier recht schematisch ausfallenden Sinne der „conquista de la realidad" den westlich geprägten Menschen von seiner cartesianisch-rationalistischen „Realität" befreien.

Die Differenz *estética/poetismo*, die Cortázar sowohl in seinen früheren Essays als auch in *Rayuela* oftmals nur anklingen läßt, findet in der Lobrede auf den Jazz eine konkrete Elaboration. Sie wird ausführlich formuliert und an die Literatur zurückgebunden. Seit Lautréamont ist die Poesie

> manifestación directa e inmediata de la urgencia creadora, invadiendo territorios formales hasta entonces privativos de la estética, como la novela y la plástica, donde la razón creadora u ordenadora de lo creado había impuesto sus cánones; por eso en las novelas, digamos hasta *Ulysses*, el lenguaje sirve estéticamente a los fines racionales del novelista, y la poesía sólo está allí como atmósfera, adorno, apoyatura y complemento. Pero la taba se da vuelta con Rimbaud y el surrealismo, que mandan al diablo el lenguaje mediatizado y reclaman (a veces obtienen) un verbo de directa notación poética: lo que era cobre se despierta clarín. (S.43)

Die Namen der Rebellion gegen die traditionelle, vorgefertigte Inhalte vermittelnde, rationale Ästhetik werden erneut beschworen: Lautréamont, Rimbaud, Joyce und der Surrealismus. Diese für Cortázars transtextuelle Poetologie entscheidende Passage hat eine Fußnote, in der *poetismo* als intermediales Programm der Transgression definiert wird:

> Por eso el poetismo, cuando surge en el verbo (surrealismo), procede a liquidar el idioma literario, idioma por esencia estético y mediatizador. Por eso el poetismo, cuando surge en la música (hot jazz), significa el rechazo de las „interpretaciones" mediatizadoras, y satisface el deseo de autorrealización con el recurso admirable de ejecutar improvisando, de ejecutar una continua creación sonora. (S.44)

Die unbefragte Mittelbarkeit ist Ziel des Angriffs auf „ästhetische" Kunst, die lediglich zur dekorativen, ornamentalen Stabilisierung vorgefertigter Sinnbezüge eingesetzt wird. Dagegen steht das kreative Potential des *poetismo* in allen „territorios formales" künstlerischer Ausdrucksformen.[7] Der Einfluß der europäischen *música culta* auf den Jazz ist mit ihren „ästhetischen" Maßstäben sekundärer, musikalisch-technischer Natur. Umgekehrt soll der schwarze Jazz in Europa zu neuen „caminos catárticos" (S.43) verhelfen. Die anti-ästhetische Geste Cortázars auf dem Weg zu einer „inmediatización creadora" und „actitud *poetista*" (ebd.) in textuellen und klanglichen Ausdrucksformen führt zu einer *differentiellen* Ästhetik, die traditionelle Wahrnehmungsgrenzen mit Effekten von Figuralität, Simultaneität und Diskontinuität über-

---

[7] Die piktoralen und plastischen Möglichkeiten des *poetismo* werden in diesem Rahmen nur beiläufig erwähnt und erhalten neben den Almanachen zum Beispiel in *Territorios* (1978) ihren angemessenen Raum.

schreitet. Die poetische Erfahrung einer magischen Unmittelbarkeit ohne Vermittlungsinstanzen ist das moderne Erbe dieser Ästhetik.

In *Del cuento breve y sus alrededores* (1969), einem Essay aus *Último round I*, der zusammen mit dem in Kuba gehaltenen Vortrag *Algunos aspectos del cuento* (1963) die Cortázarsche Poetik der Kurzgeschichte bildet, werden Analogien zwischen Cortázars bevorzugtem literarischen Genre und dem Jazz hergestellt. Zunächst diskutiert Cortázar die Gemeinsamkeiten und die Unterschiede von fantastischer Kurzgeschichte und Poesie:

> ...no hay diferencia genética entre este tipo de cuentos y la poesía como la entendemos a partir de Baudelaire. Pero si el acto poético me parece una suerte de magia de segundo grado, tentativa de posesión ontológica y no ya física como la magia propiamente dicha, el cuento no tiene intenciones esenciales, no indaga ni transmite un conocimiento o un ‚mensaje'. El génesis del cuento es sin embargo el mismo, nace de un repentino extrañamiento, de un *desplazarse* que altera el régimen ‚normal' de la conciencia... (ÚR I, S.75 u.78)

Während Cortázar die magische Kraft der Poesie einer ontologischen Dimension zuschreibt, enthebt er die Kurzgeschichte dagegen jeder Vermittlung von Werten, Inhalten, Botschaften. Sie ist – wie der Jazz – die unmittelbare Erfahrung eines Anders-Seins, das sich beim Autor im Sinne der interstitiellen Ästhetik zunächst in seinem *extrañamiento* zeigt. Im direkten Anschluß formuliert Cortázar die Analogien zwischen Poesie, Kurzgeschichte und den Techniken des Jazz im Sinne seines zwanzig Jahre zuvor gedachten *poetismo*:

> ...he sentido hasta qué punto la eficacia y el *sentido* del cuento dependían de esos valores que dan su carácter específico al poema y también al jazz: la tensión, el ritmo, la pulsación interna, lo imprevisto dentro de parámetros previstos, esa *libertad fatal* que no admite alteración sin una pérdida irrestañable. (ebd., S.78)

Die wichtigsten gemeinsamen Eigenschaften der drei Ausdrucksformen sind die innere Spannung zwischen den einzelnen Elementen eines Stückes und die rhythmische Unvorhersehbarkeit innerhalb präfabrizierter Parameter. Diese Parameter bilden in der alphanumerischen Schriftsprache die grammatikalische, syntaktische und semantische Regelhaftigkeit, im Jazz die vorgegebenen Themen und Klangfolgen. Auch im Interview mit Prego wiederholt Cortázar 1983 einige Motive des *poetismo*: „el jazz en ese momento era la única música que coincidía con la noción de escritura automática, de improvisación total de la escritura (...) el jazz me daba a mí el equivalente surrealista en la música, esa música que no necesitaba una partitura."[8] Und die Parallelen zwischen seiner Schrift und dem Jazz – auch im Gegensatz zum

---

[8] Prego, a.a.O., S.163.

traditionellen Tango als vor-geschriebener Ausdrucksform[9] – werden an dieser Stelle noch konkretisiert:

> Yo creo que la escritura que no tiene un ritmo basado en la construcción sintáctica, en la puntuación, en el desarrollo del período, que se convierte simplemente en la prosa que transmite la información con grandes choques internos – sin llegar a la cacofonía – carece de lo que yo busco en mis cuentos. Carece de esa especie de *swing*, para emplear un término del jazz.[10]

In der Suche nach Freiheit in neuen Wahrnehmungs- und Ausdrucksformen überschneiden sich in Cortázars Schrift zum wiederholten Male moderne Motive einer vor allem existentialistisch motivierten Suche nach „Authentizität" menschlicher Existenz – das viele Texte Cortázars begleitende Signifikat – mit einer interstitiellen Wahrnehmungslogik ohne externe Referenzpunkte, die mit Koagulaten und Kristallisationen in fotografischer und rhythmischer Schrift die sich (de)konstruierenden Welt-Ereignisse benennt. In dieser Tendenz geht Cortázar über moderne Vorstellungen hinaus. Beide Bewegungen durchziehen die Schrift Cortázars und bilden ihre dekonstruktive Dynamik. In seinen Texten manifestiert sich die *differentielle* Ästhetik in intermedialen Prozessen von transtextuellen Kon- und Defigurationen. Neben Textpassagen aus *Rayuela*, den Almanachen, den Fotobänden und mehreren Kurzgeschichten zählt auch die Novelle *El perseguidor* zum Repertoire dieses Schreibens.

---

[9] Neben den fast identischen Ausführungen zum Jazz findet man im Interview mit Bermejo auch einen längeren Kommentar Cortázars zum Tango, der zum Beispiel auch die Erzählungen *Las Puertas del Cielo* (*Bestiario*) und *Tango de vuelta* (*Queremos tanto a Glenda*) motiviert und auch in *Del lado de acá* (*Rayuela*) als Zeichen der ambivalenten *argentinidad* Bedeutung gewinnt: „Puede imaginarse lo que representa para mí el tango como expresión de Buenos Aires, de lo bueno y lo malo de los argentinos. Pero si usted mira críticamente al tango como expresión de un pueblo sobre todo de una ciudad, el resultado dista de ser positivo. Allí están muchas de nuestras frustraciones, nuestros tabúes, nuestros complejos; no hay prácticamente nada bueno, todo es malo o en todo caso todo es triste, desesperanzado. Pero, claro, hay ese milagro que con todos esos elementos negativos se alcance una especie de solución de belleza en la música, en muchos textos y en las voces que lo han cantado, Carlos Gardel o Susana Rinaldi. (...) Con todo el tango sigue siendo un mundo pequeño y limitado, como Buenos Aires es una ciudad pequeña y limitada con relación al mundo entero. Sus límites son evidentes: musicalmente es pobre, no da libertad de improvisación, de búsqueda de nuevas cosas a los intérpretes sino de manera muy estrecha, y, en definitiva, el tango es rutinario." (Bermejo, a.a.O., S.109) Obwohl Cortázar dann auch Gato Barbieri, der dem Tango neue Impulse gab, und die Improvisationsmöglichkeiten mit dem Bandoneon erwähnt, hält er die Differenz Tango/Jazz (Enge/Freiheit) aufrecht: „La gran maravilla del jazz es que nace de una noción libertad; no de sujeción, como el tango." (ebd., S.110)

[10] Prego, a.a.O., S.169.

3.1.2. *El perseguidor* (1959): Ch.P. und die rhythmische Erfahrung des Anderen

> *Der Wahrheit Freier – du? so höhnte sie*
> *nein! nur ein Dichter!*
> *ein Thier, ein listiges, raubendes, schleichendes,*
> *das lügen muß,*
> *das wissentlich, willentlich lügen muß,*
> *nach Beute lüstern,*
> *bunt verlarvt,*
> *sich selbst als Larve,*
> *sich selbst zur Beute*
> *das – der Wahrheit Freier?...*
> *Nur Narr! Nur Dichter!*[11]

> Omar Prego: „*El perseguidor eras vos.*" Julio Cortázar: „*Sí.*"[12]

Die Gedenkschrift für Charlie Parker – unter dem Titel steht das Epigraph „*In memoriam Ch.P*" – ist nicht nur die literarische Erweiterung zu den poetologischen Texten über den Jazz. Cortázar schreibt sie in einer Zeit, in der er im Umfeld der Pariser Kunst-Welt Notizen zu *Rayuela* sammelt und den Jazz als Lebensgefühl seit langem verinnerlicht hat. Im Sinne von *Elogio del jazz* kann die Hauptfigur Johnny als jener Vertreter für den musikalischen *poetismo* im Jazz gelesen werden, wie er im theoretischen Text skizziert ist. Während er dort den Namen Louis Armstrong trägt, dem anläßlich eines Konzerts 1952 in Paris an anderer Stelle ein Text gewidmet ist[13], wird Johnny Carter in dieser Novelle zum Pseudonym für den 1955 verstorbenen Charlie Parker, dessen Musik zum Inbegriff des in den vierziger Jahren entstandenen Bebop wurde.[14] Er steht für das poetische Potential des Jazz: Kreativität, Innovation und die Teilnahme an mehreren *jam sessions* – die ersten in Kansas City, dann vor allem in New York und Los Angeles –, machen aus Charlie Parker einen perfekten *poetista*. Dementsprechend kann *El persegui-*

---

[11] Nietzsche, Friedrich, KSA 6, München 1988, S.377f.
[12] Prego, a.a.O., S.68.
[13] Vgl. „Louis, enormísimo cronopio", in: LV, S.167-174; im Anschluß daran steht ein kurzer Text zu Thelonious Monk: „La vuelta al piano de Thelonious Monk", ebd., S.175-179. Und auch Clifford Brown findet einen eigenen Ort — „Clifford", S.100 — und wird mit Parker und Powell verglichen. Parker selbst findet mit seinem „Out of Nowhere" neben Webern, Picasso, Duchamps und Novalis ebenfalls in „Morelliana, siempre" (LV, S.318) Erwähnung.
[14] Vgl. — nicht ohne die noch zu thematisierenden Vorbehalte — zu Charlie Parkers Wirken, das vor allem auch von der Zusammenarbeit mit Dizzy Gillespie, Miles Davis, Theolonious Monk, Earl Hines und anderen „poetistas" geprägt war: Reisner, Robert, Bird: The legend of Charlie Parker, New York 1962; Russell, Ross, Bird lives! The high life and hard times of Charlie ‚Yardbird' Parker, London 1973.

dor im biographischen Kontext Cortázars nicht überraschen.[15] Im folgenden geht es darum, den durchaus konventionell als Ich-Erzählung konstruierten Text in seiner Doppelstrategie einer Biographie mit ihrer gleichzeitigen Auflösung zu lesen. Das Verhältnis von Text, Musik und Zeit wird sich dabei in der literarischen Auseinandersetzung mit dem Jazz als paradoxe, unmögliche und abgründige Konstruktion entfalten.

Cortázar arbeitet zunächst mit einfach aufgebauten Antagonismen. Die die Erzählung tragende Differenz entsteht zwischen den Hauptfiguren Johnny und Bruno, die auf einer ersten Bedeutungsebene für asymmetrische Weltsichten und Lebenseinstellungen einstehen. Johnny ist schon auf der ersten Seite *expressis verbis* das *Andere*: „Johnny seguía mis palabras y mis gestos con una gran atención distraída, como un gato que mira fijo pero se ve que está por completo en otra cosa; *que es otra cosa*." (Cuentos completos/1, S.225, Hervorhebung W.B.) Damit vertritt Johnny – wie programmatisch schon der Minotauros als tanzendes Symbol des *poetismo* in *Los reyes* – das subversive Prinzip des Außen und des Anderen, das der (bürgerlichen) Ordnung der „Wirklichkeit" gegenübersteht.[16] Der Beobachter Johnnys ist der Ich-Erzähler Bruno, ein erfolgreicher Jazzkritiker, von dem wir einige Seiten später erfahren, daß er eine Biographie über Johnny geschrieben hat (S.229). Nach dem Gespräch zwischen den beiden und am Ende des ersten Teils der Geschichte – er spielt in einem Hotelzimmer, das Johnny und seiner Freundin Dedée als vorübergehende Wohnstätte während eines Konzertaufenthaltes in Paris dient – wird die Differenz Johnny/Bruno von dem Kritiker selbst auf den Punkt gebracht: „He entrado en un café para beber un coñac y lavarme la boca, quizá también la memoria que insiste e insiste en las palabras de Johnny, sus cuentos, su manera de ver lo que yo no veo y en el fondo no quiero ver." (S.235)

Die verschiedenen Welt-Sichten der Freunde prallen im Verlauf der Geschichte aufeinander.[17] Die Analyse der verschiedenen Räume der Erzäh-

---

[15] Vgl. auch Cortázars Kommentare zur Enstehung von *El perseguidor* und der Verbindung Johnny-Charlie im Interview mit González Bermejo, a.a.O., S.106: „Un día leyendo un número de la revista francesa ‚Jazz Hot' supe de su muerte y de su biografía. (...) No podía utilizar su nombre; no tenía derecho; hice simplemente una guiñada a los lectores, en la dedicatoria. Cambié su nombre pero una buena parte de las anécdotas que vive Johnny Carter le ocurrieron a Charlie (...)" Eine Spekulation zur Namensgebung — Namensspiele gehören zu den Lieblingsbeschäftigungen Cortázars, vgl. unter vielen anderen z.B. das Julio-Spiel in LV, S.25-31 — sei hier erlaubt: Charlie Parker spielte bisweilen mit Benny *Carter* und *Johnny* Hodges zusammen, die Namen zweier Saxophonisten, denen man in *Rayuela* wiederbegegnet.

[16] Somit ist er auch das dionysische Prinzip als Kehrseite des Apollinischen (Nietzsche), eine für Cortázar und ausgehend von *Los reyes* in mehreren Texten bedeutungstragende Doublette.

[17] Vgl. Hudde in seinem Vergleich der Novelle mit dem *Doktor Faustus*. Auch bei Mann steht in der Erzählkonstruktion „(b)eschränkte, gesicherte Normalität (...) exzentrischer, gefährdeter Genialität gegenüber": Hudde, Hinrich, „Schwarzer Faust des Jazz. Julio

lung und der dort entstehenden Figuren verfolgt die von Cortázar vorgenommene Auflösung der Differenz Johnny/Bruno, die sich unter der Maske des literarischen Textes als unmögliche Biographie schließlich in unauflösbare Doubletten verwandelt und über den Text hinaus Cortázars Konzept des *poetismo* spiegelt.

1. Das Hotel

> mi ciudad es hoteles infinitos y siempre el mismo hotel (*62*, S.33)

Hotels sind Orte des Übergangs, des flüchtigen Verweilens in Städten. In ihnen hinterläßt lediglich die Zeit ihre Spuren. Im Gegensatz zu Hausbesitzern oder festen Mietern verschwinden die Hotelgäste hinter den frischbezogenen Betten und den täglichen Düften der Reinigungsmittel. Das Hotel ist ein schwebender Zwischenraum, in dem ein kontinuierlicher Platztausch stattfindet. Die Ereignisse und Geschichten, die sich dort abspielen, haben bald darauf den Charakter des Nichtgeschehenseins, des Verwischten und Irrealen.[18] Johnny bezieht während seines Aufenthaltes in Paris eine billige Absteige: „Desde hace unos días Johnny y Dédée viven en un hotel de la rue Lagrange, en una pieza del cuarto piso. Me ha bastado ver la puerta de la pieza para darme cuenta de que Johnny está en la peor de las miserias;" (S.225) Für Bruno ist der Besuch im Hotel ein Abstieg in die Hölle der Armut. Er sieht den kranken Johnny in einer Wolldecke auf einem brüchigen Sessel, die altgewordene Dédée in einem roten Kleid, das ihm zum „coágulo repugnante" (ebd.) als Ausdruck der ganzen Szene gerinnt. Nach der zynischen Begrüßung Johnnys – „El compañero Bruno es fiel como el mal aliento" (ebd.) – und dem Löschen des grellen Lichts unterhalten sich die beiden Freunde und Dédée im Halbdunkel des Hotelzimmers. Die ersten

---

Cortázars ‚El perseguidor' als literarische Replik auf Thomas Manns Doktor Faustus", in: *Iberoromania* 26, 1987, S.67-88. Trotz der interessanten intertextuellen Verweise Huddes spiegelt der Jazz einen Weg zum Anderen, der den Klangkonstruktionen Leverkühns nicht unbedingt verwandt ist. Johnny und Bruno erscheinen vielmehr als Differenz-Konstruktion, die im Verlauf der Geschichte nicht vollständig aufrechterhalten wird. Außerdem — wie Hudde selbst erwähnt — steht Cortázar dem Werk Manns eher ablehnend gegenüber und bevorzugt in der deutschen Literatur Musil, Kafka und Novalis. Eine gewollte Replik und Fortsetzung des Fauststoffes, über einige motivische Übereinstimmungen hinaus, erscheint daher eher unwahrscheinlich.

[18] Einige Geschichten Cortázars haben ein Hotel zum Schauplatz der (fantastischen) Ereignisse. *La puerta condenada* (Final del juego) spielt mit der unheimlichen Stille eines Hotelzimmers, in dem ein Geschäftsreisender vom Schluchzen eines imaginären Kindes und den Tröstungen der angeblichen Mutter im Nebenzimmer — das mit dem des Gastes durch eine unbenutzte, hinter dem Schrank versteckte Tür verbunden ist — irritiert wird. In *Lugar llamado Kindberg* (Octaedro) ist ein Hotel unwirkliches Szenario für das sexuelle Abenteuer eines Autofahrers auf dem Weg nach Kopenhagen und einer jugendlichen Tramperin. Traveler und Talita leben ebenfalls in einem Hotel in Buenos Aires. In *62. Modelo para armar* wie auch in *Libro de Manuel* sind Hotels die Geschichten durchziehende Orte des Übergangs.

Themen sind der Verlust des Saxophons in der Metro – Bruno wird ihm später ein anderes besorgen – und der kommende Auftritt Johnnys. Doch schon bald benennt Bruno das wahre Thema des Musikers: „seguía haciendo alusiones al tiempo, un tema que le preocupa desde que le conozco. He visto pocos hombres tan preocupados por todo lo que se refiere al tiempo." (S.227) Das Verhältnis von Zeit und Musik ist auch das Thema des ersten Monologs von Johnny: „La música me sacaba del tiempo, aunque no es más que una manera de decirlo. Si quieres saber lo que realmente siento, yo creo que la música me metía en el tiempo." (S.229) Zeit und Musik treten in Johnnys Erfahrungen in ein undefinierbares Wechselverhältnis, das zu paradoxen Aussagen führt. Adorno bestimmt 1965 im Vergleich mit der Malerei als Raumkunst die Musik als Zeitkunst

> in doppeltem Verstande, daß Zeit ihr nicht selbstverständlich ist, daß sie diese zum Problem hat. Sie muß zwischen ihren Teilkomplexen zeitliche Relationen herstellen, ihr Zeitverhältnis rechtfertigen, durch Zeit sie synthetisieren. Sie muß andererseits mit der Zeit selbst fertigwerden, nicht an sie sich verlieren; muß ihrem leeren Fluß sich entgegenstemmen.[19]

Johnny dagegen macht seine Musik, die sich in der Zeit bewegt, zu einem Zeitloch, aus dem er selbst entflieht. Musik wird zum Medium atemporaler und subjektiver Exzesse. Die Ernsthaftigkeit der Thematik wird durch die eingefügten Kommentare Brunos gebrochen. Für ihn sind die Reden Johnnys lediglich „alucinaciones" (ebd.); ihn interessiert als besorgter Freund vorrangig, wie Johnny sich in Paris Drogen beschaffen konnte. Kurz darauf gibt sich Bruno dem Leser als Jazzkritiker zu erkennen und eröffnet die am Saxophon entfaltete Differenz zwischen Johnny und sich selbst: „Pienso melancólicamente que él está al principio de su saxo mientras yo vivo obligado a conformarme con el final. Él es la boca y yo la oreja, por no decir que él es la boca y yo ..." (ebd.)[20] Mit dem erniedrigenden Selbstbekenntnis zieht Bruno die Möglichkeit, sein „Objekt" der Kritik zu verstehen, in Zweifel. Der Kritiker sieht sich auf der anderen Seite der Kreativität und muß sich mit der Analyse des Entstandenen zufrieden geben, während Johnny auf der produktiven Seite mit Hilfe des Instruments dem kreativen Potential der Musik zum

---

[19] Adorno, Theodor W., „Über einige Relationen zwischen Musik und Malerei", in: Gesammelte Schriften, Bd.16, Musikalische Schriften I-III, S.628.

[20] González Echevarría („Los reyes: Cortázar y su mitología de la escritura", in: Lastra, a.a.O., S.64-78) sieht in diesem Metonymienspiel der Öffnungen und Löcher „la mutua cancelación de Johnny y Bruno" (S.74), die im anagrammatischen Wortspiel mit den Anfangs- bzw. Endbuchstaben der beiden Namen — yo/no — als „mensaje críptico de la mitología de la escritura de Cortázar" (S.76) schließlich die totale Abwesenheit und „disolución de la individualidad" (S.75) in Cortázars Schrift bedeutet. Sieht man den Text als Maske, wird die Auflösung der Differenz Johnny/Bruno etwas anders akzentuiert und geht über ausschließlich textuelle Befunde hinaus.

Ausdruck verhilft.²¹ Wenn Johnny seinen bilderreichen Monolog über Zeit und Musik weiterführt, weiß der Leser um das eingestandene Unvermögen und den gleichsam beunruhigenden Unwillen des Kritikers, den Gedankengängen zu folgen. Johnny sieht in seiner Musik eine zeitbedingte Raumverschiebung und vergleicht sie mit einem Aufzug in der Zeit. Gleichzeitig sieht er seine Musik als Zeit-Füllung, das er mit dem Metrofahren in Verbindung bringt, in dem Erinnerungen längerer Zeiträume zu winzigen Zeit-Punkten gerinnen.²² Beide Erfahrungen geben ihm das Gefühl der aufgeschobenen Elastizität der Dinge, die ihn umgeben (S.231). Johnny ist Medium einer anderen Zeiterfahrung, die aus den chronologischen Rastern ausbricht und zu einer utopischen Zeitvorstellung führt, wie sie bald darauf die *cronopios* verwirklichen: „si encontráramos la manera, podríamos vivir mil veces más de lo que estamos viviendo por culpa de los relojes, esa manía de minutos y de pasado mañana..." (S.233)²³ Auch hier scheitert Bruno als Vertreter der bürgerlich geordneten Welt-Sicht. Er sieht die Unfähigkeit voraus, die Gedanken Johnnys auf der Straße nachzuvollziehen. Aus Begeisterung wird Irritation und Unverständnis:

> Todo lo que Johnny me dice en momentos así (...) no se puede escuchar prometiéndose volver a pensarlo más tarde. (...) después de la maravilla nace la irritación, y a mí por lo menos me pasa que siento como si Johnny me hubiera estado tomando el pelo. (S.233f)

---

[21] An dieser Stelle wird Cortázars romantisch motiviertes Künstlerbild in bezug auf den *poetista* nochmals deutlich. Am Anfang des künstlerischen Prozesses steht eine durchaus nicht für alle gegebene Kreativität. Dem *poetista* geht es dann nicht um die Erfüllung irgendeines vor-geschriebenen, ästhetischen Programms — dies wäre die dekorativ-ornamentale, von Cortázar verurteilte „klassisch-kultivierte" Kunst –, sondern um die improvisatorische Hervorbringung von etwas Neuem, Ungeahntem, Einmaligem.

[22] Metrofahren war nicht nur eine Lieblingsbeschäftigung Parkers in New York, sondern ebenfalls Cortázars in Paris und Buenos Aires. Er bringt die Metro mit Jungschen Archetypen und der Hölle in Verbindung: „el Metro (...) me fascina enormemente. (...) se conecta con arquetipos jungianos: son los infiernos." (González Bermejo, a.a.O., S.55) Einige Kurzgeschichten sind dieser Faszination zu verdanken. *Manuscrito hallado en un bolsillo* (Octaedro) hat ein obsessiv-zeremonielles Such- und Fahrspiel zum Thema, in dem die Blicke der durch Lichtspiegelungen entstehenden Schattenbilder in den Wagonfenstern und die Umsteigekombinationen an Metrostationen die Regeln für mögliche Begegnungen bestimmen. In *Texto en una libreta* (Queremos tanto a Glenda) geht es um die organisierte Einnahme des Metronetzes von Buenos Aires, in dem sich — zumindest in der Imagination des Erzählers — ein unterirdisches Gesellschaftssystem entwickelt. Wie die Autobahn und ihre Raststätten in *Los autonautas de la cosmopista* fungiert auch die Metro in Cortázars Texten als Zwischen-Raum für fantastische, der „Wirklichkeit" entzogene Ereignisse.

[23] Vgl. in den *Historias de cronopios y de famas* neben der generellen Ablehnung chronologischer Zeitmessung bezüglich der Handhabung einer Uhr: „Preámbulo a las instrucciones para dar cuerda al reloj" und „Instrucciones para dar cuerda al reloj", Cuentos completos/1, S.417-418.

Bevor er das Hotel verläßt, gibt er Dédée Geld und verspricht, ein Saxophon zu besorgen. Während er mit ihr redet, zieht sich Johnny die Decke vom Leib und sitzt nackt in seinem Sessel, zitternd und lachend, „como un mono en el zoo" (S.234). Das obszöne Bild des nackten, betrunkenen und animalisch grinsenden Johnny, der kurz zuvor über Zeit philosophierte, wird zur Figur der Unerreichbarkeit und Einsamkeit des Musikers. Für Bruno und Dédée sind es Signale des Wahnsinns, der Zerrissenheit und gleichzeitig der Genialität des Freundes – Eigenschaften, die sie beide nicht besitzen.

Das Hotel ist Ort der Begegnung des bürgerlichen Kritikers Bruno mit seinem ihm immer wieder entgleitenden „Objekt", dem un(be)greifbaren Künstler Johnny Carter. Das Hotelzimmer wird dabei zum idealen Bühnenraum für Johnnys Inszenierung. Denn er erscheint im Zwischenraum des Hotelzimmers ebenfalls als gespenstisches Wesen des Zwischen, das nicht „wirklich" anwesend und selbst etwas anderes ist. Die von Bruno gegebene Charakterisierung vom Anfang des Textes – „se ve que está por completo en otra cosa; que es otra cosa" – erfüllt sich am Ende dieser Begegnung tatsächlich: Johnny wird in seinem Sessel – nachdem sich Bruno nur kurz umgedreht hat – zu einem häßlichen, teuflischen Affen, einem Fötus-Monster.[24] Einem Monster jedoch, das in der Ausübung der künstlerischen Tätigkeit dem Phänomen der Zeit auf der Spur ist. Die paradoxen Gedanken, die Cortázar Johnny in den Mund legt, sind der verzweifelte Versuch, mittels der Sprache musikalische Zeit-Erfahrungen auszudrücken. In einer Passage verbindet Cortázar Johnnys Gestik bei der Wiederholung der Worte Dédées mit sprachlichem Rhythmus: „—Un contrato de un mes —remeda Johnny con grandes gestos—. La *boîte* de Rémy, dos conciertos y los discos. Be-bata-bop bop bop, chrrr. Lo que tiene es sed, una sed, una sed. Y unas ganas de fumar, de fumar. Sobre todo unas ganas de fumar." (S.231) Doch ist dieses rhythmische, auf onomatopoietischen Ausdrücken, kurzen Wiederholungen und Reihungen aufbauende Schreiben – in Anlehnung an analoge Experimente in Symbolismus, Surrealismus und neueren Versuchen konkreter Poesie – nur das textuelle Analogon des ironisch verzerrten Gestus in Johnnys Reaktion auf Dédées und Brunos materielles Sicherheitsdenken. In der abgründigen Vielschichtigkeit der Erzählung entwirft Cortázar im weiteren Verlauf der Geschichte die Erfahrung des Anderen *als* rhythmische Schrift.

Zur textkonstituierenden Differenz Johnny/Bruno tritt in diesem ersten Teil ein wechselseitiges Abhängigkeitsverhältnis, das beide in ihrer spezifischen Seinsweise erst existieren läßt. Bruno besorgt Johnny ein Saxophon, mit dem dieser wieder Konzerte geben und Geld verdienen kann; Johnny bietet als bekannter Musiker Bruno die Möglichkeit, eine Biographie und Kritiken über ihn zu schreiben, von denen er leben kann. Das jeweils Andere ist somit gleichzeitig auch Bedingung für die Erfahrung des Anderen im Eigenen, mithin der von Cortázar eingesetzten Differenz.

---

[24] Vgl. González Echevarría, a.a.O., S.73.

In bezug auf die Hauptfigur der Erzählung erhalten wir im ersten Teil ebenfalls Informationen aus dem biographischen Kontext Johnny Carters alias Charly Parker. Drogen (Alkohol, Marihuana), Affären und Konzerttouren mit anderen Musikern bestimmen seinen Lebensrhythmus, der wiederum abwechselnd von vorübergehendem Reichtum und kläglicher Armut diktiert wird.

2. Das Atelier der Marquise
Bruno fühlt sich freundschaftlich verpflichtet, die Drogenquelle Johnnys zu überprüfen und geht zu der reichen Marquise Tica, die die Figur der schönen, gebildeten, künstlerisch interessierten Mäzenin und Gespielin verkörpert. In ihrem Atelier, das eine Welt des ausgelassenen Spiels, der Drogen und der Schnellebigkeit ist, treffen sich die Musiker zu zeremoniellen *sessions* und Diskussionen – in gewisser Weise ein Vorgänger der Versammlungsorte des *Club de la serpiente* –, in denen die Marquise eine bedeutende Rolle spielt. Sie erscheint als vom Jazz inspirierte Rednerin, von der auch Bruno fasziniert ist: „Cuando la marquesa echa a hablar uno se pregunta si el estilo de Dizzy no se le ha pegado al idioma, pues es una serie interminable de variaciones en los registros más inesperados,..." (S.237) Doch obwohl Bruno gegenüber dieser Welt der Ausgelassenheit auch Neid empfindet – vor allem gegenüber Johnny, „a ese Johnny del otro lado" –, bekennt er sich zu seiner „mundo puritano" und verurteilt von ihr aus die „desorden moral" der „ángeles enfermos, irritantes a fuerza de irresponsabilidad" (S.238), denen er auf der anderen Seite jedoch den musikalischen Genuß zu verdanken hat. Sein letzter Rückzug in die selbsteingestandene „cobardía personal" (S.239) läßt ihn daraufhin den baldigen Tod Johnnys wünschen, der in diesem Moment zur Tür eintritt und in fabelhafter Laune beginnt, mit den anderen Späße zu treiben. Doch nach dieser deutlichen Pointierung von Brunos bürgerlicher Einstellung inszeniert Cortázar seine innere Spaltung. Die selbstreflexive Infragestellung, mit der er sich schon als Feigling bezeichnete, bringt ihn kurz darauf dazu, seinen Umgang mit Johnny dem der anderen in ihrer egoistischen Grundhaltung gleichzusetzen:

> En el fondo somos una banda de egoístas, so pretexto de cuidar a Johnny lo que hacemos es salvar nuestra idea de él, prepararnos a los nuevos placeres que va a darnos Johnny, sacarle brillo a la estatua que hemos erigido entre todos y defenderla cueste lo que cueste. El fracaso de Johnny sería malo para mi libro (...), y probablemente de cosas así está hecha una parte de mi cuidado por Johnny. Art y Marcel lo necesitan para ganarse el pan, y la marquesa, vaya a saber qué ve la marquesa en Johnny aparte de su talento. (S.240)

Diese Darstellung wirkt zunächst befremdend, da sie den anderen, im Gestus selbstgefälligen Kommentaren des bürgerlichen Kritikers eher zuwiderläuft. Sie nimmt nämlich genau die Kritik vorweg, die man ihm entgegenhalten muß und die er damit einebnet. In Brunos neuer Sichtweise erscheint Johnny als das Produkt der anderen, die ihn wie eine Statue dergestalt formen, daß sie den größten Genuß bzw. Gewinn mit und aus ihm erzielen. Der nur auf seinen Vorteil bedachte Kritiker wird hier zum scharfsinnigen Analytiker und bewegt sich auf den anderen, von den von außen auferlegten Zwängen befreiten Johnny zu: „Johnny sin saxo, Johnny sin dinero y sin ropa, Johnny obsesionado por algo que su pobre inteligencia no alcanza a entender pero que flota lentamente en su música, acaricia su piel, lo prepara quizá para un salto imprevisible que nosotros no comprenderemos nunca." (ebd.) Bruno betreibt im Bemühen um das Verstehen Johnnys – trotz der hochmütigen Rede vom „armen Verstand" des Musikers – die eigene Entstellung und sieht sich als „pobre porquería al lado de un tipo como Johnny Carter." (S.241)

Die Konfrontation Brunos mit der abgehobenen Welt des ausgelassenen Spiels mit all seinen Requisiten im Atelier der Marquise führt ihn im Raum des zweiten Teils der Geschichte zu selbstreflexiven Gedanken über seine Haltung zu Johnny. Das Atelier ist Spielraum der Formung Johnnys zur Lustmaschine für fremde Bedürfnisse und gleichzeitig zum Ort der Reflexion auf die Formungen der und des Anderen im Kontext egoistisch-hedonistischer Befriedigungen. Im Verhältnis zur ersten Szene im Hotel scheint Bruno Johnny geistig erheblich näher zu sein. Er nimmt Gedanken vorweg, die die spätere Kritik Johnnys an Brunos Biographie leiten werden.

Interludium: Johnny *poetista*
Nach der Szene im Atelier und dem erfolgreichen Konzert am selben Abend gibt Bruno eine treffende – und für seine psychologische Entwicklung folgerichtige – Charakterisierung des Musikers. Noch unter dem Einfluß der grandiosen Performance Johnnys geht es ihm nicht mehr um die Musik, die nur noch als Fassade erscheint, „algo que todo el mundo puede llegar a comprender y a admirar," sondern um das sich dahinter verbergende Andere; „esa otra cosa es lo único que debería importarme" (S.241), sagt Bruno, weil es das einzige ist, das Johnny selbst wichtig zu sein scheint. Seine erklärenden Worte verblassen vor der Suche Johnnys nach dem Anderen – „me escudo en consideraciones y sospechas que no son más que una estúpida dialéctica" (ebd.) –, um dann doch mit seinen Worten Johnny und seine Kunst zu charakterisieren:

> no huye de nada, no se droga para huir como la mayoría de los viciosos, no toca el saxo para agazaparse detrás de un foso de música, no se pasa semanas encerrado en las clínicas psiquiátricas para sentirse al abrigo de las presiones que es incapaz de soportar. (...) el arte de Johnny no es una sustitución ni una contemplación. (...) En su caso el deseo se antepone al placer y lo frustra, porque el deseo le exige avanzar, buscar, negando por adelantado los encuentros fáciles del jazz tradicional. (S.241f)

In der Sicht Brunos entwickelt Johnny im Verlassen der passiven „lenguaje hot" eine neue, metaphysische Sprache „para explorarse, para morder en la realidad que se le escapa todos los días." (S.242) Wenn Bruno Johnnys Musik schließlich als „construcción infinita" und „creación continua" (ebd.) beschreibt, entdeckt er in ihr die Elemente des *poetismo*, die Cortázar in *Elogio del jazz* präfiguriert. An dieser Stelle ist Bruno die Stimme Cortázars. Indem dieser einerseits für diesen Einschub die Figur des zwar an einigen Stellen gespaltenen, aber in entscheidenden Momenten doch immer wieder bürgerlich auftretenden Kritikers nutzt, verleiht er der Idee des *poetismo* größere Wirkung als mit der Stimme Johnnys, der die „creación continua" vielmehr *ist* und nicht ausspricht. Andererseits ist Brunos Kritikerdasein ebenfalls ein (autobiographischer) Reflex auf Cortázars Tätigkeit als Literatur- und Musikkritiker in Buenos Aires, während der er – auf der anderen Seite der Kreativität – seine *teoría del túnel* und *Elogio del jazz* verfaßte.

3. Das Krankenhaus
Bruno erfährt von dem Musiker Art Boucaya in einer Bar im Quartier Latin von einer chaotischen Aufnahme-*session* mit Johnny, bei der er grandios *Amorous*, das er allerdings sofort wieder löschen will, und das weniger spektakuläre *Streptomicyne* spielt. Im *Figaro* liest er am nächsten Tag, daß Johnny im Delirium sein Hotelzimmer in Brand gesetzt hat und im Krankenhaus liegt. Dort besucht er ihn dann nach weiteren fünf Tagen.[25]

Im Krankenhaus erzählt Johnny dem Freund von seiner „Todes-Vision" der „campos llenos de urnas" (S.245), die ihn bei seiner Aufnahme von *Amorous* überkam; unsichtbare Urnen voll Asche, von denen eine für ihn bestimmt gewesen sein soll, dann aber schon gefüllt war.[26] Sein Monolog

---

[25] Mit dem Titel *Amorous* ist eine Anspielung auf Parkers Stück *Lover Man* wahrscheinlich, das Parker in einer Zeit übermäßigen Alkohol- und Drogenkonsums 1946 in Los Angeles einspielt. Am Tag darauf erleidet er einen Zusammenbruch und muß in die Nervenheilanstalt Camarillo in Kalifornien, von der Johnny Carter wiederum Bruno im Krankenhaus als Erinnerung an seine Zeit in Amerika erzählt. Später disqualifiziert Parker das Stück — wie Johnny sein *Amorous* — und ärgert sich über die Veröffentlichung, zu der es ohne seine Zustimmung kam. Cortázar beweist an dieser Stelle — auf Seite 253 wird zudem explizit *Out of nowhere* von Parker erwähnt — seine detaillierten, für seine literarischen Zwecke jedoch fragmentarisch und oft achronologisch genutzten biographischen Kenntnisse zu Parker, die er hauptsächlich aus der Zeitschrift *Jazz Hot* gewann, in der auch Bruno seine Kritiken veröffentlicht.

[26] An diese Textstelle, die die Variation einer Passage aus dem Buch Ezechiel (37,1) sein könnte, kann sich eine intertextuelle Lektüre anschließen, wie sie Imo in bezug auf die in *El perseguidor* vorhandenen Bibelbezüge unternimmt (Vgl. Imo, Wiltrud, „Julio Cortázar, Poeta camaleón", in: *Iberoromania* 22/1985, S.46-66, hier S.47-51). Weitere Verweise sind im Anschluß an das erste Epigraph der Erzählung aus der Apokalypse („Sé fiel hasta la muerte" (2,10)): das häufige und spielerische Auftreten des Vergleichs von Johnny mit einem Engel, dem Teufel und dem Gekreuzigten, wenn er in der Bar niederkniet; Brunos eigene Bezeichnung als „evangelista"; die in beiden Texten — bei Cortázar sogar doppelt — auftretende Frau im roten Kleid als ambivalentes Sinnbild der

richtet sich daraufhin gegen die angehäufte Wissenschaftlichkeit der Ärzte in der Nervenheilanstalt Camarillo und setzt ihr die Löcher, die sich in ihrem auf Sicherheit beruhenden Denksystem befinden, entgegen. Seine Erfahrung mit einem Spiegel, in dem er beim Hineinschauen nicht sich selbst erblickte, führt ihn dann zu den Wörtern, die die Wirklichkeit verstellen:

> Apenas has sentido ya viene lo otro, vienen las palabras... No, no son las palabras, son lo que está en las palabras, esa especie de cola de pegar, esa baba. Y la baba viene y te tapa, y te convence de que el del espejo eres tú. (...) Y la gente no se da cuenta de que lo único que aceptan es la baba, y por eso les parece fácil mirarse al espejo. (S.247)

Indem Johnny das Spiegelstadium mit seinen symbolischen bzw. thetischen Konsequenzen für die Ich-Bildung unterläuft[27] und die durch Sprache präfabrizierte Wirklichkeit – „das bin Ich" – nicht akzeptiert, nimmt er einige sprachskeptische Thesen Morellis vorweg und begibt sich in einen vorsemiotischen Raum, der dem der *chora* im Sinne Kristevas und Derridas nahe und dem Artauds Theater der Grausamkeit auf der Spur ist. In seiner Suche nach Authentizität gibt Johnny eine Deutung der „baba" als wirklichkeitsverstellenden Schleim, der sich durch die Sprache zieht. Damit verweist er explizit auf die im gleichen Band erschienene Kurzgeschichte *Las babas del diablo*, die in der Auseinandersetzung des Textes mit der Fotografie sprachliche und imaginäre Wahrnehmungsgrenzen erreicht und überschreitet.[28] Johnny verliert den Bezug zur ihn umgebenden Wirklichkeit. Sein Beispiel mit dem geschnittenen Brot soll dies veranschaulichen:

> — En el pan es de día — murmura Johnny, tapándose la cara —. Y no me atrevo a tocarlo, a cortarlo en dos, a metérmelo en la boca. No pasa nada, ya sé: eso es lo terrible. (...) Cortas el pan, le clavas el cuchillo, y todo sigue como antes. Yo no comprendo, Bruno. (S.247)

Die Wahrnehmung der Welt als Anderes außerhalb eines fest umrissenen Subjekts ist bei Johnny außer Kraft gesetzt.

In dieser Passage grenzen Johnnys Reden – als Vorläufer Oliveiras in Buenos Aires und Variation Michels in Paris – an Wahnsinn. Das Krankenhaus, in dem Johnny nicht nur seiner Bewegungsfreiheit, sondern auch seiner

---

Sünde; Johnnys Erwähnung des Sterns Ajenjo; sein Vergleich der verstorbenen Tochter mit einem weißen Stein; die von ihm in der Musik gesuchte offene Tür, die auf die Vision der offenen Himmelstür anspielen könnte: „Danach sah ich: eine Tür war geöffnet am Himmel;" (Apokalypse, 4,1) Cortázars bewußtes Spiel mit biblischen Bezügen bietet allerdings — wie auch Imo betont — keinen allgemeingültigen Interpretationshorizont. Es läßt sich im Kontext der Figur Johnnys als Anti-Held — wie wir später sehen werden — einordnen.

[27] Hier liegen Lacansche Interpretationen und strukturalistische Anschlüsse durchaus nahe. Vgl. Lacan, Jacques, „Le stade du miroir comme formateur de la fonction du Je", in: Écrits I, Paris 1966, S.89-97.
[28] Vgl. unten, Kapitel 3.2.2.

musikalischen Ausdrucksmöglichkeiten beraubt ist, gibt den entsprechenden räumlichen Rahmen für seinen Monolog über Wahrnehmungsgrenzen ab, die im Verhältnis von Vernunft und Wahnsinn immer schon institutionell vorgezeichnet sind. Bruno, einerseits beunruhigt über Johnnys Erregung, ist andererseits von Johnnys Realitätsferne angesteckt worden. Sein Kommentar in Klammern: „((...) Johnny tiene razón, la realidad no puede ser esto, no es posible que ser crítico de jazz sea la realidad, (...). Pero al mismo tiempo a Johnny no se le puede seguir así la corriente porque vamos a acabar todos locos)." (S.248) Nach dem Verlassen der Klinik und mit der wiedererlangten Distanz zu Johnny befindet sich Bruno jedoch einmal mehr in dem Dilemma, das Gesagte und Gedachte nachzuvollziehen. Der Musiker-Freund rückt wieder weiter weg, ist plötzlich „tan fuera de la realidad" (S.249), obwohl der Kritiker in seinem bürgerlichen Dasein immer unscheinbarer, unsichtbarer wird: „me hace sentir tan infeliz, tan transparente, tan poca cosa con mi buena salud, mi casa, mi mujer, mi prestigio." (ebd.)

4. Das Studio
Der nächste Raum ist das Studio, in dem Bruno zum ersten Mal *Amorous* hört. Aus dieser neuen musikalischen Erfahrung zieht er Konsequenzen für sein Urteil über Johnny. Aus dem Bild des Gejagten und des Opfers, wie es die Biographie zeichnet, wird in Brunos Augen nun der absurde Jäger nach dem Unbestimmten: „Johnny persigue en vez de ser perseguido (...) Nadie puede saber qué es lo que persigue Johnny, pero es así, está ahí, en *Amorous*, en la marihuana (...)" (S.250)[29]

In der Abgeschlossenheit des Studios, in dem die Musik des Freundes ihn völlig vereinnahmt, verspürt Bruno – als Gegenbewegung zur geistigen Annäherung im Atelier der Marquise – die Notwendigkeit, sich vom Geist Johnnys zu lösen:

> *Amorous* me ha dado ganas de vomitar, como si eso pudiera librarme de él, de todo lo que en él corre contra mí y contra todos, esa masa negra informe sin manos y sin pies, ese chimpancé enloquecido que me pasa los dedos por la cara y me sonríe enloquecido. (ebd.)

Die „masa negra informe" ist der „materia confusa" im Kopf Morellis vergleichbar, aus der er in Kapitel 82 mit Hilfe des *swings* Informationen generieren will. Doch Johnny wird in Brunos exorzistischen Befreiungsstrategien zur unheimlichen und bedrohlichen Kreatur, die in ihrem Wahnsinn zur allgemeinen Gefahr wird. Schließlich spricht der Kritiker als unfreiwilliger „evangelista" (S.251) dem Musiker seine Größe ab, die er einem anderen,

---

[29] Die Aufzählung der Dinge, die das Andere figurieren, beinhaltet neben den absurden Monologen des Musikers auch „el librito de Dylan Thomas", der als ständiger Begleiter Johnnys zu seinem literarischen *alter ego* wird und zusammen mit dem Thomas-Zitat „O make me a mask" als Epigraph der Erzählung und gleichzeitig als letzte Worte Johnnys Cortázars Hommage an einen literarischen „poetista" bedeutet.

imaginären Johnny – seinem Gespenst – *ex negativo* zuschreibt. Unter dem Einfluß Johnnys und seiner Musik ist er in den Bann gezogen von dessen Suche nach dem Anderen, das er in den Momenten der Heimsuchung ebenfalls aufzuspüren glaubt, ohne es sprachlich formulieren zu können. Ist er jedoch vom Geist Johnnys befreit und wechselt die Perspektive, wird Johnny in seiner „mundo puritano" zum hoffnungslosen Fall eines verrückt gewordenen Musikers. Das Gespenst Johnnys holt Bruno jedoch immer wieder ein – auch und gerade in dessen konsequentester Verweigerung. Auf der anderen Seite bleibt Bruno das *Spectrum* (Spiegel, Schatten, Phantom) Johnnys, der sich von dessen Biographie vereinnahmt fühlt. Cortázar inszeniert die definitive Begegnung im letzten Teil der Erzählung, auf den Straßen von Paris.

5. Paris

Die Passage im Café de Flore, in das Bruno mit Tica und der Jazzsängerin Baby Lennox geht und in dem es zu der letzten Begegnung mit Johnny kommt, schreibt Cortázar vier Abschnitte lang im Futur und versucht damit, auf einen außersprachlichen Rhythmus zu verweisen.[30] Nach dem Kniefall des betrunkenen und seine verstorbene Tochter Bee beweinenden Musikers[31] wechselt das Tempus in das Präsens und das Perfekt. Nachdem sich Johnny beruhigt und wieder erhoben hat und alle noch eine Zeit am Tisch gesessen haben, verlassen Bruno und Johnny das Lokal, um rauchend durch die Straßen von Paris zu flanieren. Dabei kommt es zur entscheidenden Unterhaltung über das mittlerweile weltweit erfolgreiche Buch Brunos über den Musiker. Während Johnny es kritisiert, denkt Bruno bloß an die „consecuencias lamentables", die sein „sistema estético (!)" (S.258) zum Einsturz bringen würden. Johnnys konkrete Vorwürfe – „Faltan cosas, Bruno", „*el* cool *no es ni por casualidad lo que has escrito*" (ebd.) – und die langen Unterbrechungen, in denen er die Biographie nicht mehr erwähnt, machen den ermüdeten Bruno wachsam – „la cólera me sostiene" (S.259) – und verleiten ihn in seiner Eitelkeit zu Rechtfertigungen seiner biographischen Ausführungen und zu dem Wunsch, Johnny die englische Version des Textes wegzunehmen. Nachdem Bruno ihn in einer Bar nochmals auf das Buch anspricht, bringt Johnny seine Kritik auf den Punkt: „de lo que te has olvidado es de mí" (S.260) – und Bruno fürchtet eine „antiteoría del libro", die dann auch prompt folgt. Johnny hält ihm vor, Gott mit ins Spiel gebracht zu haben: „Está Dios, querido. Ahí no has pegado una." „No quiero tu Dios, no ha sido nunca el mío." (S.261) Johnny verlangt von Bruno, diesen Teil des Buches herauszu-

---

[30] Cortázar dazu im Interview mit Prego, a.a.O., S.68: „cada capítulo está escrito en un tiempo de verbo diferente. Está hecho a propósito, porque son alusiones musicales." Das adverbiale Futur spielt auch mit der paradoxen Aussage Johnnys: „Esto lo estoy tocando mañana." (S.227 und 259)

[31] Wie schon bei den Namen der Mäzenin Tica, dessen „reale" Vorgängerin Nica hieß und der früheren Ehefrau Lan, die in Parkers Leben Chan hieß, ändert Cortázar auch hier nur geringfügig den Namen der Parker-Tochter Pree.

nehmen, wird wütend und beharrt auf seiner Einsamkeit, die keinen Gott zuläßt.[32] Das Buch erscheint ihm wie die Musik von „Satchmo", „tan limpio, tan puro (...) como un cumpleaños o una buena acción" (S.263), in dem er sich genausowenig wiederfindet wie im Spiegel; das Wichtige – das ‚Andere' – bleibt immer *außerhalb* des Textes wie auch des Bildes. Diesem Anderen begegnet er in Momenten der musikalischen Ekstase oder in Träumen, absurden Bildern und Visionen – Erfahrungen, die sprachlich nicht zu fassen sind.

Bruno wird nach diesem Gespräch über Veränderungen nachdenken, mit den anderen Musikern darüber diskutieren und für die zweite Edition dann doch nichts ändern – auch nicht seine Meinung über Johnny, der außerdem keine Richtigstellungen einforderte:

> Decidí no tocar la segunda edición del libro, seguir presentando a Johnny *como lo que era en el fondo* (Hervorhebung W.B.): un pobre diablo de inteligencia apenas mediocre, dotado como tanto músico, tanto ajedrecista y tanto poeta del don de crear cosas estupendas sin tener la menor conciencia (a lo sumo un orgullo de boxeador que se sabe fuerte) de las dimensiones de su obra. (S.265)

Dieses vernichtende und im Vergleich zu bisherigen Passagen als hyperbolische Stilisierung der Ungerechtigkeit zu lesende Urteil zeigt Bruno – vollkommen befreit vom Geist Johnnys – von seiner bürgerlich-professionellen Seite, die durch seine sachlich-materielle Reaktion auf den Tod Johnnys am Ende der Erzählung ergänzt wird. In der zweiten Auflage seines Buches hat er – aufgrund des „günstigen" Zeitpunkts des Todes – noch die Möglichkeit „de incorporar una nota necrológica redactada a toda máquina (...). En esa forma la biografía quedó, por decirlo así, completa." (S.266)

Die Straßen von Paris – das Draußen der Stadt – werden zum Schauplatz der radikalen Zerstörung der Möglichkeit einer Biographie über Charly Parker – und damit implizit auch anderer Biographien. Denn die Vertextung der musikalischen Erfahrung des Anderen, die Johnny zur Bedingung seiner Existenz und seiner Musik macht, ist zum Scheitern verurteilt. Am Ende bleibt Bruno nur der Rückzug in seine „mundo puritano" mit ihren fest vorgeschriebenen Koordinaten und ohne die Erfahrung des Anderen, das für ihn mit Johnny gestorben ist.

---

[32] An dieser Stelle, in der Cortázar den Anti-Helden Johnny auch zum nietzscheanischen Anti-Christen stilisiert, bekommt der intertextuelle Bezug zur Apokalypse (= Offenbarung, Enthüllung) eine antithetisch konstruierte positive Dimension, in der nun Nietzsche neben Johnny als Apokalyptiker auftritt. Auch das Thomas-Zitat aus dem zweiten Epigraph verweist auf Nietzsche, den Philosophen und Dichter der Maske und des Spiels. Jazz, Philosophie und Literatur gehen also eine apokalyptisch-enthüllende Symbiose ein, die zur Erfahrung des Anderen führen kann. Vgl. zur dekonstruktivistischen Apokalypse-Interpretation auch: Derrida, Jacques, D'un ton apocalyptique adopté naguère en philosophie, Paris 1983.

Abb.1: Max Ernst, La femme 100 têtes, Berlin 1991 (1929) © VG Bild-Kunst, Bonn 1998

6. Doubletten

Cortázar gestaltet die Figurenkonstellation Johnny/Bruno als Leitdifferenz der Geschichte, die sich im Verlauf der Novelle jedoch mehrmals bricht. Bruno fungiert dabei als Beobachter Johnnys, der in seinen Kommentaren über Johnny und sich selbst die Differenz erst eröffnet. Auf der einen Seite entblößt er in seinen Reden seine Intoleranz gegenüber Johnnys Lebenswandel und sein Unvermögen, ihn zu begreifen. Damit fällt implizit Brunos Anspruch, eine Bio-Graphie über Johnny schreiben zu können. Sie ist vielmehr das pathetisch-reißerische Artefakt für ein Massenpublikum, dem Bruno aus marktstrategischen Gründen einen bestimmten, eben publikumswirksamen Johnny präsentiert.[33] Das notwendige Verständnis für den Musiker *als Individuum* und Medium für die Erfahrung des Anderen spricht Johnny seinem Freund gegen Ende der Novelle dann auch explizit ab. Brunos rein kalkulatorische Überlegungen – insbesondere nach dem Tod Johnnys – unterstreichen dieses Urteil. Auf der anderen Seite erscheint Bruno in einigen Passagen äußerst selbstkritisch und ist sich der Unmöglichkeit des Verstehens des in Johnny verkörperten Anderen bewußt. Im Sinne des Cortázarschen *poetismo* und heimgesucht vom Geist des Anderen in Form des Carter-Stücks *Amorous* weiß er es treffend zu umschreiben. In der Figur des Jazz-Kritikers Bruno entwickelt Cortázar das Prinzip des rational denkenden, bürgerlich lebenden Menschen, der sich vom Geist des *poetismo* – Innovation, Kreativität, aber auch Identitätsverlust und unkontrollierte Ekstase – in den Bann ziehen läßt.

Johnny ist die erste Figur in Cortázars Werk, dessen Existenz/Geschichte in den Vordergrund der Erzählung rückt[34], und präfiguriert damit in ihren Grundzügen die existentielle Suche der Romanhelden Persio und Horacio Oliveira. Im Licht des *poetismo* und innerhalb der Differenz Johnny/Bruno soll die Figur in bezug auf die Un/Möglichkeit einer biographischen Darstellung an dieser Stelle allerdings neu konturiert werden. Obwohl *El perseguidor* zunächst als Ich-Erzählung aus der Perspektive Brunos erscheint, kommt Johnny in seinen Monologen immer wieder selbst zu Wort. In den ihm von Cortázar in den Mund gelegten Aussagen liefert er gewissermaßen eine bruchstückhafte Autobiographie. Berücksichtigt man die Rolle Johnnys als Medium der für seine musikalische Entfaltung konstitutiven Erfahrung des Anderen, erscheinen die paradoxen Ansichten und Einstellungen, autobio-

---

[33] Vgl. zur Kommerzialisierung Parkers auch die kinematographische Widmung *Bird* (1988) von Clint Eastwood, in der nach Hollywood-Manier alle Klischees des Parker-Mythos zusammengestellt sind. Die Novelle Cortázars ist ebenfalls verfilmt worden. Den gleichnamigen Film, von dem sich Cortázar allerdings distanzierte, drehte der Argentinier Osias Wilensky 1965.

[34] Vgl. dazu Cortázar in Prego, a.a.O., S.67f (und hier bekennt er sich zunächst als Schüler von Borges): „En todos los cuentos precedentes (...) los personajes son marionetas al servicio de una acción fantástica"; dann aber: „...donde la historia es el personaje, contiene al personaje, está determinada por el personaje, fue en *El perseguidor*."

graphischen Andeutungen, Erlebnisse, Visionen und Halluzinationen als dem Cortázarschen Text inhärente Sub-Version zum gescheiterten Versuch Brunos, ein Gesamtbild des Musikers zu entwerfen. Die fragmentarische Anordnung dieser subversiven Autobiographie verweist einerseits auf die Unmöglichkeit einer adäquaten textuellen Erfassung der Erfahrung des Anderen und ergänzt die disqualifizierende Entstellung Brunos und seiner Biographie. Andererseits liefert sie geradezu das Modell einer literarischen Entsprechung des musikalischen *poetismo*. Cortázar braucht die Figur Brunos, um die Geschichte eines literarischen *poetista* über den musikalischen *poetista* Charlie Parker umzusetzen. Indem er Brunos Biographie ausspielt, gibt er dem Geist Parkers in seiner fiktionalen Verdoppelung als Johnny Carter literarische Ausdrucksmöglichkeiten. Dabei ist das Motiv des Doppels nicht von vordergründiger Bedeutung und konstituiert die gesamte Bewegung des Textes. Es entstehen Doubletten, die im Zusammenspiel von Literatur, Musik und Philosophie als *poetismo* rhythmische Kombinationen ergeben und in weitere Texte und Kontexte Cortázars verlängert werden könnten: Parker/Carter, Carter/Thomas, Thomas/Cortázar, Carter/Dionysos (Carter/Minotauros/Persio/Oliveira), Thomas/Nietzsche, Cortázar/Parker. Die Doubletten entstehen wiederum aus der konstruierten Differenz Johnny/Bruno, die das Geisterspiel erst eröffnet. Somit kann diese Differenz auf literarischer Metaebene ebenfalls als Doublette erscheinen. Sie ist das Doppel der Fiktionalität, in dem Cortázars Text erst entsteht. Der Titel *El perseguidor* erscheint in diesem Sinne nicht nur personenbezogen. Die Frage lautet nicht, wer der Verfolger ist – Johnny oder Bruno.[35] Der Verfolger ist vielmehr das Motiv der gegenseitigen Heimsuchung, von dem neben Bruno und Johnny auch Cortázar betroffen ist, der den Geist des *poetismo* in seinen literarischen Text transponiert. Die rhythmische Schrift manifestiert sich dementsprechend nur ansatzweise mit unterschiedlichen Verbtempora, Wortspielereien, Wiederholungen, Reihungen auf sprachlich-textueller Ebene.[36] Wie Johnnys „música metafísica" als Mittel „para explorarse, para morder en la realidad", funktioniert Cortázars Text als metaphysische Literatur, die in der Dekonstruktion der/einer Bio-Graphie und im rhythmischen Ausspielen von Positionen an verschiedenen Orten diskontinuierliche Figuren einer

---

[35] So will es etwa González Echevarría sehen: „El perseguidor es Bruno, y no Johnny, quien por el contrario es el colmo de la inmovilidad hierática. (Lastra, a.a.O., S.74.)
[36] Vgl. für komparatistische Untersuchungen zwischen Literatur und (klassischer) Musik — vor allem mit Bezug auf Wiederholung/Variation, Balance/Kontrast, Thema/Variation und andere Figuren wie Rondo, Fuge und Sonate — die grundlegende Arbeit von Brown, Calvin S., Music and Literature. A Comparison of the Arts, Hanover/London 1987 (1948). In seiner Bestimmung des dialektischen Verhältnisses von Sprache und Musik in bezug auf Intentionalität und Objektivität kommt Adorno zu einer verblüffenden Beobachtung: „Musik ohne alles Meinen, der bloße phänomenale Zusammenhang der Klänge, gliche akustisch dem Kaleidoskop." Adorno, „Musik, Sprache und ihr Verhältnis zum Komponieren", Gesammelte Schriften, Bd.16, Musikalische Schriften I-II, S.650.

metatextuellen Transgression entwirft. Der Vergleich zur Malerei liegt nahe und wird von Bruno in seiner euphorischen Charakterisierung der Musik Johnnys auch gezogen:

> Este jazz desecha todo erotismo fácil, todo wagnerianismo por decirlo así[37], para situarse en un plano aparentemente desasido donde la música queda en absoluta libertad, así como la pintura sustraída a lo representativo queda en libertad para no ser más que pintura. (S.242)

Von der Repräsentationspflicht der jeweiligen Codes befreit, kann Malerei, kann Musik und auch Literatur intermediale Potentiale entfalten. In der Konvergenz von Musik und Malerei als ZeitRaum-Künste sieht Adorno ein amimetisches, transtextuelles Schriftkonzept:

> Écriture in Musik und Malerei kann keine direkte Schrift sein, sondern nur eine chiffrierte; sonst bleibt es bei der Nachahmung. Darum ist écriture geschichtlichen Wesens: modern. Sie wird frei kraft dessen, was man in der Malerei, mit einem fatalen Ausdruck, Abstraktion zu nennen sich gewöhnt hat, durch Absehen von der Gegenständlichkeit; in Musik durchs Absterben ihrer nachahmenden Momente, nicht nur der programmatisch schildernden, sondern auch der traditionellen Expressivität, die fester Konventionen bedarf zwischen dem Ausgedrückten und seinen Repräsentanten.[38]

Die Relationen zwischen Musik und Malerei bestimmt Adorno vor allem in ihrer Hinwendung zur Abstraktion und im „Verzicht aufs Kommunikative", das jedoch in konstruktivistische Kommensurabilität übergehen kann, in der die Schrift verlischt.[39]

Im Kontext intermedialer Wechselspiele mit musikalischen Strukturen ist auch auf Cortázars literarische Experimente mit „klassischer" Musik hinzuweisen. Neben einigen synästhetischen Passagen und zahllosen Verweisen auf Komponisten in *Rayuela* finden sie vor allem in zwei Kurzgeschichten ihren thematischen und kompositorischen Niederschlag. Während Che Guevara in *Reunión* (Todos los fuegos el fuego) in einem Versteck der Sierra Maestra warten muß, erinnert er sich im Fieber an das Mozart-Quartett *Die Jagd*, das fortan den Rhythmus des Textes bestimmt. Für *Clone* (Queremos tanto a Glenda) geht Cortázar in der intermedialen Konstruktion der Erzählung noch weiter: „En este relato la ‚grilla' consistió en ajustar una narración todavía inexistente al molde de la *Ofrenda Musical* de Juan Sebastián Bach."[40] Das vielschichtige „doble literario del London Harpsichord Ensemble" (ebd.) zu Bachs Kanon-Fuge-Variationen erzählt die Eifersuchtsgeschichte innerhalb eines achtköpfigen Madrigal-Ensembles, deren Vokalregi-

---

[37] Hier trifft man auf ein weiteres Nietzsche-Motiv.
[38] Adorno, „Über einige Relationen zwischen Musik und Malerei", a.a.O., S.634.
[39] ebd. Die intermedialen Wechselbeziehungen von Musik und Malerei entwickelt Adorno noch deutlicher in dem Aufsatz „Zum Verhältnis von Malerei und Musik heute", in: Gesammelte Schriften, Bd.18, Musikalische Schriften V, S.140-148.
[40] Cuentos Completos/2, S.393.

ster Analogien zu den Instrumenten der Bachschen Orchester-Interpretation bilden sollen. Gleichzeitig wiederholt die Gruppe, deren ursprünglich absolute Harmonie (clone) durch das disharmonische Liebesbegehren durchbrochen wird, das Drama ihres barocken Lieblingskomponisten Carlo Gesualdo, der seine Frau umbrachte und für seine oft ans Enharmonische grenzenden Klangkonstruktionen berühmt war. Der von Cortázar in Fragmenten aufgeteilte Text wiederum „corresponde al orden en que se da la versión de la *Ofrenda Musical* realizada por Millicent Silver..." (ebd., S.395) Diese Informationen zur Konstruktionsweise des Textes erhält der Leser jedoch erst in einer der Erzählung angeschlossenen Erläuterung...

3.1.3. Jazz in *Rayuela*

swing ergo soy (R, cap. 6, S.195)[41]

Auch das Hauptwerk demonstriert in vielen Passagen die Bedeutung des Jazz für die schriftliche Produktion Cortázars. In *Del lado de allá* werden die Leser Zeugen der nächtlichen Treffen, Diskussionen und Leidenschaften des *Club de la serpiente*.[42] Seine Mitglieder sind bunt zusammengewürfelte Intellektuelle und (Lebens)Künstler verschiedener Nationalitäten und Beschäftigungen: Etienne – Maler, Perico Romero – Philosoph, Ronald – Jazz-Musiker, Babs – plastische Künste (Keramik), Gregorovius – Intellektueller[43], Oliveira – Schriftsteller, Maga – Studentin und Reisende, Guy Monod – Intellektueller, Wong – Ethnologe, Anthropologe und/oder Archäologe.

Tabak, Wodka und Musik begleiten die zeremoniellen Gespräche des Clubs, die um Kunst, Literatur, Philosophie und Absurdität kreisen. Dabei spielt die Musik eine besondere Rolle. Zentrale Figuren des Jazz und des Blues werden beim Namen genannt.[44] Jazz und Blues bestimmen den Rhyth-

---

[41] Mit diesem Motto werden einmal mehr die literarischen „Inkonsequenzen" Cortázars bezüglich der einzelnen Jazz-Gattungen deutlich. Tritt er in *Elogio del jazz* mit dem *hot jazz* gegen den zu stark reglementierten *swing* an, in *El perseguidor* mit Johnnys „música metafísica" wiederum gegen die traditionelle „lenguaje hot", fühlt sich Morelli in *Rayuela* doch vom *swing* inspiriert. Dazu paßt letztendlich, daß Cortázar anscheinend den *free jazz* als Ausdrucksform des *poetista* vollkommen zu ignorieren scheint, obwohl viele seiner Ausführungen Analogien zulassen würden. Er selbst sagt zum *free jazz*: „En mi colección de discos no hay mucho ‚free jazz'. Creo que ‚free jazz' es como una corrida de toros. Hay momentos de una perfección absoluta y luego cacofonía." (Picon Garfield, Cortázar, a.a.O., S.129.)

[42] Die mehr oder weniger intellektuelle Gemeinschaft als Motiv der verschwörenden Vereinigung findet ihre variierenden Wiederholungen in Cortázars Romanen. In *62* ist es *la zona*, in *Libro de Manuel la joda*, in denen sich die Protagonisten der Geschichten zusammenfinden.

[43] Zu Gregorovius gibt es neben Oliveira die einzige ausführlichere Charakterisierung eines Mitglieds des Clubs in Kapitel 65.

[44] Die folgenden 38 Eigennamen durchziehen die Club-Kapitel 10-18: Bix Beiderbecke, Eddie Lang, Stan Getz, Lester Young, Lionel Hampton, Coleman Hawkins, Dizzy Gillespie, Paul Whitman, Bessie Smith, Louis Armstrong, John Coltrane, Sidney Bechet,

mus und die Motive des Textes.⁴⁵ Sie lösen bei den Treffen des Clubs Assoziationsketten, Gedanken, Gespräche und Gefühle aus: Erinnerung, Eifersucht, Sex, Nostalgie (cap. 12/13/18) und Gewalt – Motive, die in den Texten und Rhythmen des Blues ihre Wiederholung finden. Die Gewalt hat zwei Hauptmotive: die von Wong präsentierten Fotografien der Folterungen in China (cap. 14)⁴⁶ und die Vergewaltigung Magas in Uruguay (cap. 15). Doch werden die Themen der Gewalt nicht bewertet. Im Sinne Morellis kristallisieren sich Koagulate in rhythmischer Schrift und komponieren den Text: alles wird in kurzen, improvisierten Momenten verdichtet und geht in andere Konstellationen über, die wiederkehrende Themen variieren.

In Kapitel 16 verschränkt Cortázar Earl Hines' *I ain't got nobody*, Perse' Vers *Tu es là, mon amour* und die Farben Piero della Francescas in eine intermediale Figur im Text, die Jazz, Malerei und Literatur unter den geschlossenen Augen Magas mit dem Motiv der Eifersuchtsmomente zwischen Oliveira-Maga-Gregorovius rhythmisch koagulieren läßt:

> ..., Desvalida, se le ocurrían pensamientos sublimes, citas de poemas que se apropiaba para sentirse en el corazón mismo de la alcachofa, por un lado *I ain't got nobody, and nobody cares for me*, que no era cierto y que por lo menos dos de los presentes estaban malhumorados por causa de ella, y al mismo tiempo un verso de Perse, algo así como *Tu est là, mon amour, et je n'ai lieu qu'en toi*, donde la Maga se refugiaba apretándose contra el sonido de *lieu*, de *Tu est là, mon amour*, la blanda aceptación de la fatalidad que exigía cerrar los ojos y sentir el cuerpo como una ofrenda, algo que cualquiera podía tomar y manchar y exaltar como Ireneo, y que la música de Hines coincidiera con manchas rojas y azules que bailaban por dentro de sus párpados y se llamaban, no se sabía por qué, Volaná, y Valené, a la izquierda Volaná (*and nobody cares for me*) girando enloquecidamente, arriba Valené, suspendida como una estrella de un azul pierodellafrancesca;... (R, cap.16, S.196f)

In Magas Wahrnehmung – und darin gleicht sie der des „Gaffers" aus *Cristal con una rosa dentro* – ergeben unterschiedliche Affekte in ihrer Simultaneität neue Figuren und Kreationen, wie die Wörter *Volaná*, *Valené*, die in ihrer referenzlosen Laut-Losigkeit die piktoralen Eindrücke Magas umschreiben sollen und zu erotischen Phantasien mit Oliveira führen. Die Textstelle integriert andere künstlerische Ausdrucksformen in synästhetischen Effekten. Im

---

Big Bill Broony, Ma Rainey, Fats Waller, Benny Carter, Chu Berry, Teddy Wilson, Champion Jack Dupree, Duke Ellington, Baby Cox, Johnny Hodges, Earl Hines, Jelly Roll Morton, Sonny Rollins, Freddie Keppard, Bunk Johnson, Thelonious Monk, Horace Silver, Thad Jones, Errol Garner, Art Tatum, Ella Fitzgerald, Kenny Clarke, Oscar Peterson, Johnny Dodds, Albert Nicholas, Zutty Singleton.

⁴⁵ Cortázars „forma textual discursiva comparable al fluir improvisativo del jazz" führt Eduardo Soren Triff zu einer rhythmischen Lektüre einiger Passagen *Rayuelas* in Kapitel 47: „Inprovisación musical y discurso literario en Julio Cortázar", in: *Revista iberoamericana 57*, 1991, S.657-663, Zitat S.662.

⁴⁶ Die Fotos sind Batailles *Larmes d'Eros* entnommen; vgl. Amorós, a.a.O., S.185.

Sinne der rhythmischen und fotografischen Schrift koagulieren momenthafte Eindrücke zu „instantes fijos", die sich jedoch bald wieder auflösen und in neue Wahrnehmungs-Konstellationen übergehen: „Valené y Volaná habían desaparecido y los párpados le dolían a fuerza de apretarlos, se oía hablar a Ronald y entonces olor a café, ah, olor maravilloso del café, Wong querido, Wong Wong Wong." (R, cap.16, S.197)

Als Hymne auf den Jazz folgt Kapitel 17. Hier wird er zur „música universal del siglo" (R, cap.17, S.202) erhoben: „una nube sin fronteras, un espía del aire y del agua, una forma arquetípica, algo de antes, de abajo, que reconcilia mexicanos con noruegos y rusos y españoles,..." (S.204) und mit einem transhumanen Freiheitsbegriff assoziiert, der außerhalb jedes „juego estético o moral" (S.205) angesiedelt ist. Im Sinne der in *Elogio del jazz* formulierten Differenz *poetismo/estética* benennt „estético" als Variation von „literario" oder „decorativo" eine vorgefertigte Künstlichkeit, die im „authentischen" *poetismo* überwunden werden soll. Wenn man Morelli-Cortázars Ästhetik als umfassende Wahrnehmungstheorie versteht, funktioniert dieser Antagonismus in seiner Besinnung auf „Authentizität" als avantgardistische Reminiszenz auf der Suche nach ursprünglicher künstlerischer Erfahrung. Sie wird in der Auseinandersetzung mit bildmedialen Phänomenen und ihrer Integration in Cortázars Schriften allerdings wieder relativiert.

3.2. Cortázar und die Bild-Medien: Fotografie, Film und Malerei

> *Por momentos alguna frase de Gregorovius se dibujaba en la sombra, verde o blanca, a veces era un Atlan, otras un Estève, después un sonido cualquiera giraba y se aglutinaba, crecía como un Manessier, como un Wilfredo Lam, como un Piaubert, como un Etienne, como Max Ernst. (...) la Maga veía nacer de las palabras un resplandeciente Deyrolle, un Bissière, pero ya Gregorovius hablaba de la inutilidad de una ontología empírica y de golpe era un Friedländer, un delicado Villon que reticulaba la penumbra y la hacía vibrar, ontología empírica, azules como de humo, rosas, empírica, un amarillo pálido, un hueco donde temblaban chispas blanquecinas. (R, cap.26, S.278f)*

Rayuela ist textueller Spiel-Ort für eine figurale Ästhetik, die ihre heterogenen und diskontinuierlichen Figuren entwirft. Abstrakte, kubistische und surrealistische Maler und Referenzen werden hier noch beim Namen genannt. Fotografisches und rhythmisches Schreiben weisen mit ihren intermedialen Konstruktionen schon über die Schrift-Sprache des Textes hinaus. Sie bereiten eine Phase in Cortázars Schaffen vor, in der *La vuelta al día en ochenta mundos* (1967), *Último round I/II* (1969), *Prosa del observatorio* (1972), *Territorios* (1978), *Los autonautas de la cosmopista* (1983) und die vier Fotobände die intensive Auseinandersetzung mit anderen Medien und Ausdrucksformen dokumentieren. Diese Werke überschreiten nun nicht mehr nur den Text und das Buch als Präsentationsform der Ideenwelt Cortázars. Texte, Fotografien, Zeichnungen, Skulpturen, Plastiken werden in kaleidoskopischen Konfigurationen zu Elementen einer Komposition verschiedener Ausdrucksformen, deren Präsentation Morelli ebenfalls präfiguriert: „Facetas de Morelli, su lado Bouvard et Pécuchet, su lado compilador de almanaque literario (en algún momento llama ‚Almanaque' a la suma de su obra)." (R, cap.66, S.531) Als intermediale Alben entsprechen die genannten Schrift-Stücke einem „avantgardistischen" Kunstverständnis, das Fragmentarität und Fraktalität – an dieser Stelle sei stellvertretend Nancy genannt – als immer wieder neu konstruierten Sinn des Seins in seinen verschiedenen Ausdrucksformen voraussetzt: „In der Kunst geht es nur um die Fragmentierung von Sinn, um ein Fragment-Sein oder um eine Fraktalität, die grundsätzlich zum Sinn selbst (des Seins) gehört."[47]

Die Fotografie ist ein Medium, mit dem sich Cortázar intensiv auseinandergesetzt hat: „Sin que nada de esto tenga mayor importancia, creo que hay aquí toda la libertad posible entre dos maneras de ver que confluyen sin confundirse, que se alternan, se contestan y se funden como a lo largo de una so-

---

[47] Nancy, Jean-Luc, „Die Kunst — Ein Fragment", in: Dubost, Jean-Pierre (Hg.), Bildstörung, Leipzig 1994, S.176.

Al final no fuimos a ver la película de Fassbinder porque la mesa y la alfombra estaban llenas de fotos y el tren seguía comiendo lentos kilómetros de polvo y de cansancio. Manja se acordó de una cita en el Odeón y se fue por un rato, desde el estribo del vagón de cola se abría un perfecto balcón turístico sobre la familia sentada junto a las vías, cebollas y cacharros y más que nada sombreros, allí lo primero parece ser siempre eso, la no solamente necesidad de llevar sombrero sino su significación, su función dentro de un código que abarca toda la estructura junto con el poncho, los perros, el silencio, el destiempo si se mide desde nuestro tiempo y gracias a Lévi-Strauss. Ah, y la mirada hacia abajo (sólo los niños, a veces...), la espera desesperanzada, el arrastrarse pegajoso de un presente: maíz, cebollas, cacharros, todo en venta antes y después del tren, todo lentamente en venta dentro de una desmultiplicación que la llegada y la partida del tren sólo vuelven nítida para los demás, para ese inglés con la cámara Canon y esa francesa que cotorrea lugares comunes con un marido probablemente farmacéutico. Y yo, entonces, y Manja perdida en algún pasillo o subida al techo de un vagón, nosotros los de este lado, nosotros tiempo y destinos corriendo y aguardando, nosotros agua colonia.

Abb.2: Offerhaus, Manja/Cortázar, Julio, Alto el Perú, México 1984

nata para dos instrumentos." (AP, S.1) Neben der Beschäftigung mit der Fotografie in den fast zwanzig Jahre auseinanderliegenden Kurzgeschichten *Las babas del diablo* (1959) und *Apocalipsis de Solentiname* (1976) finden sich in den Almanachen teils kommentierte, teils rein textbegleitende Fotografien, die einen großen Spielraum für assoziativ offene Text/Bild-Anschlüsse bieten. In den gemeinsam mit Fotografinnen zwischen 1968 und 1982 veröffentlichten Bücher-Alben schreibt Cortázar mit den Bildern den Text. Zwei Bände zeigen und umschreiben Impressionen aus den Kulturzentren, die Cortázars Leben prägten: Paris und Buenos Aires. Ein anderer Band beinhaltet textuell und fotografisch festgehaltene Eindrücke in einem Irrenhaus. In seinem letzten Experiment, das er mit Manja Offerhaus zu ihren Bildern aus Peru unternimmt, beschreibt er das Wechselspiel von Bild und Text, Schriftsteller und Fotografin:

> Las imágenes preceden por varios años al texto, y entre nosotros no hubo el menor acuerdo previo en el sentido de un reportaje o una encuesta; el resultado es que imágenes y palabras se imbrican a su manera, y si las palabras no son un comentario, las fotos no son una ilustración; juego de espejos o cajas de resonancia, unas ahondan en otras y las devuelven con un aura diferente. (...) aquí se busca fusionar lo más posible esos significantes tan disímiles pero cuidando de no confundirlos ni derogarlos. Creo que ambos siguen plenamente abiertos; hay esa apertura a la que incita la fotografía cuando arranca una escena al tiempo y al espacio y la propone en un plano y una duración diferentes, y hay la apertura de un lenguaje igualmente instigador de un tiempo y un espacio diferentes, pero de adentro. (AP, S.1)

Fotografie und Literatur – Cortázar betont dabei die Poesie – sind Ausdrucksformen, die in ihren Spiegelungen immer selbständig bleiben und doch daraus verändert hervorgehen. Sie erscheinen als „dos maneras de ver", die in ihrem Wechselspiel ihre je eigenen Ausdrucksfähigkeiten erweitern. Das Album bietet im materiellen Abdruck von Fotos und Text gleichzeitig Reflexionen des Textes über das Verhältnis vom Text zum Bild und Reflexionen des Bildes über das Verhältnis vom Bild zum Text.[48] Beide Sicht-Weisen treten so in einen unvorhersehbaren Dialog, in den sich der Betrachter/Leser einblenden kann. Die Wechselwirkung von Fotografie und Literatur setzt im

---

[48] Vgl. hierzu auch: Grivel, Charles, „Kurze Abhandlung über die Verbildlichung", in: Wetzel/Wolf (Hg.), Der Entzug der Bilder. Visuelle Realitäten, München 1994; und ders., „Le voir. Réflexion de la photographie", in: Buisine/Watteau (Hg.), *Photographie-Littérature. Médusa-Médias 2* (1995), S.i1-i26. Neben den Bemerkungen Mitchells zum Wechselspiel von Bild und Text in Mitchell, W.J.T., Picture Theory, Chicago 1994, vgl. außerdem auch Derridas Auseinandersetzung mit der erotischen Fotografie, in dem er Blick-Rechte zu den Bildern von Plissart einfordert: Derrida, Jacques/Plissart, Marie Françoise, Droit de regard, Paris 1985.

Sinne einer interstitiellen Ästhetik Assoziationsprozesse in Gang, die durch ihre imaginäre Kombinierbarkeit immer wieder neue Figuren ergeben.[49]

In den Kurzgeschichten *Las babas del diablo* und *Apocalipsis de Solentiname* wird das Phänomen der Fotografie zum Antrieb der Geschichten. Sie generiert auf diegetischer Ebene das Eindringen des fantastischen Elements in die „Alltäglichkeit" der Figuren und bestimmt das den beiden Geschichten zugrundeliegende Verhältnis von Wirklichkeit, Wahrnehmung, Imagination und Halluzination.[50] Während *Apocalipsis de Solentiname* das mediale Wechselspiel von Malerei, Fotografie und Politik inszeniert, thematisiert *Las babas del diablo* explizit die immer schon sprachlich konstruierte Erzählhaltung im Schreibakt und bringt Schreiben und Sehen in ein dynamisches, unberechenbares Verhältnis. In beiden Texten werden die Potentiale der Fotografie literarisch ausgespielt. Sowohl die Magie als auch die Gefahr der technischen Bilder fließen in die imaginären und halluzinatorischen Wirklichkeitskonstruktionen der Figuren mit ein. Antonionis Film *Blow up* (1966) ist eine kinematografische Variation, die ihre eigenen Strategien verfolgt.

3.2.1. *Apocalipsis de Solentiname*

Der Text von *Apocalipsis de Solentiname*, erschienen 1977 in *Alguien que anda por allí*, enthält autobiographische, medienästhetische, politische und fantastische Elemente, die erst in ihrem Zusammenspiel die Sinnebenen des Textes konstituieren. In seiner Vermischung von Fantastik, Medienreflexion und Politik fordert er eine intermediale Lektüre heraus.

Im ersten Absatz kommt es zu einem scheinbar beiläufigen Verweis auf die ca. 20 Jahre zuvor publizierte Kurzgeschichte *Las babas del diablo*, die von Antonioni verfilmt wurde: „¿(...), qué pasó que *Blow up* era tan distinto de tu cuento, (...)?" (Cuentos completos/2, S.155) Eingereiht in die Aufzählung lästiger Fragen einer Pressekonferenz, zu der Cortázar nach seiner Ankunft in San José, Costa Rica, geladen wird, scheint eine über Zufällig-

---

[49] Erweiterungen des intermedialen Spektrums bietet *Territorios*. Die Texte aus diesem Buch-Album von 1978 setzen sich mit Malerei, Plastik, Tanz und Fotografie auseinander und bilden deren Zwischenspiele, Verbindungen und Erweiterungen. Vgl. zu den transgressiven Strategien von Text und Bild in *Territorios*: Weich, Horst, „Von der Gefahr, gezeichnet zu werden. Zur Homologie von Portrait und Biographie bei Antonio Saura und Julio Cortázar", in: *Bonner Romanistische Schriften*, 1995, S.275-292 sowie zur Überwindung der raumzeitlichen Textstruktur des Albums: Filer, M.F., „Palabra e imagen en la escritura de *Territorios*", a.a.O.

[50] Die für folgende Überlegungen relevante Unterscheidung Wirklichkeit/Realität folgt konstruktivistischen Modellen, die sich auf neurophysiologische Erkenntnisse stützen. Vgl. Roth, Gerhard, Das Gehirn und seine Wirklichkeit, Frankfurt 1996. „Wirklichkeiten" sind in der dreigeteilten phänomenalen Erlebnis-Welt (Außenwelt — Körperwelt — geistige und emotionale Zustände) nach selbstreferentiellen Kriterien generierte Gehirnkonstruktionen. Gegenüber der wirklichen und in ihrer Konstruktivität virtuellen Welt ist „Realität" als parallel laufende transphänomenale Welt dem menschlichen Bewußtsein unzugänglich (vgl. vor allem S.278ff).

keiten hinausgehende Relevanz dieses Verweises für den Text von *Apocalipsis* zunächst nicht gegeben. Am Ende der Lektüre treten die Analogien zwischen den Geschichten in ihrem gemeinsamen Hauptmotiv jedoch deutlich hervor, und der Verweis gewinnt an Bedeutung: es geht in beiden Fällen um das Verhältnis von Wahrnehmung, Imagination, Medien und Kunst. Dabei gewinnt *Apocalipsis* gegenüber der komplexen ästhetischen und narrativen Problematik in *Las babas del diablo* noch eine politische Dimension: die Gewaltproblematik Lateinamerikas.[51]

Die entscheidenden Ereignisse der Erzählung, die auf April 1976 datiert ist, spielen sich im nicaraguanischen Dorf Solentiname und in Cortázars Wahlheimat Paris ab. San José, Los Chiles und La Habana sind daneben routen- und berufsbedingte Zwischenstationen. Auf dieser räumlichen Folie lassen sich drei Wirklichkeits- und Wahrnehmungsebenen mit ihren jeweils unterschiedlichen Effekten differenzieren: Schriftstellerischer Alltag (Autobiographie) – Malerei als Idylle (Naturalismus) – Fotografie als Geist der Gewalt (spektrale Fantastik).

a) Autobiographie
Das autobiographisch inszenierte Alltagsleben eines kosmopolitischen Schriftstellers findet zunächst mit der Pressekonferenz in San José, dem Hotel Europa als Aufenthaltsort des Reisenden, einem Treffen mit Kollegen und Freunden (Ernesto Cardenal, Sergio, Oscar etc.), dem Flug nach Los Chiles und dem Aufenthalt in der dortigen Finca eines Freundes und schließlich der Fahrt nach Solentiname in Nicaragua (S.155/156) Eingang in die Erzählung. Der kurze Zwischenstop in La Habana – „anduve por ahí haciendo cosas" – leitet über zum Privat- und Berufsleben im Wohnort Paris: „vida de reloj pulsera, (...), comités, los cines, el vino tinto y Claudine, los cuartetos de Mozart y Claudine." (S.157)

b) Naturalismus
Den ersten Kontakt stellt Cortázar bei seiner Ankunft in Solentiname mit den Bildern der einheimischen Bauern her:

> nos fuimos a dormir casi enseguida pero antes vi las pinturas en un rincón, Ernesto hablaba con su gente y sacaba de una bolsa las provisiones y regalos que traía de San José, alguien dormía en una hamaca y yo vi las pinturas en un rincón, empecé a mirarlas. (S.156)

Die eingehende Betrachtung der Gemälde verschafft ihm ein Bild von diesem Ort, in dem Ernesto Cardenal jeden Sonntagmorgen mit den Dorfbewohnern das Evangelium liest. In ihrem primitiven Naturalismus erscheinen diese Malereien Cortázar als

---

[51] Die Geschichte geht auf einen geheimen Besuch Cortázars 1976 in Solentiname zurück. Kurz zuvor errichtete General Videla nach einem Putsch die siebte Militärjunta in Argentinien. 1977 wurde die Erzählung dort verboten.

visión primera del mundo, la mirada limpia del que describe su entorno como un canto de alabanza: vaquitas enanas en prados de amapola, la choza de azúcar de donde va saliendo la gente como hormigas, el caballo de ojos verdes contra un fondo de cañaverales, el bautismo en una iglesia que no cree en la perspectiva y se trepa o se cae sobre sí misma, el lago con botecitos como zapatos y en último plano un pez enorme que ríe con labios de color turquesa. (S.156)

Die dargestellten Motive beschreiben das Leben in der heilen Welt Solentinames mit ihrer farbigen Naivität und ihrem christlichen Glauben. Sie sind Zeugnisse der Wünsche und Hoffnungen eines friedlichen Zusammenlebens. Die andere Seite des harmonischen Bildes ist die Angst vor Krieg und Tod, „esa vida en permanente incertidumbre de las islas y la tierra firme" (S.157), das Solentiname als Symbol für das Schicksal Lateinamerikas erscheinen läßt.

Vor der Abreise will Cortázar die Gemälde auf der Veranda des Rathauses fotografisch festhalten, „y de uno en uno los fui fotografiando con cuidado, centrando de manera que cada cuadro ocupara enteramente el visor" (ebd.), und schließt damit das Medium der Malerei in das Medium der Fotografie ein. Er entführt – Ernesto Cardenal nennt ihn „ladrón de cuadros, contrabandista de imágenes" (S. 157) – die Re-Präsentation der idyllischen und doch trügerischen Wirklichkeit auf Zelluloid. Das technische Bild soll als Erinnerungsbild einer naiven Idylle die Malerei ersetzen.

Abb.3: Barthes, Roland, Die helle Kammer, Seite 32

Abb.4: Barthes, Roland, Die helle Kammer, S.34

c) Spektrale Fantastik
Auf der dritten Ebene inszeniert Cortázar den fotografischen Geist der Gewalt, der sowohl in das alltägliche Schriftstellerdasein als auch in die naive Utopie Solentinames einbricht. Während der projizierten Reproduktion der Diapositive von Solentiname in Cortázars Pariser Wohnung entstehen neue Bilder, die eine fantasmagorisch-alptraumartige Wirklichkeit entwerfen. Die an der Wand entstehenden Fotografien der Gewalt in Lateinamerika fordern in ihrer minutiösen Beschreibung im Text und ihrem hohen Aktualitätspotential im Leben Cortázars den gleichen Realitätsanspruch ein wie die „ursprünglich" gemalten Bilder der Einheimischen des Dorfes in Nicaragua. Der den Auslöser des Projektors betätigende Fotograf wird Opfer seiner eigenen (Re)Produktionen. An der Wand erscheinen Szenarien der Gewaltherrschaft in Lateinamerika: bewaffnete Gewalt, Unterdrückung, Folter, Vergewaltigung. War Solentiname schon zuvor Symbol der oft trügerischen Idylle Lateinamerikas, breitet sich die Gewalt nun auch über dessen Städte aus. Im letzten Bild sieht Cortázar „un auto que volaba en pedazos en pleno centro de una ciudad que podía ser Buenos Aires o São Paulo" (S.159) und generalisiert das traumatische Erlebnis, das in Solentiname nur seinen Ausgang

genommen hat.[52] Plötzlich tritt Claudine ins Zimmer und zeigt Interesse an den Bildern. Nach einem erneuten Durchlauf der Diapositive – Cortázar will ihr währenddessen einen Drink holen, geht jedoch ins Bad und muß sich heulend übergeben – kommentiert sie begeistert die gesehenen Motive und entblößt Cortázars Schreckensvision als Chimäre.

Die drei Ebenen von Wirklichkeitseffekten laufen in einem Punkt zusammen: dem überall gegenwärtigen Druckknopf der Apparate. Er löst die Kamera, die Waffe und den Diaprojektor aus. Damit ist im Zusammenspiel mit einem stark ausgeprägten politischen Bewußtsein eine „realidad tecnológica" markiert, die sich mit der „realidad poética" Cortázars mischt. Er wird zum Opfer visueller Wahrnehmungsweisen und verarbeitet seine Erfahrungen im Text. Seine Augen begegnen in Solentiname Farbpigmenten auf Gemälden. Er rahmt sie im Sucher der Kamera und verewigt sie auf Zelluloid. In Paris werden die visuellen Eindrücke medialisiert: der Zelluloidstreifen wird entwickelt, geschnitten, gerahmt und mit dem Diaprojektor an die Wand projiziert. Die reproduzierten und projizierten Ab-bildungen verdanken sich somit mehreren Wahrnehmungsprozessen und durchlaufen unterschiedliche Stadien der Medialisierung: das Auge sieht die gemalten Bilder, die Kamera sieht die gemalten Bilder, das Auge sieht die entwickelten Fotografien, die sich als projizierte Bilder dem Betrachter in ihrer fantastischen Verselbständigung doppelt vor-stellen.

Kamera und Diaprojektor fungieren als Dispositive technischer Bildproduktionen zwischen Auge und Wirklichkeit. Sie sind in *Apocalipsis de Solentiname* für die Produktion von Bildern der Gewalt verantwortlich, die sich in der Imagination Cortázars über die ursprünglich vom Auge wahrgenommenen Bilder schieben und in sein Alltagsleben eindringen. Im Versuch der Intervention bleibt Cortázar hilflos seinen Bildern ausgeliefert. Wenn er den auf einem Foto erscheinenden Dichter-Freund Roque Dalton vor dem Tod retten will, versucht er durch Knopfdruck die Gewaltbilder auszulöschen. Doch produziert er dadurch immer wieder neues Grauen: „„...y entonces sí apreté el botón como si con eso pudiera salvarlo de la infamia de esa muerte (...), seguí apretando y apretando entre ráfagas de caras ensangrentadas y pedazos de cuerpos y carreras de mujeres y de niños por una ladera boliviana o guatemalteca" (S.159)

Die Verwandlung der Fotografien hat im Text ein Vorspiel. Auf dem Weg nach Solentiname nimmt die Polaroid-Fotografie die Katastrophe vorweg. Auf der Finca des Freundes in Costa Rica werden vor der Abfahrt nach Nicaragua Erinnerungsfotos mit einer Sofortbildkamera gemacht. Cortázar ist im Gegensatz zu den anderen verwundert über die technische Möglichkeit der Aufnahmen:

---

[52] Als ein Jahr nach dem Erscheinen der Erzählung Diktator Somoza die Macht in Nicaragua an sich riß, zerstörte er auch Solentiname, und Cortázars apokalyptische Visionen schienen sich zu bestätigen.

> A todos les parecía muy normal eso porque desde luego estaban habituados a servirse de esa cámara pero yo no, a mí ver salir de la nada, del cuadrito celeste de la nada esas caras y esas sonrisas de despedida me llenaba de asombro y se los dije, me acuerdo de haberle preguntado a Oscar qué pasaría si alguna vez después de una foto de familia el papelito celeste de la nada empezara a llenarse con Napoleón a caballo... (S.156)

Cortázar spielt an dieser Stelle die Auflösung der Abbildfunktion und das Eigenleben fotografischer Darstellungen durch und bezeichnet Phänomene, die sich als fantastische Effekte in der Pariser Wohnung schließlich ereignen. Die Fotografie macht in ihrer Funktion als technisches Medium die wahrnehmungsspezifische Wirklichkeitskonstruktion transparent: die Konstruktionseigenschaften des menschlichen Auges weichen von denen der Kamera ab. Was das Auge sieht, ist nicht das, was die Kamera sieht.[53] Der Unberechenbarkeitsgrad – in der menschlichen Wahrnehmung aufgrund von sozial und biologisch vorgegebenen Erfahrungswerten reduziert – nimmt beim technischen Dispositiv mit seinen Apparaturen wieder zu. In Verbindung mit der individuellen Imaginationsstruktur entstehen neue Wirklichkeitsfiguren. Der Fotografie kommt im literarischen Zusammenspiel von Wahrnehmung und Imagination eine dissoziierende Bedeutung zu, die Cortázar nur allein erschließen kann. Im letzten Satz der Geschichte wird das Napoleon-Motiv wieder aufgenommen: Cortázar überlegt sich, Claudine zu fragen, ob sie während der Projektion nicht ein Foto mit einem berittenen Napoleon gese-

---

[53] Während frühere Überlegungen bei André Bazin in „Ontologie de l'image photographique" (1945), in: Qu'est-ce que le cinéma?, Paris 1997, S.9-17 und Siegfried Kracauer in seiner Theorie des Films. Die Errettung der äußeren Wirklichkeit, Frankfurt 1973, zwar die Perspektive kritisieren, der Fotografie in ihrer „objectivité essentielle" (Bazin, S.13) aber einen ontologischen Status einräumen, macht Busch die Auge/Kamera-Differenz zum Ausgangspunkt seiner Wahrnehmungsgeschichte der Fotografie. Die technologisch-mathematisch konstruierte Perspektivität der Renaissance — ausgehend von den ersten Versuchen Brunelleschis — bildete das Fundament der frühbürgerlichen Rationalisierung des Sehens, die gleichzeitig zur Priviligierung des Gesichtssinns führte: „Das Auge — von aller Zufälligkeit des Sinnlichen gereinigter Fokus der Wirklichkeit — wird zum Ursprung der Dinge, der Gegenstände geordneter Erkenntnispraxis. (...) Ein Produktionsverhältnis im strengen Sinne, kombiniert die Perspektive die geschärfte Arbeitsleistung des Wahrnehmungssinns mit den Techniken und Strategien der Wirklichkeitsdomestizierung und -konstruktion." (Busch, Belichtete Welt, a.a.O., S.83.) Die *camera obscura* — „erste technische Kondensation des perspektivischen Modells" (ebd., S.232) — diente daraufhin schon Leonardo als Zeichenhilfe. Die Fotografie tritt im 19. Jh. nach anderen optischen Erfindungen (Panoptikon, Diorama, Panorama) das Erbe der aufklärerisch-wissenschaftlichen Welt-Sicht an (vgl. ebd., S.157ff). Vgl. zur Perspektive als konstruiertes Welt-Bild auch Erwin Panofskys wegweisenden Aufsatz „Perspective and symbolic form" (1924), sowie zur Durchbrechung dieser Sehweisen in Fotografie und Film Bonitzer, Pascal, Décadrages. Peinture et cinéma, Paris 1995.

hen habe.⁵⁴ Doch verwirft er seine Frage: „No le iba a decir nada, qué le podía decir ahora..." (S.160)

Apocalipsis de Solentiname demonstriert – wie viele Kurzgeschichten Cortázars – die Unschärfe der Trennlinien zwischen den in sich selbst vielschichtigen Wahrnehmungsfeldern der „Wirklichkeit". Imaginationen sind als geistige Zustände Teil der Bewertung von Außen- und Körperwelt.⁵⁵ Die wahrnehmungsbedingte Unberechenbarkeit in der individuellen Gestaltung der wahrgenommenen Bilder und Figuren gewinnt mit der fotografischen Medialisierung eine weitere Dimension. In der von prä-fabrizierter Perspektivik befreiten Fotografie überlagern sich in raumzeitlicher Verschiebung Wirklichkeits- und Imaginationsschichten. Sie birgt in ihrer medialen Distanz zur unvermittelten Wahrnehmung einer naturalistischen Malerei die potentielle Gefahr der Apokalypse. Zwischen Malerei und Fotografie stehen Cortázars imaginäre Gespenster.⁵⁶ Die Erzählung wiederholt im politischen Kontext Lateinamerikas die Heimsuchung des Gespenstes der Gewalt, gegen das Cortázar während seiner Reisen in den siebziger Jahren wiederholt angeht. Die drei Wirklichkeitseffekte werden in der Reflexion auf die technischen Bildmedien zusammengeführt, die wiederum das fantastische Moment ermöglichen. Damit nimmt *Apocalipsis de Solentiname* Teile der umfassenden Wahrnehmungsproblematik von *Las babas del diablo* wieder auf. Bevor diese Erzählung und ihre intermediale Verschiebung bei Antonioni analysiert wird, soll die Fotografie als Medium einer spezifisch technischen Wahrnehmungsweise einen kulturgeschichtlichen Rahmen bekommen.

---

⁵⁴ Hier schließt sich noch eine weitere Assoziation an: Napoleon als Sinnbild moderner europäischer Kriegsführung vertritt auch die europäisch-amerikanisch provozierte Gewalteskalation in Lateinamerika.

⁵⁵ Vgl. neben den Arbeiten Merleau-Pontys zu den situativen Formen des Imaginären im Bewußtsein und zur Imagination als Funktion des psychischen Lebens in bezug auf ihr Negationspotential gegenüber dem Realen die frühen, phänomenologisch motivierten Ausführungen Sartres: Sartre, Jean Paul, L'imaginaire. Psychologie phénoménologique de l'imagination, Paris 1940.

⁵⁶ Terramorsi spricht in seiner intertextuellen Interpretation zwischen *Las babas del diablo* und *Apocalipsis de Solentiname* von dem beiden gemeinsamen „Spectre de l'Histoire", das durch die fotografischen Prozesse Angst vor der „*imprévisibilité du Réel*" ent-wickelt (révèle): „ce n'est pas la politique qui saute aux yeux du narrateur-photographe d',Apocalypse...', le rapprochement avec le Roberto Michel des ,Fils...', dit bien qu'il n'y a pas de leçon politique: ce qui saute aux yeux c'est le Réel sans qualité, inidentifiable, sensationnel, des choses qui échappent forcément à la représentation." (Terramorsi, a.a.O., S.169)

Exkurs: Die Listen der Fotografie

Abb.5: Jacques Louis Daguerre, Boulevard du Temple, 1838 (Bernd Busch, S.187)

> *Welch eine wunderbare göttliche Erfindung, die Daguerre gemacht hat! Ich sage Ihnen, man könnte den Verstand verlieren, wenn man so ein von der Natur selbstgeschaffenes Bild sieht...*[57]

Das Jahr 1839 markiert die historische Initialzündung der sich im Verlaufe der darauf folgenden Jahrzehnte rapide entwickelnden Fotografie.[58] Am Anfang stehen die Namen Niépce und Daguerre, denen es gelang, die auf jodierte Silberplatten projizierten Lichtstrahlen mittels Quecksilberdämpfen zu fixieren und „Daguerreotypien" herzustellen. Die ersten technischen Bilder waren mit Hilfe einer Lichtschrift produziert, die die Natur mit ihren

---

[57] Der Berliner Fotopionier Louis Friedrich Sachse 1839 in einem Brief an den Stadtrat von Königsberg, zitiert in: Busch, Belichtete Welt, a.a.O., S.228.
[58] Vgl. zur Fotografie das umfassende Werk von Baier, Wolfgang, Geschichte der Fotografie, München 1977; ders., Quellendarstellungen zur Geschichte der Fotografie, München 1980. Unter wahrnehmungsspezifischen Gesichtspunkten außerdem die kultur- und kunstgeschichtliche Annäherung von Busch, Bernd, Belichtete Welt, a.a.O.

eigenen Mitteln ab-schrieb.[59] In England forschte parallel und unabhängig von den französischen Fotografen Fox Talbot, der 1840 das Negativ-Positiv-Verfahren erfand und damit Fotografien – er nannte seine ersten Bilder „Kalotypien" – technisch reproduzierbar machte. Die erste wissenschaftliche Legitimation der Fotografie vor der Akademie der Wissenschaften durch Arago gründete vor allem auf den Abbildungsqualitäten der sich selbst abbildenden Natur.[60] Dabei wird die Fotografie im Vergleich mit Teleskop und Mikroskop „explizit als Instrument der Wahrnehmungserweiterung definiert"[61], das für das menschliche Auge Sichtbares wie Unsichtbares zu zeigen imstande ist. Die eigenartige Mischung aus positivistischem Pathos und einer auf die frühbürgerliche Aufklärung zurückgehenden Metaphysik des Lichts bestimmen nach Busch „zwei einander ergänzende Deutungsmuster" der Fotografie:

> Einerseits wurde sie in den zeitgenössischen Bewertungen als Vorgriff auf die Wiedergewinnung einer unberührten, weil nun künstlich-technisch fabrizierten Natur verstanden – als eine Inschrift der Welt im Schöpfungsakt der ‚machina'. Andererseits erschien dieser Automatismus verselbständigter List, dessen Willkür den Menschen tendenziell als Täter ersetzt, derart ungeheuerlich, daß beständig auf die tradierten Diskurse abendländischen Denkens zurückgegriffen wurde – der Ursprung, die Ursache der fotografischen Wahrheit, ‚techné' als produktiver Eingriff in die Natur wurden als Selbst-Tätigkeit der Natur aufgefaßt oder Gott zugeschrieben.[62]

Im Verlauf des 19. Jahrhunderts wurde die zeitraubende, noch recht unvollkommene *camera obscura*-Technik, die nur einige Spezialisten beherrschten, durch komplexere und um andere, mit wesentlich ökonomischeren Materialien und Verfahren operierende Techniken ergänzt bzw. abgelöst. Mit der Entwicklung der ersten lichtstarken Objektive und der baldigen Industrialisierung, die durch die Einführung der ersten Kodak-Kamera 1888 ihren vorläufigen Höhepunkt erreichte, eroberte die Fotografie als Massenphänomen schließlich die Alltagskultur. Dort dient sie seither zur „Herstellung von Sinnbezügen als Abbildung einer vorgegebenen Bedeutsamkeit"[63], während ihr Spektrum auf alle Bereiche der Bild-Erzeugung erweitert ist. Im Zeitalter der immateriellen Datenübertragung wird sie im Computer-Design von digi-

---

[59] Niépce nannte die Fotografie zunächst Heliographie, Fox Talbot die Kamera „pencil of nature". Vgl. dazu auch die schriftlichen Dokumente in: Wiegand, Wilfried (Hg.), Die Wahrheit der Photographie. Klassische Bekenntnisse zu einer neuen Kunst, Frankfurt 1981; außerdem: Sontag, Susan, „Die Bilderwelt", in: dies., Über Fotografie, Frankfurt 1995 (1977), S.152.; Busch, Belichtete Welt, a.a.O., S.178-205.
[60] Vgl. zur diskursiven Etablierung der neuen Erfindung: Busch, Belichtete Welt, a.a.O., S.206-212.
[61] Busch, a.a.O., S.210.
[62] ebd., S.214f.
[63] ebd., S.324.

talen Techniken verdrängt und lebt als massenmediale Gebrauchsfotografie neben der Videokamera sowie im künstlerischen Bereich – dort vor allem als Schwarzweiß-Fotografie – weiter.[64]

An dieser Stelle sollen Kulturkritiker zu Wort kommen, die die Ambivalenz und Unberechenbarkeit technischer Bilder thematisieren und deren Entstehen mit der Fotografie einsetzen lassen. Mit ihren magischen und bedrohlichen Potentialen ist sie eine kulturelle Herausforderung, die in anderen Medien – und dazu gehört die Literatur im Zusammenspiel von Text (Schreiben) und Bild (Sehen) – in bezug auf ihre spezifischen Wahrnehmungsprozesse befragt und reflektiert wird.

Barthes (Tod), Flusser (Freiheit) und die namenlose Fotografie
Man ist versucht, Barthes' intensive Auseinandersetzung mit der Fotografie[65] viel eher als Philosophie der Fotografie zu lesen als Flussers kulturkritischen Essay, der diesen Namen trägt.[66] Im folgenden werden beide Texte in bezug auf die Duplizität der ihnen inhärenten Semantiken von Freiheit und Tod durchkreuzt und am Ende der „imposture" (Barthes, S.30) der Fotografie Rechnung getragen.

Zunächst begleiten beide Texte divergierende visuelle Gesten. Barthes blickt auf Fotografien zurück, die ihn in seinem Leben umgaben. Und er blickt hinein in das Wesen der Fotografie. Sein Wunsch ist ontologisch, er will ergründend die Fotografie erschließen. Seine Geste ist die des Zurück- und Hinabblickens, um sich das Phänomen der Fotografie vor Augen zu führen. Flusser hingegen blickt nicht auf das Besondere der Fotografie hinab, er blickt sich vielmehr um und zeigt die Geste des Teilens: er ordnet zu, systematisiert, definiert. In dieser „strukturalistischen" Geste, die seit den Mythen des Alltags durchaus auch eine von Barthes' konstantesten Gesten ist, verortet Flusser die Fotografie am Beginn des Zeitalters der technischen Bilder. In diesem Kontext steht Flussers Projekt. Die vier Konstituenten der Fotografie – der Fotograf, der Fotoapparat, die Fotografie, der Betrachter – werden den doppelten Weg durch die Texte begleiten.

1. Barthes
Barthes macht zunächst eine Dreiteilung: *operator – spectrum – spectator*. Der *operator* ist der Fotograf, der Barthes nicht ist: „je ne suis pas photogra-

---

[64] Vgl. zur diskursiven Verortung der Fotografie in Recht, Philosophie und Literatur des deutschen Realismus mit seinen ästhetischen und sozialgeschichtlichen Konsequenzen: Plumpe, Gerhard, Der tote Blick. Zum Diskurs der Photographie in der Zeit des Realismus, München 1990.
[65] Barthes, Roland, La chambre claire, Paris 1980. Bei folgenden Zitaten Seitenzahlen im Text.
[66] Flusser, Vilém, Für eine Philosophie der Fotografie, Göttingen 1994 (1983). Bei folgenden Zitaten Seitenzahlen im Text.

phe (...) Je pouvais supposer que l'émotion de l'Operator (...) avait quelque rapport avec le ‚petit trou' (sténopé), par lequel il regarde, limite, encadre et met en perspective ce q'il veut ‚saisir' (surprendre)" (S.23) Die technische Inkompetenz verweist Barthes auf den Platz des Betrachtenden und des Betrachteten. Aus dieser Position unterstellt er dem Fotografen eine Affekt geleitete, taktil und visuell orientierte Beziehung zum Apparat, die ihm als operator eine undefinierte Machtstellung einräumt.

Der Apparat taucht lediglich auf als ambivalentes, unberechenbares, erotisiertes/erotisierendes Medium des Fotografen, das sich in seinen Händen zum Instrument und zur Waffe des Einfangens und Überraschens wandelt.

Im *spectrum* wird die Fotografie semantisch aufgeladen: Spektakel, Gespenst, Tod. So sucht Barthes im Betrachteten – der fotografische Referent ist immer menschlich – den Übergang vom Subjekt zum Objekt und vom Objekt zum Tod. Entscheidend ist zunächst die Pose des sich in Szene setzenden Ichs vor der unberechenbaren Kamera, die das Subjekt in seiner langen Unbeweglichkeit am Anfang der Fotografie zum leidenden, in Leichenstarre versetzten Objekt, zum Toten machen konnte. Mit dem Vergleich zum Doppelgänger-Motiv vor der Fotografie und Konzepten Lacanscher Provenienz gelangt Barthes zur gespenstisch-unheimlichen Ichauflösung: „Car la Photographie, c'est l'avènement de moi-même comme autre: une dissociation retorse de la conscience d'identité." (S.28) Und schließlich – nun schon aus der Perspektive des Betrachteten/Betrachtenden – zum „Ereignis des Todes": „Au fond, ce que je vise dans la photo qu'on prend de moi (l'‚intention' selon laquelle je la regarde), c'est la Mort: la Mort est l'eidos de cette Photo-là."(S.32)

Alle übrigen Betrachtungen im ersten Teil von *La chambre claire* sind einem spectator zuzuschreiben, der die Anziehungskraft eines Fotos als Abenteuer – im Deutschen geht das französische Wortspiel unter: aventure = Abenteuer; advenir = geschehen, angehen – und Affekt – mit den emotionalen Hauptmotiven Sehnsucht und Schmerz – erfährt. Doch der narzißtische *spectator* zeigt nun die Geste des Teilens und Klassifizierens: *studium* und *punctum* sind diejenigen Elemente einer abenteuerlichen Fotografie, denen Barthes im folgenden in mehreren ihn angehenden/betreffenden Fotografien auf der Spur ist. Dabei verbindet das *studium* ihn mit der Kultur, der Erziehung, der Geschichte und schließlich auch mit der Welt des Fotografen, während das *punctum* in das *studium* einbricht und es aus der Bahn wirft, den *spectator* im Affekt sticht und besticht.[67] In bezug auf das immer schon

---

[67] Barthes bestimmt analog zum *punctum* schon 1970 innerhalb seiner Analysen einiger Fotogramme aus Filmen Eisensteins einen „sens obtus" der *signifiance* gegenüber den Sinnebenen der *communication* und *signification* als Sinn-los: „il ne marque même pas un *ailleurs* du sens (un autre contenu, ajouté au sens obvie), mais le déjoue — subvertit non le contenu mais la pratique tout entière du sens." Barthes, Roland, „Le troisième sens", in: L'obvie et l'obtus (Essais critiques III), Paris 1982, S.56.

kodierte *studium* bespricht er die Verbindung von Fotografie und Theater, die sich über die Entstellung und die szenische Pose im Tod spiegelt, und geht auf die Interessen, Effekte und Motive ein, die der *operator* mit seiner Fotografie verfolgt: Schock, Überraschung, Maske, Verlangen, Suggestion. Die daraus meist hervorgehende „photographie unaire" (S.69) muß vom *punctum*, einem für die Komposition zweckfreien und noch unkodierten Detail, durchkreuzt und erschüttert werden, um ein „supplément de vue" (S.74) zu generieren. Sichtbarkeit und Unsichtbarkeit im Zusammenspiel mit der Imagination des Betrachters sind Thema von *Las babas del diablo* und der Antonioni-Verfilmung *Blow up*, die im Anschluß analysiert wird.

Die so umrissene magische Qualität der Fotografie ist auch das „Optisch-Unbewußte" einer „andere(n) Natur, welche zur Kamera als welche zum Auge spricht"[68], die Benjamin in seiner *Kleinen Geschichte der Fotografie* betont. Dieser Text spukt namenlos durch die *Helle Kammer* und beschäftigt sich in zeitlich geringerer Distanz zum Aufkommen der industriellen Fotografie mit ihrem der reinen Technik entgegengesetzten, künstlerischen „Neuem und Sonderbarem", mit dem, „was nicht zum Schweigen zu bringen ist" (S.370). Auch Benjamin sucht

> das winzige Fünkchen Zufall, (...), mit dem die Wirklichkeit den Bildcharakter gleichsam durchsengt hat, die unscheinbare Stelle (...), in welcher, im Sosein jener längstvergangenen Minute das Künftige noch heut und so beredt nistet, daß wir, rückblickend, es entdecken können. (S.371)

Diesen Faden spinnt Barthes weiter. Das Anwesend/Abwesende, Sichtbar/Unsichtbare des *punctum* überwältigt den *spectator* durch metonymische Expansion und räumliche Explosion – Vergleiche zu *satori* und Haiku drängen sich Barthes als Japanreisender und -kenner zwangsläufig auf. Das *punctum* ist die Revolution der Fotografie: Bruch, Dissonanz, Unberechenbarkeit. Es überlistet den im *studium* verharrenden Betrachter.

Im zweiten Teil des Buches schließt Barthes seiner Reflexion über eine – für die Leser bezeichnenderweise unsichtbare – Wintergarten-Fotografie seiner verstorbenen Mutter eine Phänomenologie der Fotografie an. Er spaltet das *punctum* in zwei Ebenen auf. Die Erfahrung des „avoir- été-là"[69] wird als temporales *punctum* im Verlauf der Argumentation zum unveränderlichen *noema* (Sinngehalt) der Fotografie und weist zurück auf die unbewegte Pose:

---

[68] Benjamin, Walter: „Kleine Geschichte der Photographie", Gesammelte Schriften II, Band 1, Frankfurt 1977, S.371.

[69] Vgl. auch Barthes' frühe, strukturalisitsch geprägte Annäherung an die Fotografie, in der dieses Motiv schon entwickelt wird. Das Bewußtsein des „*l'avoir-été-là*" wird als „*conjonction illogique entre l'ici et l'autrefois*" zur „*irréalité réelle de la photographie*" und der kinetischen, magischeren „*conscience fictionelle*" eines filmischen „*être-là*" gegenübergestellt: Barthes, Roland, „Rhétorique de l'image", in: L'obvie et l'obtus, a.a.O., S.35f. Vgl. ebenfalls Sontag, Susan, „In Platos Höhle", a.a.O., S.21: „Jede Fotografie ist eine Art *memento mori*."

sie zeigt über ihre notwendig temporale Verdichtung und Verstellung der Wirklichkeitsebenen das Leben des Toten und gleichzeitig den Tod des Lebendigen. Diesen Sinngehalt der Fotografie bindet Barthes nun zurück an ihre Entstehungszeit und gibt ihr Geschichte:

> On dit souvent que ce sont les peintres qui ont inventé la Photographie (en lui transmettant le cadrage, la perspective albertinienne el l'optique de la camera obscura). Je dis: non, ce sont les chimistes. Car le noème ‚Ça a été' n'a été possible que du jour où une circonstance scientifique (la découverte de la sensibilité à la lumière des halogéneurs d'argent) a permis de capter et d'imprimer directement les rayons lumineux émis par un objet diversement éclairé. La photo est littéralement une émanation du référent. (S.126)[70]

Das Foto ist im 19. Jahrhundert ein aus Licht über das kostbare Silber hervorgebrachtes Bild. Ganz im Geist Benjamins wird die Fotografie schließlich zur magischen „émanation du réel passé" (S.138), die als temporale Verschränkung zur Katastrophe des Kommenden werden kann, „qui a déjà eu lieu." (S.150).[71] Die Fotografie ist bei Barthes ein Medium der Halluzination: Täuschung der Wahrnehmung im Suggerieren abwesender Präsenz, Ausdruck von Wahrheit in bezug auf die Zeit: „image folle, frottée de réel." (S.177)

Die zwei Ebenen klaffen auseinander: stechend/bestechender Blitz hinein in den monotonen Gleichklang des *studium* und temporaler Ausdruck der Unveränderlichkeit, der die momentane Wahrnehmung täuscht. Vereint im *punctum* sind dies die beiden Listen der Fotografie, die dem aufmerksamen *spectator* nicht entgehen. Aus diesem Blickwinkel erklärt sich die historische Signifikanz der Fotografie gegenüber dem Film: „C'est l'avènement de la Photographie – et non, comme on l'a dit, celui du cinéma, qui partage l'histoire du monde." (S.136) Diese Beobachtung soll zu Flusser führen, der eine andere List der Fotografie aufzeigt.

2. Flusser
Gegen das „Dasein von Robotern" im apparativen Fotouniversum setzt Flusser eine Kulturkritik, die sich zur Aufgabe macht, die

> Umstrukturierung des Erlebens, Erkennens, Wertens und Handelns in ein Mosaik von klaren und distinkten Elementen aus jedem einzelnen Kulturphänomen herauszuanalysieren. Unter einer derartigen Kulturkritik wird sich die

---

[70] Cortázar liest Barthes' *Chambre claire* und kommentiert diese Textstelle mit einem Ausdruck der Begeisterung (vgl. Vorwort). Ihn fasziniert und irritiert das alchimistische Wesen der Fotografie, wie es Barthes in der „imago lucis opera expressa" (S.127) wiederfindet.

[71] Vgl. zur metaphorischen Vereinnahmung der „un-zeitgemäßen" Photographie im Spannungsfeld von Zeit, Tod, Technik und Psychoanalyse: Wetzel, Michael, „Die Zeit der Entwicklung. Photographie als Spurensicherung und Metapher", in: Tholen/Scholl (Hg.), Zeit-Zeichen, a.a.O., S.265-280.

Erfindung der Fotografie als jener Zeitpunkt erweisen, von dem ab alle Kulturphänomene beginnen, die lineare Struktur des Gleitens durch die Stakkatostruktur des programmierten Kombinierens zu ersetzen.[72]

Die mit dieser Kritik der kybernetischen Programme verbundene Definitionswut Flussers macht den Text kaum außerhalb seiner Begrifflichkeit lesbar. Der Blickwinkel eines ästhetisch-narzißtischen *spectator* wird zugunsten einer kulturkritisch-informationstheoretischen Beobachterperspektive aufgegeben: Flussers Suche nach Kategorien einer dem technischen Zeitalter angemessenen Kulturkritik kreist um die Begriffe Bild, Apparat, Information, Programm, Simulation und Funktion. Der Fotoapparat und seine Nachfolger symbolisieren ein kalkulatorisches Denken, dessen kombinatorische Leistung sie in unendlich vielen Programmen simulieren und mit ihnen Informationen generieren.

Bei Flusser geht es um Freiheit, nicht um Tod. Im angehängten Begriffslexikon, aus dem im folgenden bei Begriffsbestimmungen zitiert wird, werden die ersten drei der vier Konstituenten der Fotografie in den für Flusser relevanten Kontext gestellt:

Fotograf: ein Mensch, der sich bemüht, die im Programm des Fotoapparats nicht vorgesehenen Informationen ins Bild zu setzen
Apparat: ein das Denken simulierendes Spielzeug
Fotografie: ein von Apparaten erzeugtes und distribuiertes, flugblattartiges Bild.

Vier in diesen Definitionen verwendete Begriffe werden wiederum definiert:

Programm: ein Kombinationsspiel mit klaren und distinkten Elementen
Information: eine unwahrscheinliche Kombination von Elementen
Spiel: eine Tätigkeit, die Selbstzweck ist
Bild: eine bedeutende Fläche, auf der sich die Bildelemente magisch zueinander verhalten.

Die Rolle des Betrachters von Fotografien kommt letztlich allen Menschen zu, auch den Fotografen. Ihre Daseinsweise wird im Verhältnis zu den genannten Begriffen zunächst als die des Funktionärs bestimmt: „ein mit Apparaten spielender und in Funktion der Apparate handelnder Mensch."

Flusser diagnostiziert im Zeitalter der technischen Bilder zum einen allgegenwärtige Idolatrie und zum anderen ein Vergessen auf seiten der „Funktionäre":

Der Mensch vergißt, daß er es war, der die Bilder erzeugte, um sich an ihnen in der Welt zu orientieren. Er kann sie nicht mehr entziffern und lebt von nun ab in Funktion seiner eigenen Bilder: Imagination („die spezifische Fähigkeit, Bilder herzustellen und zu entziffern") ist in Halluzination umgeschlagen. (S.10)

---

[72] Flusser, Für eine Philosophie der Fotografie, a.a.O., S.67.

Orientierung, Kodierung und Entzifferung (in) der Welt – das sind die Schlüsselbegriffe der Flusserschen Phänomenologie. Im jahrtausendealten Text/Bild-Konflikt setzt er das Denken in Bildern mit dem magischen Denken gleich und hält ihm in dialektischer Bewegung das begriffliche, textbezogene Denken entgegen. Das historisch-lineare Denken führte im Laufe der Jahrhunderte zur Textolatrie und im 19. Jahrhundert zum Ende der Geschichte:

> Geschichte, im genauen Sinn, ist ein fortschreitendes Transcodieren von Bildern in Begriffe, eine fortschreitende Erklärung von Vorstellungen, ein fortschreitendes Ent-magisieren, ein fortschreitendes Begreifen. Werden Texte jedoch unvorstellbar, dann gibt es nichts mehr zu erklären, und die Geschichte ist am Ende. (S.12)

Am Ende der Geschichte verortet Flusser die Erfindung der technischen Bilder als Krisenbewältigungsphänomen, das jedoch in die neue Magie des Programms umgeschlagen ist. Wie für Barthes ist auch für Flusser „die Objektivität der technischen Bilder eine Täuschung" (S.14). Was aber bei Barthes in der Nachfolge von Benjamin im fotografischen *punctum* als alchimistische „Emanation des vergangenen Wirklichen" erscheint und zum philosophisch-ästhetischen Sinngehalt der Fotografie stilisiert wird, ist in Flussers kulturkritischem Kontext eine Magie zweiten Grades: Der vorgeschichtlichen „Ritualisierung von Mythos genannten Modellen" steht im nachgeschichtlichen technischen Zeitalter die „Ritualisierung von Programm genannten Modellen" (S.16) gegenüber. Halluzinationen, bei Barthes die Möglichkeit magischer Welterfahrung, sind als orientierungslose Ein-Bildungen in Flussers Bilder-Welt fehl am Platz. Der Fotografie kommt somit eine ambivalente Funktion zu. Sie ist Auslöser und Wegbereiter sowohl des Kampfes der Bilder gegen die Textolatrie und den Verlust der Geschichte als auch des nachgeschichtlichen Orientierungsverlustes in der technischen Bilderwelt.

Jagen, Stellen, Überraschen, Schießen, Töten konstituieren auch bei Flusser das Dispositiv der Geste des Fotografierens: „Es ist die uralte pirschende Geste des paläolithischen Jägers in der Tundra. Nur verfolgt der Fotograf sein Wild nicht im offenen Grasland, sondern im Dickicht der Kulturobjekte." (S.31)[73] Im Gegensatz zu Barthes' vom Standpunkt des Betrachteten aus formulierten, ambivalent-erotischen Konnotationen im Verhältnis Fotograf-Apparat akzentuiert Flusser als Beobachter der technischen Apparaturen die gegenseitige funktionelle Abhängigkeit: „In der Fotogeste tut der Apparat, was der Fotograf will, und der Fotograf muß wollen, was der Apparat kann." (S.33) Diese Konstellation – später wird Flusser vom „Resultat

---

[73] Vgl. zum räuberischen und tötenden Aspekt der Fotografie und seiner Konsequenz auch Sontag: „Wie Schußwaffen und Autos sind auch Kameras Wunsch-Maschinen, deren Benutzung süchtig macht." („In Platos Höhle", a.a.O., S.20)

zugleich der Zusammenarbeit wie des Kampfes zwischen Apparat und Fotograf" (S.43) sprechen – hat Konsequenzen für die Jagd nach Informationen, also nach unwahrscheinlichen Sachverhalten im Flusserschen Sinne, denn „die Wahl des aufzunehmenden Objekts (ist) frei, aber sie ist eine Funktion des Programms des Apparats." (ebd.) Flusser stellt angesichts der technischen Geste in der Fotografie die Frage der Freiheit.[74] In der sprunghaften, polyperspektivischen Suche nach immer neuen Informationen anstatt von Bedeutungen – für diesen Typus des Fotografen wird Thomas in *Blow up* stehen –, ist die archaisch motivierte Fotogeste „die des phänomenologischen Zweifels" (S.35), der unter apparativen Bedingungen sowohl ideologiefeindlich als auch immer schon programmiert erscheint. An diesem Punkt wird die Zweischneidigkeit der Flusserschen Argumentation offensichtlich: In der bedingungslosen Akzeptanz des kybernetisch-funktionalen Weltgefüges bewegt sie sich zwischen den Polen einer dialektisch-regressiven Ablehnung und der Chance einer spielerischen Freiheit im Überlisten der Apparate.

Wie Barthes aus ästhetischer Perspektive optiert Flusser für die Schwarz-Weiß-Fotografie als „Magie des theoretischen Denkens", die „den theoretischen linearen Diskurs in Flächen" (S.40) verwandelt. Entstanden aus der Notwendigkeit einer bildhaften Umsetzung begrifflicher Diskurse, täuscht die Farb-Fotografie im technischen Zeitalter reine Bildhaftigkeit vor. Es geht Flusser darum, diese Täuschung zu entziffern und „offenzulegen, daß es sich bei der Fotografie um einen Symbolkomplex von abstrakten Begriffen, um zu symbolischen Sachverhalten umcodierte Diskurse handelt." (S.41)[75] Über die Entlarvung der Verstellung des begrifflichen Ursprungs im technischen Bild soll demnach der Textcode restituiert werden. In den Fotodistributionsapparaten, sprich den Medien und ihren Machtmechanismen, sieht Flusser den Austragungsort des Kampfes zwischen Fotograf und Kanal. Fotografien werden innerhalb des Mediensystems der funktionierenden Informationsgesellschaft zu ihrer letzten Bedeutung codiert:

> Die Fotos unterdrücken unser kritisches Bewußtsein, um uns die stupide Absurdität des Funktionierens vergessen zu machen, und erst dank dieser Verdrängung wird Funktionieren überhaupt erst möglich. So bilden die Fotos einen magischen Zirkel, der uns in Form des fotografischen Universums umzingelt. Diesen Zirkel gilt es zu brechen. (S.58)

---

[74] Sontag verweist allerdings auch auf die Fotografie als Aufschreibesystem: sie fungiert in der modernen Gesellschaft als Beweismaterial, Kontrollinstanz und Mittel zur Rechtfertigung. Vgl. ebd., S.11 und „Die Bilderwelt", a.a.O., S.149. Zur juristischen Erfassung der Fotografie zwischen Kunst und Technik auch Plumpe, Der tote Blick, a.a.O., S.53ff.

[75] Auch Deleuze strebt in seinen Kino-Büchern eine „Grammatologie" des Sehens an. Doch löst sie sich im Gegensatz zu Flusser von semiotischen Paradigmen und entdeckt das Kinematografische als eigen-artigen, visuellen Wahrnehmungsmodus, den es philosophisch erst noch zu bestimmen gilt: Deleuze, Gilles, Cinéma I, L'Image-mouvement, Paris 1983, S.27ff.

Die Herausforderung ist an Kulturkritiker und Fotografen gleichermaßen gerichtet.[76] Der Kampf um die „sture, absichtslose, funktionelle Automatizität" (S. 67) der Apparate wird auf den Ebenen des Bildes und des Wortes geführt. Der Fotograf kann der „visuelle(n) Umweltverschmutzung" (S.60)[77] begegnen: „Die informativen Fotos der bewußt gegen das Programm spielenden Fotografen bedeuten Durchbrüche durch das Fotouniversum – und sind im Programm nicht vorgesehen." (S.63) Und der Kulturkritiker befragt in einer Philosophie der Fotografie „ihre Praxis auf der Suche nach Freiheit" (S.72), die im Zeitalter der technischen Bilder ihren Ausdruck im listigen Spiel – das nach Flusser jedoch nur noch Selbstzweck ist – gegen den Apparat erfährt.

3. Die namenlose Fotografie

Wo steht die Fotografie? Sie wird philosophisch doppelt in Anspruch genommen: vom Tod (Barthes) und von der Freiheit (Flusser). Koinzidenzen und Differenzen in den beiden Texten ergeben Doubletten, die der Fotografie ihre List zurückgeben. Beide Autoren betonen die Potentialität der Fotografie als Freiheit (Möglichkeit) und Tod (Gefahr). Es kommt zum Chiasmus: Die Freiheit im Tod ist das *punctum*, der Tod in der Freiheit ist das Programm.

Barthes erschließt sich die Freiheit als *spectator* des Todes. Erst die Pose des Todes vor der Kamera und der Anblick des Todes auf dem Bild reißt ihn aus der Monotonie des *studium*. Das Ereignis des *punctum* gibt dem Leben/dem Tod die Magie zurück.[78] Barthes eröffnet individuelle Freiheiten im *punctum* der halluzinatorischen, abenteuerlichen Fotografie, die die Gefahr des Todes in ihrer ambivalenten Fähigkeit zur Täuschung, ihrer Hochstapelei, relativiert.[79] Die Gefahr der Fotografie – und damit aller apparativen

---

[76] Vgl. auch hier wieder Sontag, „Die Bilderwelt", a.a.O., S.150: Die Technik hat „die Fotografie zu einem unvergleichlichen Werkzeug zur Entschlüsselung, Voraussage und Beeinflussung von Verhaltensweisen gemacht."

[77] Virilio, Paul, „Das Privileg des Auges", in: Dubost, Jean-Pierre (Hrg.): Bildstörung, Gedanken zu einer Ethik der Wahrnehmung, Leipzig 1994. In seiner Analyse zur „Überbelichtung des Sichtbaren" sieht Virilio eine neuzeitliche „Wahrnehmungsstörung": „Da die Abfolge optischer Eindrücke nunmehr unaufhörlich weitergeht, wird es schwer, ja sogar unmöglich, an die Stabilität des Realen zu glauben, an die Möglichkeit, das unablässig entschwindende Sichtbare festzuhalten." (S.57) Dabei sieht Virilio die größte Gefahr in der intraokularen „Motorisierung der Sichtweise" (S.60), die den „Augapfel zunehmend zum bevorzugten Gegenstand der militärindustriellen Entwicklung" (S.67) werden läßt. Diese Bemerkungen entsprechen Virilios Ästhetik des Verschwindens und des leeren Blicks, die sich in seinen Werken manifestiert.

[78] Vgl. zur gespenstischen, kontrapunktisch organisierten *punctum/studium*-Opposition im Verhältnis zum Tod (Barthes') den Text Derridas „Les morts de Roland Barthes" in der Barthes gewidmeten Ausgabe von *Poétique 47*, Paris 1981.

[79] Auf einer Linie mit einigen Thesen aus Barthes' Photographie-Buch sieht Mitchell innerhalb seiner intermedial angelegten und auf Panofsky aufbauenden „iconology" die politisch und ethnographisch motivierten „photographic essays" von Malek Alloula

Dispositive technischer Bilder – liegt für Flusser in der Orientierungslosigkeit des Bilderstroms, im Verlust von Imagination in Halluzinationen und im Vergessen des Ursprungs der Bilder im begrifflichen Denken; Phänomene, die letztlich zum automatisierten Dasein von funktionierenden Robotern führen, zum Tod des Menschen als Programm. Flusser sieht im Ausspielen des apparativen Programms die Freiheit des Fotografen und des Kulturkritikers. Sein Schema ist offensichtlich: was der Fotograf auf der Jagd nach unwahrscheinlichen Sachverhalten gegen die Wahrscheinlichkeit des Todes (Entropie) bildlich informiert, führt der Kritiker in den begrifflichen Code zurück. Der Blick auf die Masse der Menschen als Funktionäre bleibt im Hinblick auf deren Möglichkeit zur Freiheit letztlich unerbittlich.

Die Gesten des Aufklärers und die des Magiers begegnen sich in den beiden Texten. Begriffliches gegen bildliches Denken – ein von Flusser geborgter Gegensatz, der jedoch in den Werken beider Denker austauschbar ist. Es sind Doubletten wesentlicher Gesten des Denkens: der eine will kodieren, entziffern und orientieren, der andere will entdecken, öffnen und erstaunen. Und beide wollen Freiheit gegen den Tod im NAMEN der Fotografie. Doch die Listen der Fotografie bleiben am Ende namenlos: „Denn obschon die Fotografie den alten, magischen Vorsatz, ‚sich ein Bild zu machen', reaktiviert und technisch plausibel werden läßt, die fotografische Reproduktion bringt in ihrer Allgegenwart und Unbegrenztheit auch etwas Fundamentales ins Wanken: die Realität des Gegenstandes."[80]

(L'Harem colonial, 1981) und Said, Edward/Mohr, Jean (After the Last Sky, 1986). Als „mixed, hybrid discourse" an den „crossroads between modernism and postmodernism" nutzen diese „imagetexts" die Inkommensurabilität von Text/Bild-Bezügen zu neuen geopolitischen Sicht-Weisen. Vgl. Mitchell, W.J.T., Picture Theory, a.a.O., S.321f.
[80] Busch, Belichtete Welt, a.a.O., S.264.

Abb.6: René Magritte, Les idées claires, 1958 © VG Bild-Kunst, Bonn 1998

3.2.2. Las babas del diablo[81]

Die Erzählproblematik und zwei Maschinen stehen am Anfang der Geschichte, die 1959 im Band *Las armas secretas* erschienen ist: die Contax-Kamera und die Remington-Schreibmaschine.[82] Mit beiden Apparaten umgibt sich der Übersetzer und Fotograf Roberto Michel, der zunächst als Erzähler-Gespenst auftritt:

> Uno de todos nosotros tiene que escribir, si es que todo esto va a ser contado. Mejor que sea yo que estoy muerto, que estoy menos comprometido que el resto; (...), yo que estoy muerto (y vivo, no se trata de engañar a nadie, ya se verá cuando llegue el momento (...)) (S.214)

Der Erzähler ist gleichzeitig „muerto y vivo", ein *fantasma* im Modus des Nicht/Seins. Die Narration oszilliert in ihrem weiteren Verlauf zwischen erster und dritter Person und löst damit eindeutige Erzähler-Instanzen auf. Mit labyrinthischen – in erster Linie fragmentarischen und widersprüchlichen – Diskursstrategien entblößt Cortázar den Schreibakt und macht identifikatorische Zuweisungen von Autor, Erzähler und Figuren unmöglich. Schon in *Los reyes* ist die Wahl des Labyrinth-Motivs mit seinen tragenden Mythologemen und deren Figuren – Minotauros, Theseus, Ariadne, Dädalus – nicht zufällig. Als kultur- und kunstgeschichtliches Ur-Bild bietet es einen breiten Spielraum für De/Konstruktionen, Um- und Neudeutungen abendländischer Mythologien, die sich von ihm ableiten lassen oder in die es hineinspielt. Von einer rituellen Initiations- und Bewegungsfigur fand das Labyrinth über architektonische, graphische und figürliche Varianten seinen Weg in den Text, wo es als Figur dekonstruktiver Schreibstrategien fungiert.[83] Mythologische Motive demonstrieren außerdem in mehreren Erzählungen die literarische Spielfreude, mit der Cortázar europäische und lateinamerikanische

---

[81] In einer avancierteren Cortázar-Kritik der achtziger Jahre wird der in seiner komplexen Medienproblematik verblüffende Text als „juego semántico" in einer „búsqueda epistemológica" (Volek, Emil: „Las babas del diablo, la narración policial y el relato conjetural borgieno: Esquizofrenia y creación literaria") bezeichnet oder als „traza de la diferencia" (Gutiérrez Mouat, Ricardo: „Las babas del diablo: Exorcismo, traducción, voyeurismo") in die intertextuelle Welt der unendlichen Verweise eingefügt. Beide Aufsätze finden sich in: Burgos, Fernando (Hg.), Los ochenta mundos de Cortázar: Ensayos, Madrid 1987. In der vorliegenden Analyse wird das Augenmerk auf mediale und intermediale Wahrnehmungs-Konstellationen der Erzählung gerichtet.

[82] Terramorsi, a.a.O., S.163, betont ebenfalls die apparative Anordnung der Erzählung und liest sie daraufhin mit Barthes' *Chambre claire*: „L'appareil photographique et la machine à écrire masquent par un appareillage disparate une réalité douloureusement indescriptible. (...) le *punctum* de l'iconographie fantastique, c'est précisément ce qui point le narrateur-photographe, ce qui le pique au vif et le met hors de lui."

[83] Vgl. dazu: Schmeling, Manfred, Der labyrinthische Diskurs: Vom Mythos zum Erzählmythos, Frankfurt 1987. Zum Labyrinth und seiner Verschiebung als kulturgeschichtliches Paradigma auch: Hocke, Gustav René, Die Welt als Labyrinth. Manier und Manie in der europäischen Kunst, Hamburg 1957; Kern, Hermann, Labyrinthe. Erscheinungsformen und Deutungen. 5000 Jahre Gegenwart eines Urbildes, München 1982.

Mythen variiert.[84] *Las babas del diablo* gehört neben *Ahí, pero dónde, cómo* (Octaedro), *La barca o Nueva visita a Venecia* (Alguien que anda por ahí) und *Diario para un cuento* (Deshoras) zu den Texten, die explizit die Mythen des Erzählens dekonstruieren. In seiner Ich-Spaltung wird das Erzählen entpersonalisiert und ist in paradoxer Manier gleichzeitig an „subjektive" Wahrnehmung gebunden: „nadie sabe bien quién es el que verdaderamente está contando, si soy yo o eso que ha ocurrido, o lo que estoy viendo (nubes, y a veces una paloma) o si sencillamente cuento una verdad que es solamente mi verdad" (S.215) Das konstruierte Erzähler-Ich und Erzählung fallen somit zusammen und bilden in der fragmentarischen Struktur der Kurzgeschichte schließlich einen visuellen Wahrnehmungskomplex, den Cortázar im „deber de estar atento" (S.216) des Fotografen näher umschreibt:

> Michel sabía que el fotógrafo opera siempre como una permutación de su manera personal de ver el mundo por otra que la cámara le impone insidiosa (ahora pasa una gran nube casi negra), pero no desconfiaba, sabedor de que le bastaba salir sin la Contax para recuperar el tono distraído, la visión sin encuadre, la luz sin diafragma ni 1/250. (ebd.)

Die „permutación" des Fotografen verweist auf die funktionelle Abhängigkeit zwischen Fotograf und Kamera. Das fotografische, heimtückische Sehen wird dem rahmenlosen, nicht kalkulierten Sehen gegenübergestellt. Der Fotograf muß beide Sehweisen beherrschen. Im Verlauf der Geschichte wird sich jedoch herausstellen, daß beide visuellen Wahrnehmungsweisen – wie auch in *Apocalipsis* – gleichermaßen unberechenbar sind. In der Geschichte, die am Quai de Bourbon mit einer Frau und einem Jungen langsam Formen annimmt, geht es von nun an um das Sehen und seine Konsequenzen für die Denk- und Imaginationsprozesse des Fotografen.

Der Flaneur Michel streift durch Paris und ist ein mit der Kamera bewaffneter Wiedergänger der topographischen Stadt-Helden, die schon bei Baudelaire, Lautréamont, Aragon und Breton auf rauschsüchtige bzw. surrealistische Entdeckungsreise gehen. Er beobachtet das ungleiche Paar und beginnt, aus seiner Beobachtung Schlüsse zu ziehen und eine Geschichte zu imaginieren. Die Geschichte beruht demnach auf seiner Fähigkeit zu *sehen*:

> Creo que sé mirar, si es que algo sé, y que todo mirar rezuma falsedad, porque es lo que nos arroja más afuera de nosotros mismos, sin la menor garantía, en tanto que oler, o (pero Michel se bifurca fácilmente, no hay que dejarlo que declame a gusto). De todas maneras, si de antemano se prevé la probable falsedad, mirar se vuelve posible; basta quizá elegir bien entre el mirar y lo mirado, desnudar a las cosas de tanta ropa ajena. (S.217)

Michels Redefluß unterbricht eine nicht zu identifizierende Instanz genau dort, wo es um eine unmittelbarere Erfahrung durch andere Sinneswahrneh-

---

[84] Vgl. besonders *Circe* (Bestiario), *Las Ménades*, *El ídolo de las cícladas* und *La noche boca arriba* (Final del juego).

mungen — „oler, o ..."" — gehen sollte. Die von einer „wahrnehmungs-imperialistischen" Stimme eingefügte Unterbrechung verweist auf die Visualität als das im Abendland seit der Renaissance dominante Wahrnehmungsdispositiv.[85] Doch das Gesehene wird zusehends unentzifferbar und trügerisch. Der Mensch verliert sich in seinen bildlichen Halluzinationen.[86] Auch im Sinne Michels wird Sehen erst möglich, wenn man die wahrscheinliche Täuschung im Visuellen vorher-sieht. Doch ist nicht nur die visuelle Wahrnehmung trügerisch. Cortázar inszeniert die textuelle *mise-en-abîme*. Der Einspruch in der Klammer kann keiner Instanz zugeordnet werden. *Wer spricht hier? Von wo? Und wann?* Das sind Fragen, die ein Leitmotiv der Geschichte darstellen und mit den Wechseln der Erzählinstanzen auf die Abgründigkeit des Textes verweisen. Der Text geht ein Bündnis mit dem Trügerischen der Bilder ein. Nur die insistierende Präsenz der Wolken markiert den beruhigenden Ort eines Außerhalb der Erzählung. Die Wolken, die im Verlauf der Geschichte siebenmal in Klammern auftreten, sind am Ende – diesmal klammerfrei – im Fensterrahmen mit Himmel und Vögeln das einzige, was von der Geschichte bleibt.[87] Diese verliert sich in den Imaginationen des von seinen Bildern gefangenen Fotografen, dessen Spekulationen die Erzählung weiterführen.

Aus der sich ihm präsentierenden Szene leitet er zunächst eine generalisierende Charakterisierung des Jungen ab – „Esta biografía era la del chico y la de cualquier chico" (S.218) – und imaginiert daraufhin sowohl das Vorhergegangene als auch das Folgende des Gesehenen als eine Verführungsgeschichte, in der eine Frau einen Jungen sexuell initiieren bzw. mißbrauchen will. Die innerhalb/außerhalb bleibende Erzählinstanz entlarvt Michels Spekulationen als bloße Gedankenspiele und ihn selbst als einen mit der Kamera jagenden, perversen *voyeur*: „Todo esto podía ocurrir, pero aún no ocurría, y perversamente Michel esperaba, sentado en el pretil, aprontando casi sin darse cuenta la cámara para sacar una foto pintoresca en un rincón de la isla

---

[85] Innerhalb der diskursiven „Instrumentalisierung der Sinnlichkeit" (Busch, Belichtete Welt, a.a.O., S.232) im 19. Jh. ist folgende Aussage von Max Petzval, dem Entdecker des ersten Objektivs für den Daguerreschen Apparat, aufschlußreich und für folgende Bewertungen maßgebend: „Das vorzüglichste und vollkommenste Sinneswerkzeug des Menschen ist das Auge" (zitiert bei: Baier, Geschichte, a.a.O., S.134), das dann lediglich um das technische Instrument verlängert wird.

[86] Vgl. neben den Ausführungen von Busch und Flusser ebenfalls die Arbeiten von Virilio und Baudrillard sowie die Überlegungen Sontags. Während Sontag ideologiekritisch argumentiert und der Fotografie in ihrer Ästhetisierung der Konsum-Welt als „Warenhaus" oder „Freiluftmuseum" die „Ideologie des Humanismus" unterstellt („Der Heroismus des Sehens", a.a.O., S.108), sieht Virilio vor allem in der Geschwindigkeit der Bilderfolge und ihrer macht- und informationspolitischen Konsequenzen — analog zu Baudrillards hyperrealen Endzeit-Szenarien — den Verlust menschlicher Möglichkeiten.

[87] Die Wolken verweisen auf Magrittes Lieblingsmotiv und lassen eine Krypto-Lektüre der Erzählung anhand einiger Figuren des belgischen Surrealisten nicht aussichtslos erscheinen, zumal dessen Reihe der *petrifications* im versteinerten Foto Michels seine Wiederholung finden wird.

con una pareja nada común hablando y mirándose." (S.218)[88] Doch ist sich Michel seiner imaginären Konstruktionen bewußt und (über)gibt der Fotografie die Macht der realistischen, wahrheitsgetreuen Darstellung: „Pensé que eso lo ponía yo, y que mi foto, si la sacaba, restituiría las cosas a su tonta verdad." (ebd.) Wenn er dann das Foto macht, unterwirft er sich im Sinne der „permutación" des Fotografen den technisch und kompositorisch relevanten Bedingungen der Kamera, die Flusser im funktionalen Zusammenspiel von Fotograf und Apparat situiert: „Con un diafragma dieciséis, con un encuadre donde no entrara el horrible auto negro, pero sí ese árbol, necesario para quebrar un espacio demasiado gris..." (S.219) Im Bildrahmen verschwindet das Auto des späteren Gegenspielers Michels von der Bildfläche des Suchers. Trotz der unvorhersehbaren Relevanz bildferner Elemente sucht Michel im gerahmten Ausschnitt nach der bestätigenden „gesto revelador, la expresión que todo lo resume, la vida que el movimiento acompasa pero que una imagen rígida destruye al seccionar el tiempo, si no elegimos la imperceptible fracción esencial." (ebd.) Bonitzer sieht im ironischen Spiel zwischen *cadrage* und *décadrage* eine Auflösung des in der Renaissance konstruierten perspektivischen „point de vue" zugunsten eines exzentrischen, perversen Blicks in Kino, Malerei und Fotografie: „Le décadrage est une perversion, qui met un point d'ironie sur la fonction du cinéma, de la peinture, voire de la photographie, comme formes d'exercice d'un droit de regard."[89] Cortázar inszeniert die *décadrage* als „multiplicateur, générateur d'agencements nouveaux"[90], die Bonitzer im kinematographischen Spektrum vor allem in den Filmen Godards ausmacht, literarisch und wendet sie gegen seinen Helden. Auf der Suche nach der „fracción esencial" des Bildausschnitts kalkuliert Michel die ihn bedrohende Gefahr nicht ein und imaginiert zunächst die möglichen Enden der Verführung in der Wohnung der Verführerin.

Die Erfindungsgabe Michels ist Thema des folgenden Einschubs, der die Literatur und das Erzählen mit ins Spiel bringt: „Michel es culpable de literatura, de fabricaciones irreales. Nada le gusta más que imaginar excepciones, individuos fuera de la especie, monstruos no siempre repugnantes." (S.220) Michels Vorlieben wiederholen Cortázars Affinität zu Carroll, Roussell und Jarry. Vor allem die Ausnahmen der von Jarry ins Leben gerufenen Pataphysik als Wissenschaft der imaginären Lösungen waren Cortázar vertraut. In *Del lado de allá* gibt er folgende Charakterisierung der Atmosphäre im Club: „Con la Maga hablábamos de patafísica hasta cansarnos, porque a ella también le ocurría (...) caer de continuo en las excepciones, verse metida en

---

[88] Vgl. auch Sontag, „In Platos Höhle", a.a.O., S.17.: „Das Fotografieren hat eine chronische voyeuristische Beziehung zur Welt geschaffen, die die Bedeutung aller Ereignisse einebnet."
[89] Bonitzer, Pascal, Décadrages, a.a.O., S.83.
[90] ebd., S.85.

casillas que no eran las de la gente, ..." (R, cap.1, S.127) Und auch in *Del lado de acá* findet man den pataphysischen Blick: „Por debajo de los temas de discusión circulaba siempre un aire patafísico, la triple coincidencia en una histriónica búsqueda de puntos de mira que excentraran al mirador o a lo mirado." (R, cap.40, S.384)[91] *Las babas del diablo* ist in den fünfziger Jahren entstanden und fällt in die Zeit der Cortázarschen Lektüre von Jarry, Roussel, Crevel und anderen Surrealisten. In dieser Zeit begann Cortázar ebenfalls mit den ersten Entwürfen zu *Rayuela*.

Michel – und mit ihm geht es wieder zurück zu seiner Geschichte – ist vor allem ein Fotograf, der – wie Cortázar in *Apocalipsis* – „Wirklichkeitsbilder" stiehlt:

> Metí todo en el visor (con el árbol, el pretil, el sol de las once) y tomé la foto. A tiempo para comprender que los dos se habían dado cuenta y que me estaban mirando, el chico sorprendido y como interrogante, pero ella irritada, resueltamente hostiles su cuerpo y su cara que se sabían robados, ignominiosamente presos en una pequeña imagen química. (S.220)

Doch im Gegensatz zur Passivität der gemalten Impressionen Solentinames, die sich erst über den fotochemischen Entwicklungsprozeß und im Nachhinein ihrer Projektion zu Bildern der Gewalt wandeln, rebelliert das Motiv Michels direkt im Anschluß an seine fotografische Geste. Mit ihr dringt er ins Geschehen ein und bewirkt eine Wendung im Handlungsablauf: die Frau fordert erbost den Film bei ihm ein, der Junge weicht hinter ihr zurück und flüchtet, der zuvor „dekadrierte" Mann aus dem Auto – von Michel als ein der Szene außenstehender Komplize wahrgenommen und abgetan – „jugaba un papel en la comedia" (ebd.) und läuft auf die Frau und Michel zu. Als kaleidoskopisches Zerrbild der Ausgangssituation entsteht „un perfecto triángulo insoportable" (S.221), aus dem Michel schließlich ausbricht und flüchtet.

Der letzte Teil der Geschichte spielt „en una habitación de un quinto piso." (ebd.) Es vergehen ein paar Tage, bis die Fotos entwickelt sind. Aus einem Negativ von der Frau und dem Jungen macht Michel eine Vergrößerung und hängt sie an die Wand. Erinnerung als „operación comparativa y melancólica" stößt auf eine „perdida realidad", das Foto wird zu einem „recuerdo petrificado, como toda foto" (ebd.), auf dem Michel das Gesicht der Frau wiederfindet. Hier zeigt Michel/Cortázar den ambivalenten, melancholischen

---

[91] In *Gestes et opinions du docteur Faustroll* (1898) schreibt Jarry zur Pataphysik: „Elle étudiera les lois qui régissent les exceptions." Diese und andere Passagen hat Cortázar in der Ausgabe seiner Pariser Bibliothek angestrichen und das Buch auf der letzten Seite „a caballo entre dos estéticas (simbolismo y surrealismo)" eingeordnet. Er zeigt auch hier seine Vorlieben für die französischen Literatur-Bewegungen um 1900 und läßt die Spielfreude durchblicken, mit der er deren ästhetische Prinzipien in seine Texte miteinbezieht. Vgl zu pataphysischen Elementen in *Rayuela*: Scheerer, Thomas, Virides Julii Candelae, Folia patafísica, Heft 3, Heidelberg 1983.

(Barthesschen) Blick auf die Fotografie, die den vergangenen Augenblick fest-stellt, in der Erinnerung jedoch nie wiederholen kann: „Das Erinnerte ist im fotografischen Bild bloß als mortifizierte Maske zugänglich – das Medium zeichnet die Zeit vom Tod her auf. Fotografie ist die Totenmaske des Augenblicks, die sich im Sinnverlangen und der Sehnsucht des Subjekts bruchstückhaft enthüllt."[92] Nach ein paar Tagen betrachtet er die Vergrößerung während einer Übersetzungsarbeit und vergegenwärtigt sich in trügerischer Aufnahme des positivistischen Topos der Gleichsetzung von Auge und Kamera, daß der Blick des menschlichen Auges bei der frontalen Betrachtung des Fotos die Einstellung und Ausrichtung des Objektivs exakt wiederholt. Doch wie schon Benjamin in Bezug zum Optisch-Unbewußten formulierte, nimmt das Auge die von der Kamera aufgenommene Szene anders wahr und kombiniert sie mit anderen Gedächtnisinhalten. Nachdem Michel seine Intervention am Quai de Bourbon mit leerer und zwanghaft wirkender Rettungsmoral zu rechtfertigen versucht hat – „Lo importante, lo verdaderamente importante era haber ayudado al chico a escapar a tiempo" (S.222) –, wird der Einbruch des fantastischen Elements in die Geschichte als Übergang vom stillstehenden, eingefrorenen Foto(gramm) zum bewegten Film-Bild inszeniert:

> Creo que el temblor casi furtivo de las hojas del árbol no me alarmó, que seguí una frase empezada y la terminé redonda. Las costumbres son como grandes herbarios, al fin y al cabo una ampliación de ochenta por sesenta se parece a una pantalla donde proyectan cine, donde en la punta de una isla una mujer habla con un chico y un árbol agita unas hojas secas sobre sus cabezas. (ebd.)

Cortázar konstruiert in *Las babas del diablo* den Übergang vom „recuerdo petrificado" des Fotos zum imaginären Film auf der „Leinwand" der Vergrößerung und präfiguriert literarisch, was er später poetologisch formuliert. In *Algunos aspectos del cuento* (1963) bringt Cortázar auf der einen Seite Fotografie und Kurzgeschichte, auf der anderen Film und Roman in Verbindung:

> la novela y el cuento se dejan comparar analógicamente con el cine y la fotografía, en la medida en que una película es en principio un ‚orden abierto', novelesco, mientras que una fotografía lograda presupone una ceñida limitación previa, impuesta en parte por el reducido campo que abarca la cámara y por la forma en que el fotógrafo utiliza estéticamente esa limitación. (Obra crítica/2, S.371)

Michels unter fotoästhetischen Gesichtspunkten aufgenommene Fotografie überschreitet die Grenzen ihres zeitlichen und räumlichen Wirklichkeitsausschnitts. Ihre Versteinerung löst sich in den plötzlich eintretenden Bewegungen des Abgelichteten auf. Das Fotografische wird durch die Imaginationen des Fotografen kinematografisch. Nach den Blättern bewegen sich die Hände

---

[92] Busch, Belichtete Welt, a.a.O., S.380.

der Frau, die sich auf den sich duckenden Jungen zubewegen. Sie spricht mit ihm, streichelt seine Wange. Schließlich betritt der Mann aus dem Auto die Bühne, der sich zwar nicht im Fotoausschnitt befindet, sich jetzt jedoch im Filmauschnitt problemlos einfügen läßt: „descartado en la fotografía pero reflejándose en los ojos del chico y (cómo dudarlo ahora) en las palabras de la mujer" (S.223) Er geht auf die beiden anderen zu, und das imaginäre Ereignis der Verführung, das Michel an der Seine durch seine fotografische Intervention verhinderte, soll nun in seiner filmischen Version stattfinden: „ahora se iba a cumplir". Michel steht dem Geschehen auf dem Bild/der Leinwand – „el orden se invertía, ellos estaban vivos" – hilflos gegenüber. Er wird als „lente de mi cámara, algo rígido, incapaz de intervención" (ebd.) zum Gefangenen (in) seiner eigenen Kamera und gleichzeitig seiner Imagination, die das Bild erst in Bewegung gesetzt hat. Doch die „permutación" des Fotografen wird hier zur Metamorphose: Michel verwandelt sich in seine Kamera und startet eine neue Offensive: „y entonces giré un poco, quiero decir que la cámara giró un poco, y sin perder de vista a la mujer empezó a acercarse al hombre..." (S.224) Damit imaginiert Michel/die Kamera eine zweite Rettungsaktion, und der Junge kann erneut flüchten, als ein Vogel vor dem Bild vorbeifliegt und die Szene unsichtbar macht. Die Doppel-Existenz Michels als Mensch und Kamera wird auch nach der Flucht des Jungen weiter aufrechterhalten. Am Ende geht der Mann aus dem Auto mit seinen Händen auf den Vordergrund und schließlich die Kamera zu: „y después todo él un bulto que borraba la isla, el árbol, y yo cerré los ojos y no quise mirar más, y me tapé la cara y rompí a llorar como un idiota." (ebd.) Die unberechenbaren Gesten des Akteurs vor der Kamera veranlassen Michel, die Augen zu schließen. Wenn er sie wieder öffnet, sieht er durch das Fenster nur noch das friedliche Bild mit Wolken, Himmel, Tauben und Spatzen. Die alptraumartige Szenerie löst sich in den surrealistischen Wolken Magrittes auf[93], die das Vexierbild zur exorzierten Grausamkeit – „escribir es de alguna manera exorcisar, rechazar criaturas invasoras"[94] – darstellen.

---

[93] Vgl. zur Schlußfigur auch Gutiérrez Mouat, a.a.O. und zum literarischen Symbolwert der Wolken: Cortínez, Carlos: Ampliando una página de Cortázar, in: *Revista Iberoamericana 39*, 1973, S.669. Ein Text Sontags — „Objekte der Melancholie", a.a.O., S.53 — weist in diesem Kontext eine interessante Analogie zwischen Fotografie und Surrealismus auf: „Surrealismus liegt bereits in der Natur des fotografischen Unterfangens, in der Erzeugung eines Duplikats der Welt, einer Wirklichkeit zweiten Grades, die zwar enger begrenzt, aber dramatischer ist als jene, die wir mit den Augen sehen." Breton spricht in einem Essay zu Max Ernst in bezug auf die *écriture automatique* von „Gedankenfotografie" und gibt der Kamera den Status eines blinden Instrumentes zur Nachahmung der Erscheinungen, die malerischen und dichterischen Ausdrucksformen überlegen sei: vgl. Sontag, „Der Heroismus des Sehens", a.a.O., S.87f.

[94] „Del cuento breve y sus alrededores", in: ÚR I, S.66. Cortázar vergleicht die fantastischen Kurzgeschichten hier auch mit „productos neuróticos".

Imaginäre Kreuzungen

Wo kreuzen sich *Apocalipsis de Solentiname* und *Las babas del diablo*? Wo laufen die Geschichten auseinander? Beide Geschichten haben ihren Ausgangspunkt auf „Inseln". Die Île de la Cité und das idyllische Dorf Solentiname sind „surreale" Territorien. Beide Male verselbständigt sich ein durch die Fotokamera ausgelöster visueller Wahrnehmungsprozeß. Und in beiden Fällen wird der Fotograf als zentrale Figur der Geschichte Opfer seiner Bilder, und zwar derer, die er der Wirklichkeit als deren Ab-Bilder raubt und die sich in imaginäre Bilder verwandeln. Wirklichkeit und Imagination sind weder für Cortázar noch für Michel unterscheidbar. Der Fotografie ist als amimetische Wirklichkeitskonstruktion nicht zu trauen. Ihre Bilder sind vielmehr Wirklichkeitsspuren, die technisch bedingter Virtualität entspringen. Die fotografische Repräsentation, auf der in beiden Geschichten der Einbruch des Fantastischen gründet, erscheint als medialer Unberechenbarkeitsfaktor in der Wirklichkeitskonstruktion der Figuren. Als Emanationen des Gewesenen generieren sie im Kopf des Betrachters gespenstische Halluzinationen.

Während jedoch *Apocalipsis* die auf fotografischen Prozessen beruhende Wahrnehmungstäuschung mit der Gewaltproblematik Lateinamerikas verbindet und damit eine politische Dimension eröffnet, thematisiert *Las babas del diablo* in seiner wesentlich komplexeren Struktur den Prozeß und das Medium des Erzählens. In dieser Geschichte, deren Titel schon ambivalente Züge aufweist[95], spiegeln sich selbstreflexive Wechselwirkungen zwischen Literatur, Fotografie und Film in der Figur Michels als Übersetzer, Literat und Fotograf. Wahrnehmungsbedingte Verstehensakte werden im Sehen, Lesen und Schreiben der Hauptfigur problematisiert. Die fantastische „Täuschung" wird textuell im intermedialen Zwischenraum von Literatur, Fotografie und Film inszeniert. Michels Phantasie ist der Austragungsort der abgründigen Wirklichkeitskonstruktionen, in die auch der Text hineingezogen wird. Was er erzählt, verweist genausowenig auf sichtbare Wirklichkeit wie die imaginierten Bilder Michels. Wenn Antonioni ca. zehn Jahre später das Interstitium zwischen Imagination, Halluzination und Wirklichkeit in die filmische Darstellung transponiert, stellt er die Wechselwirkung von Fotografie und Film in den Vordergrund und schreibt mit seinen Mitteln das Thema der bildlichen Sichtbarkeit/Unsichtbarkeit weiter.

---

[95] „les fils de la vierge" bezeichnen auf französisch Morgentaufäden und generieren im Text mit der wörtlichen Übersetzung — „un hilo de la virgen" und mit der spanischen Übertragung — „las babas del diablo" (S.220) — sowohl positive (französische) als auch negative (spanische) Assoziationen.

3.2.3. *Blow up*

> *Als geschriebene Sprache der Wirklichkeit hat das Kino wahrscheinlich – das wird sich in den kommenden Jahren noch deutlicher zeigen – die gleiche revolutionäre Bedeutung, die die Erfindung der Schrift gehabt hat.*[96]

> *C'est entre les images que s'effectuent, de plus en plus, des passages, des contaminations, d'êtres et de régimes: parfois très nets, parfois difficiles à circonscrire et surtout à nommer.*[97]

1966 dreht Antonioni *Blow up* als ersten Film für MGM und fühlt sich von Cortázars *Las babas del diablo* inspiriert: im Vorspann erscheint ein Verweis auf die Kurzgeschichte des Argentiniers. Doch der Film scheint auf den ersten Blick – so wie die in *Apocalipsis* zitierte Kritik suggeriert – wenig mit Cortázars Geschichte zu tun zu haben.[98] Die *story* spielt an anderen Orten und in anderen Konstellationen. Das in Cortázars Erzählung nur als intertextuelle Chiffre funktionierende Paris der fünfziger Jahre wandelt sich bei Antonioni zum *swinging London* der Sechziger. Der Film ist Schau-Platz der englischen Mod- und Pop-Kultur mit ihrem Lebensgefühl aus grell-bunter Ästhetik, Drogen, Jazz und Rockmusik. Diese Kulturszenerie ist der Raum für die filmische Entfaltung der Problematik um Wahrnehmung, Identität und Täuschung, Fiktion und Wirklichkeit. Die geniale Symbiose hat *Blow up* zum Kultfilm und zum einzigen großen, kommerziellen Erfolg Antonionis gemacht, der auf den Filmfestspielen in Cannes 1967 die Goldene Palme erhielt. Der Film markiert einen Wendepunkt in Antonionis Schaffen. Die Konzentration auf emotionale Verstrickungen in den gespaltenen Figuren der Trilogie *L'Avventura* (1959), *La Notte* (1960) und *L'Eclisse* (1962) bis zu *Il deserto rosso* (1964) wird durch das Wahrnehmungsproblem eines Fotografen abgelöst. Wir begegnen in *Blow up* einem geradlinigen männlichen Helden, der scheinbar aktiv an der Gestaltung seiner Welt teilnimmt. Zweifelt der narzißtische Fotograf nicht ein einziges Mal an dem, was er tut, sind es die Kamera und Antonioni selbst, die uns diesen Helden als ambivalentes Produkt seiner Welt präsentieren. Die entscheidenden Fragen Antonionis bleiben damit auch in diesem Film erhalten: Wie kann der Film den Riß zwischen Wahrnehmung und Wirklichkeit zeigen? Wie ist das Verhältnis von subjektiver und objektiver Wirklichkeitsdarstellung im Spannungsfeld von Regisseur, Kamera, Film, Schauspieler und Zuschauer? Stehen in den vierzi-

---

[96] Pasolini, Pier Paolo, Ketzererfahrungen. Schriften zu Sprache, Literatur und Film, München/Wien 1979 (1972), S.225.
[97] Bellour, „La double hélice", a.a.O., S.37.
[98] Antonioni selbst reduziert seine Anleihen bei Cortázar auf das Entdecken eines Verbrechens durch eine fotografische Vergrößerung, vgl. in: Chatman, Seymour, Antonioni, or the surface of the world, Berkeley 1985, S.139.

ger und fünfziger Jahren in rätselhaften, fragmentarischen Film-Figuren zumeist existentialistische Motive im Vordergrund, gerät in den sechziger Jahren der Film als fiktionales Medium einer nicht abbildbaren, lediglich verschiedenartig wahrnehmbaren Wirklichkeit in den Blickpunkt.[99]

In seiner selbstreflexiven Geste zeigt *Blow up* das Verschwinden von Wirklichkeitsspuren im Geflecht von differierenden Virtualitäten: je größer der Wirklichkeitsausschnitt auf dem Foto, desto konturenloser wird seine Bedeutung. Sie verschwindet in der filmischen Figur. Der Film zeigt einen Zeitausschnitt von 24 Stunden im Leben des Fotografen Thomas (David Hemmings). Die wichtigsten und immer wiederkehrenden Drehorte sind sein Atelier und ein städtischer Park. Die Londoner Innenstadt wird meist während Thomas' Autofahrten gefilmt. Die Mod- und Pop-Szene wird neben den Modeaufnahmen im Studio auf einem Konzert der Yardbirds und der Drogenparty in einer Villa filmisch festgehalten. Anhand der signifikantesten Motive sollen die Figurenkonstellationen des Films nachgezeichnet werden.

a) Großstadt-Mosaik
Am Anfang des Films kontrastieren zwei mit abrupten Schnitten aneinandergereihte Parallelaktionen. In der einen Sequenzfolge fährt eine kostümierte Gaukler-Truppe mit einem Jeep durch die frühmorgendliche Innenstadt Londons, hält vor einem verlassenen Hochhaus, steigt aus und bringt mit ihrem lärmendem Umherlaufen Unruhe auf die Straßen und unter die Leute. In der anderen Sequenzfolge verläßt eine Gruppe von Obdachlosen ein von einem großen Zaun umgebenes Gelände. Ein junger Mann bleibt nach einem kurzen Gespräch mit älteren Obdachlosen allein an einer Straßenecke zurück. Er wartet noch ein wenig und läuft dann verstohlen davon. Seine umherblickende Unruhe und plötzliche Flucht verweisen auf handlungsrelevante Unstimmigkeiten, die sich in der nächsten Szene bestätigen: man sieht ihn mit einem schwarzen Rolls Royce Cabriolet durch die Straßen fahren und zufällig auf die Gauklertruppe der anderen Sequenzfolge treffen, mit der er sich lachend solidarisiert und ihr eine Geldspende gibt. Die dissonanten Erscheinungsbilder des Mannes – heruntergekommener, unrasierter und übernächtigter Obdachloser und wohlhabender Autobesitzer – fallen anschließend zu einem neuen Bild zusammen: das des erfolgreichen, Risiko und ausgefallene Fotoreportagen liebenden Profi-Fotografen, der nun – das macht die fokussierende Kameraführung deutlich – in den Mittel-

---

[99] Vgl. zu Antonioni: die Beiträge in Barthes et al., Michelangelo Antonioni, München 1984; Leprohon, Pierre, Michelangelo Antonioni, Paris 1961; Kock, Bernhard, Michelangelo Antonionis Bilderwelt, München 1994; die Analysen in Ollier, Claude, Souvenirs écran, Paris 1981; Bonitzer, Pascal, Le regard et la voix, Paris 1976 und ders., Décadrages, a.a.O.; sowie die verstreuten Bemerkungen von Gilles Deleuze in: Cinéma 2, L'Image-temps, Paris 1985; zu Regieanalysen einiger Filme auch: Salje, Gunther, Antonioni, Röllinghausen 1994.

Abb.7-20: Michelangelo Antonioni, *Blow up*

Abb.7: Lärmende Eröffnung des Films, Prinzip der Ausgelassenheit

Abb.8: Das Obdachlosenasyl als fotografische Attraktion

punkt rückt. Auf einer Autofahrt durch London provoziert die unnatürlich wirkende Großaufnahme des fahrenden Fotografen einen unangenehmen Bilder-Entzug beim Zuschauer: man erwartet Außenaufnahmen der englischen Hauptstadt, sieht aber nur das vorbeiziehende Blau und Gelb zweier Lastwagen an einer Kreuzung. Die Augen der Zuschauer begleiten Thomas auf einer Tunnelfahrt – sie wird durch die plötzlich dunkle Umgebung suggeriert – und hören ihn per Funk den nächsten Auftrag bestätigen. Kurz darauf hält er vor einem Reihenhaus in einem Londoner Vorstadtviertel.

Antonioni präsentiert uns in der fünfeinhalbminütigen Anfangssequenz bis zur Ankunft des Fotografen vor seiner Wohnung ein zunächst verwirrendes und polyvalentes Bildermosaik, in dem zwei Welten aufeinanderstoßen. Die Gaukler-Truppe ist die lärmende Eröffnung des Films. Als Prinzip der Unordnung, des karnevalesken Lachens und Lärmens ist sie Einbruch in die Welt des bürgerlichen Wertesystems und intermediales Zitat: Renoir und Fellini bilden mögliche Folien dieser Einstellungen. Die verkleideten Mimen sind die Phantasie, die Fiktion, das Spiel und die Imagination der Kunst, die auch der Film ist. Dieser sucht seinen Zuschauer, einen filmischen *lector cómplice*, der aufgefordert ist, den Handlungsablauf aus der zweiten Sequenzfolge im Hof des Obdachlosenasyls mitzukonstruieren. Das Leben der Alten und Bedürftigen kontrastiert zunächst mit der Welt des ausgelassenen Spiels der Mimen. Doch verschwindet der anscheinend realistische Lebensausschnitt in einem Foto-Auftrag: die von Thomas im Asyl gemachten Fotos sollen in einem mit einem Freund herausgegebenen Fotoband das authentische Leben Londons einfangen. Diese Handlungslogik wird allerdings erst mit der Andeutung des nächtlichen Asylaufenthaltes gegenüber Freunden und vollständig nach 38 Filmminuten bei einem Treffen der beiden Herausgeber in einem Restaurant deutlich, wenn Thomas dem Freund die teilweise schokkierenden Bilder aus dem Inneren des Asyls zeigt. Sie sind eine auf voyeuristische Impulse zurückgehende, grausame Wirklichkeit Londons, die im Album mit den ebenfalls voyeuristischen, Friedlichkeit suggerierenden Fotos aus dem Park kontrastieren sollen. Thomas weiß noch nicht, welche Wirklichkeit ihn in diesen Fotos erwartet.

b) Das Atelier: der Fotograf als *voyeur* und *constructeur*

Foto-Welt
Wenn wir mit der Kamera Thomas' Haus betreten, bekommen wir Einblick in die Welt des Profi-Fotografen. Hier spielen sich die entscheidenden Momente des Films ab. Die ersten zwei Szenenfolgen demonstrieren Thomas' Jagd nach fotografischer Wirklichkeit in seinem Studio. Das erste Opfer des Bildjägers ist die Weiblichkeit. Das Model Verushka wird von Thomas in alle Posen weiblich-sexueller Ausdruckskraft dirigiert. Im Verlauf

Abb.9: Der Fotograf als sinnlicher *operator, voyeur* und *constructeur*

Abb.10: Kampf/Spiel der Geschlechter im Akt des Fotografierens

der Aufnahmen löst sich die Distanz zwischen *operator* und *spectrum* auf. Vom Stativ abgelöst bewegt sich die Kamera mit Thomas auf Verushka zu, entlockt ihr zu den Klängen des *cool jazz* im Hintergrund verbal und physisch Gesten des Erotischen und Verführerischen. Thomas fällt nach der gewalttätig aufgeladenen und ekstatischen *session* erschöpft auf das Sofa, das Model bleibt im Vordergrund erregt-fordernd am Boden liegen. Die Szene ist ein Kampf/Spiel der Geschlechter, das im Akt des Fotografierens deren Rollen und Gesten inszeniert. In diesem Spiel – das Atelier ist dessen Bühne mit theaterähnlichen Dekorationen[100] – spiegelt sich auch das narzißtische, egomanische Wirklichkeitsbild Thomas', den Antonioni gleichzeitig als Produkt und *constructeur* der ihn umgebenden Medienwelt stilisiert. Sein obsessiv-beherrschender Blick auf die Welt fordert das Zufällige, Unerwartete, Unwahrscheinliche heraus. Mit seiner technischen Geste „informiert" er die Welt im Sinne Flussers: er formt sie, gibt ihr Gestalt und konstruiert sie nach seinen Blicken. Gleichzeitig verschmilzt er mit der Oberfläche dieser Foto-Welt. In der Schilderung seines Lebens beschränkt sich Antonioni auf die Momenthaftigkeit des Erlebens. Ihn interessieren keine Vorgeschichte, keine Lebensumstände, keine Persönlichkeit. Thomas verkörpert das fotografische, von der Natur entfremdete Sehen im „Blick auf die Realität als einer Anordnung von möglichen Fotografien"[101] und ist als Fotograf lediglich sinnbildliche Figur einer von technischen Bildern geprägten Welt.

Das Momenthafte und Konstruierende in Thomas' Wesen verdeutlicht die nächste Szenenfolge. Im anderen Teil des riesigen, labyrinthischen Studios muß er Modefotos machen und zeigt sich im Verlauf der Aufnahmen gelangweilt von der leblosen, statischen Choreographie der nach der neuesten Mode ausstaffierten Mannequins. Die toten, vorfabrizierten Positionen und Bewegungen ohne Überraschungen bilden keinen Anreiz für ihn. Schließlich befiehlt er den Mädchen, Pause zu machen und die Augen zu schließen. Er selbst verläßt den Raum und geht zu seinen benachbarten Freunden, einem Maler und seiner Frau.

Begegnungen
Das Atelier wird auch Schau-Platz zwischenmenschlicher Beziehungsfiguren. Die Begegnung mit Jane (Vanessa Redgrave) im Atelier ist eine Inszenierung ambivalenter Lust. Sie kommt aufgeregt zu ihm, um die Parkfotos abzuholen. Im bühnenartigen, mehrstöckigen Raum belauern und umschleichen sich beide zunächst wie zwei scheue Raubtiere. Thomas bereitet Drinks, macht ihr Komplimente, schlägt ihr Modefotos vor, spricht über seinen Be-

---

[100] Vgl. zur Bedeutung des Ateliers als „Ort der Illusionen": Roloff, Volker, „Film und Literatur. Zu Theorie und Praxis der intermedialen Analyse am Beispiel von Buñuel, Truffaut, Godard und Antonioni", in: Zima, Peter (Hg.), a.a.O., S.269-309.
[101] Sontag, „Der Heroismus des Sehens", a.a.O., S.96.

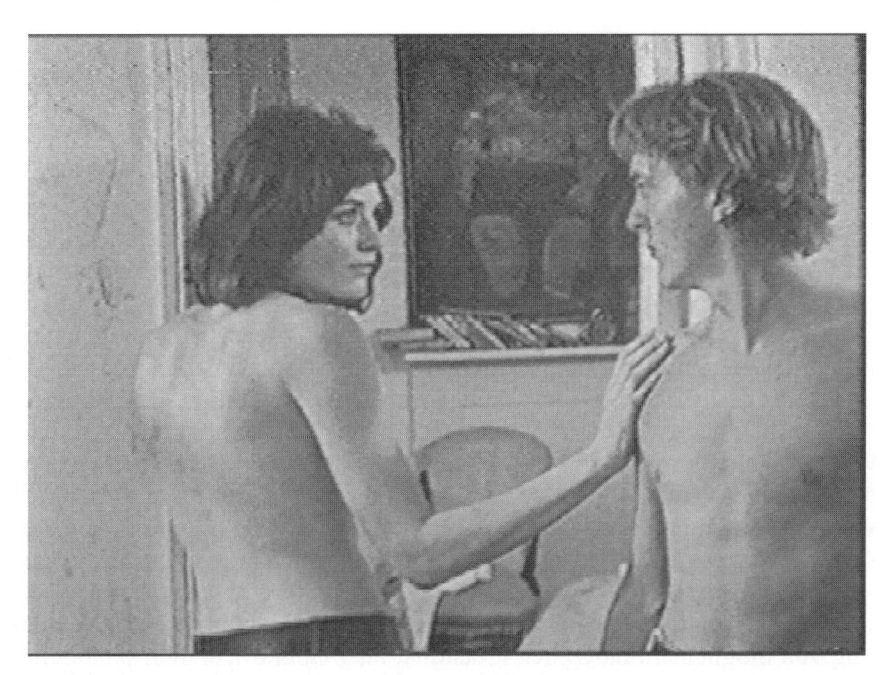

Abb.11: Auflösung sexueller Codierungen in androgynen Kompositionen

Abb.12: Foto-Film im Film, Unstimmigkeit in der Bilderfolge

ruf, zündet einen Joint an und macht Musik. Wenn sie sich im Beat Herbie Hancocks und im Marihuana-Rausch ungehemmt aufeinanderzubewegen, sind sie rhythmische Figuren des Lebensgefühls der *sixties*, deren private Lebensgeschichten keine Rolle mehr spielen. Nach einem gescheiterten Ausreißversuch, bei dem sie die Kamera mit dem eingelegten Film mitnehmen will, zieht Jane ihr Hemd aus und bietet ihren Körper als Gegenleistung für die Fotos. Thomas bittet sie, sich wieder anzuziehen und holt eine andere, falsche Filmrolle aus der Dunkelkammer. Als er zurückkommt, ist Jane immer noch halbnackt und wartet auf ihn. Sie küssen sich. Im Türrahmen wirken die beiden Halbnackten nebeneinander wie zwei hermaphroditische Wesen: ihr harmonisierender schlanker Körperbau – sie mit männlichem Rücken, er mit weiblicher Taille – fließt zu einer androgynen Komposition zusammen, die die zuvor mit dem Model fotografisch inszenierte Geschlechterrollen auflöst. Die Fotos aus dem Park werden plötzlich zum reinen Vorwand für ihr erotisches Spiel, das jäh unterbricht, als der Propeller aus dem Antiquitätenladen geliefert wird. Etwas später verläßt Jane mit der falschen Filmrolle überstürzt das Atelier – nicht ohne Thomas falsche Adresse und Telefonnummer zu hinterlassen. In der Begegnung mit Jane findet Thomas das ihn faszinierende Ungewöhnliche, Überraschende. Sie übt eine ambivalente Anziehungskraft auf ihn aus. Trotz ihrer angespannten Verzweiflung behält sie ihre Geschichte für sich und bleibt eine mysteriöse, rätselhafte Figur.

Nach dem Erlebnis mit Jane und den ersten Vergrößerungen der Parkaufnahmen dringen zwei Teenager unangemeldet in Thomas' Studio ein und wollen fotografiert werden. Beim ersten Mal hat er sie abgewiesen, jetzt nutzt er die Gelegenheit zu einem Sex-Spiel, in dem das Studio mit seinen bunten Dekorationen und Folien die Kulisse abgibt. Aus der Anprobe einiger Deko-Kleider wird ein grell-kreischendes Ausziehspiel hektisch-exzessiver Lust, das den Kontrast zu der spannungsgeladenen, erotischen Zweisamkeit mit Jane bildet. In der Begegnung zwischen Thomas und den kichernden Teenagern korrespondiert seine Lust allerdings auch wieder mit der fotografischen Suche nach Momenten des Unerwarteten und Unvorhergesehenen. Für Thomas ist sie ein abwechslungsreiches Zwischenspiel. Am Ende verweist er die beiden Mädchen auf den nächsten Tag und widmet sich wieder seinen Vergrößerungen.

Konstruktionen
Durch die äußerst beunruhigte und undurchschaubare Frau neugierig geworden, entwickelt Thomas den Film von den Parkaufnahmen und fertigt Vergrößerungen an. Während er das Liebespaar von seiner Couch aus eingehend betrachtet, fallen ihm merkwürdige Details in den Blicken und Gesten Janes auf, deren noch undefinierten Sinn er nun nachspürt. Im Atelier stößt Thomas auf ein *punctum* oder „sens obtus" seiner eigenen Bilder, das allerdings nicht durch sichtbare Details auf den Fotos hervorgerufen wird,

Abb.13: De/Konstruktion eines fotografischen Verbrechens

Abb.14: Die Suche nach fotografischer Wirklichkeit

sondern durch eine Unstimmigkeit in der Bilderfolge. Er untersucht einige Abschnitte mit der Lupe und macht weitere Vergrößerungen. In seinem Atelier entsteht eine imaginäre Mordgeschichte, ein fotografischer Film im Film, der bei zunehmender Vergrößerung in der Körnigkeit der Fotografie verschwindet. Thomas sieht einen Kopf und eine Pistole hinter dem Zaun, rekonstruiert die Positionen auf der Wiese und die Blicke Janes zu ihrem Liebhaber und ins Gebüsch. Antonioni zeigt uns Thomas' Foto-Film, dessen „Fotogramme" an den Wänden des Ateliers den Fotografen gefangen halten.[102] Er versucht daraufhin Jane, die er wegen der falschen Nummer nicht erreicht, und seinem Freund Ron telefonisch seine Verhinderung des Verbrechens zu berichten.

Nach dem Zwischenspiel mit den beiden Teenagern vermutet er auf einem Foto schließlich eine Leiche, deren Konturen er auf einer neuen Vergrößerung ausmacht. Er muß seine bisherige Geschichte revidieren: vom Retter ist er zum Zeugen geworden. Jane hingegen spielt die Rolle der Mittäterin, die den Liebhaber in einen Hinterhalt gelockt hat.

Als er von der nächtlichen Suche im Park zurückkommt, steht seine Wohnung offen. Es ist eingebrochen worden, die Negative und die Fotos an der Wand sind verschwunden. Nur noch das letzte, schemenhafte Bild von der hinter dem Gebüsch liegenden Leiche ist geblieben. Von ihm sagt die Freundin, daß es ihr Mann gemalt haben könnte.

c) Die Begegnung mit der Malerei
Wenn Thomas den Freund besucht, spricht dieser über ein kubistisches Bild, das ihn über Jahre hinweg beschäftigt und dessen Bedeutungsfigur er sich erst über Details – „so als ob man in einem Krimi eine Spur findet" – erschließt. Er nimmt die vermeintliche Spurensicherung in Thomas' fotografischen Vergrößerungen vorweg und setzt ihr seine eigenen künstlerischen Konstruktionen im *action painting* als erst allmählich erscheinende Figuren entgegen. Antonioni entwirft selbst kinematographische „Tafelbilder", die in ihrer Bewegungs- und Zeitlosigkeit die Zeit anhalten wollen, um „aus dem Fluß des Lebens einen Augenblick herauszugreifen und ihn zu konservieren."[103] Indem er sie im Kino zeigt, macht er das paradoxe Wesen dieser erstarrten Augenblicksbilder noch deutlicher. Thomas repräsentiert das Plötzliche, Spontane, Überraschende und Oberflächliche der Fotografie. Er begeg-

---

[102] Im fragmentarischen Fotogramm sucht Barthes bewußt und paradoxerweise das Filmische des Films: „Le filmique, c'est, dans le filme, ce qui ne peut être décrit, c'est la représentation qui ne peut être représentée. Le filmique commence seulement là où cessent le langage et le métalangage articulé." In: Barthes, „Le troisième sens", a.a.O., S.58. Zur tautologischen filmischen „,Spur des Verschwindens' im Zeitspalt der Fotografie" in *Blow up* vgl. auch Paech, „Intermedialität", a.a.O., S.13.

[103] Kock, a.a.O., S.375. Der Autor vergleicht Antonionis Bildstrategien mit impressionistischen Techniken und sieht in der Suche nach *temps mort*-Bildern den zentralen Aspekt der Filmwelt Antonionis.

Abb.15: Mordwaffe Pistole, Fotografie als Enthüllung?

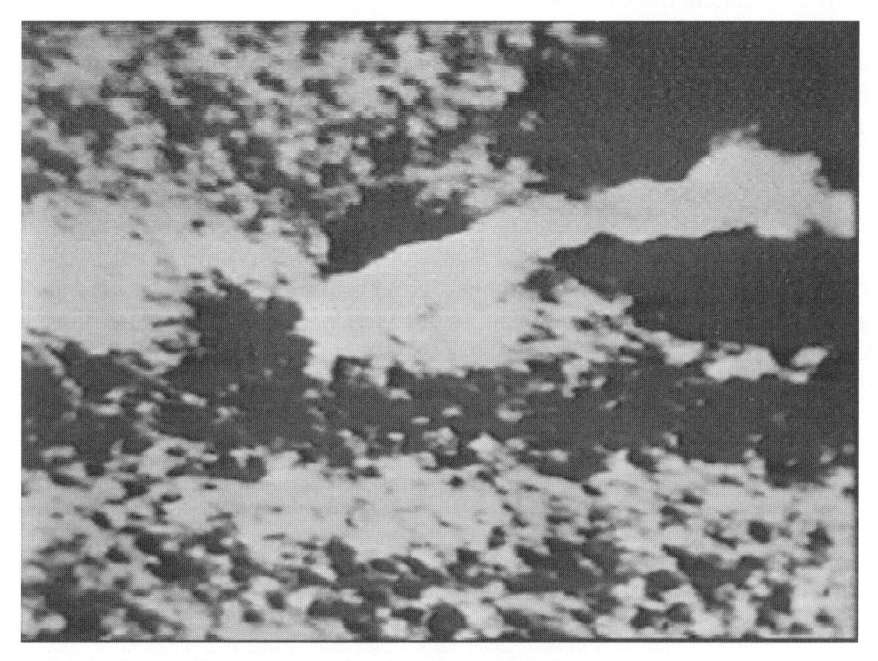

Abb.16: Fotografierte Leiche oder abstrakte Malerei?

net beim Maler der transzendenten Tiefe des malerischen Ausdrucks, der auf ihn entspannend und gleichzeitig fremdartig wirkt. Die Welten der Malerei und der Fotografie kontrastieren auch auf der Handlungsebene. Austausch – und damit Kommunikation – wird unmöglich: der Maler verweigert dem Fotografen den Verkauf eines seiner neuen Bilder, dessen Bedeutung er selbst noch nicht kennt. Roloff weist im Anschluß an Prümm auf die ironische Spiegelung dieser Szene hin: das auf dem Boden liegende Gemälde ähnelt den grobkörnigen Vergrößerungen, aus denen Thomas später den Mord heraussieht, und die Leiche ist, wie die Freundin betont, ein fast „malerisches" Detail dieser Figur.[104] Das Scheitern der Kommunikation liegt auch im Verhältnis zur Frau des Malers: ihre Kopfmassage empfindet Thomas lediglich als physisch wohltuend und spürt nicht die erotisch-zögerliche Ambivalenz der Berührung in den Gesten und Blicken der Frau, weil er sie in diesem Moment und im Gegensatz zum Filmzuschauer nicht *sehen* kann.[105]

d) Spielraum Park
Der Park ist das unheimliche Innere der Stadt und bildet mit seiner unsichtbaren Tiefe den Kontrast zur Oberfläche des *swinging London* mit seinen

---

[104] Vgl. Roloff, „Film und Literatur", a.a.O., S.303. In ihrem Vergleich von Fotografie und Malerei, vor allem Impressionismus und Kubismus, gelangt Sontag zu einer für *Blow up* relevanten Differenz: „Der Maler konstruiert, der Fotograf enthüllt", Sontag, „Der Heroismus des Sehens", a.a.O., S.91. Sie sieht in der Befreiung von der Aufgabe einer realistischen Darstellung der Welt, die die Fotografie Mitte des letzten Jahrhunderts übernommen hat, den Weg der Malerei in die Abstraktion. Vgl. dazu auch Bazin, a.a.O., S.16f: „A la fois délivrance et accomplissement, elle (la photographie) a permis à la peinture occidentale de se débarrasser définitvement de l'obsession réaliste et de retrouver son autonomie esthétique." Gegenüber der oberflächlichen Fotografie erscheint das höchste Ziel der Malerei, „sich (...) über das Sichtbare selbst erheben" (Sontag, S.94) zu können. Vgl. zur transzendenten Autonomie der Malerei auch den für Cortázars letzte Kurzgeschichte *Diario para un cuento* relevanten Text: Derrida, Jacques, La vérité en peinture, Paris 1972.

[105] In *Fin de etapa* (Deshoras) erzählt Cortázar die gespenstische Begegnung einer Frau mit der Malerei, in die sie schließlich übergeht. Diana besucht bei einem Halt auf einer Autoreise ein Dorfmuseum, in dem hyperrealistische Bilder eines regionalen Künstlers ausgestellt sind. Die Bilder, die für Diana Effekte *zwischen* Fotografie und Malerei auslösen, zeigen ein Haus mit seinen sich spiegelnden Galerien, Gängen, Zimmern und Tischen, das Diana bei einem anschließenden Rundgang durch das Dorf wiederentdeckt. Wenn sie nachmittags ins Museum zurückkommt, um das einzige am Vormittag nicht mehr gesehene Bild im letzten Saal zu betrachten, sieht sie auf dem Gemälde eine Frau am Tisch sitzen, die sie aufgrund ihrer Haltung für tot hält. Wieder zurück auf der Straße, treibt sie die unerträgliche Asymmetrie des letzten Bildes zurück zum Museum. Im letzten Saal, der im Text zum Bild wird, setzt sie sich an den Tisch und geht in die Unbeweglichkeit der figürlichen Darstellung über: „acaso sería hermoso ver si la luz del sol iba subiendo por la pared, alargando más y más la sombra de su cuerpo, de la mesa y de la silla, o si seguiría así sin cambiar nada, la luz inmóvil como todo el resto, como ella y como el humo inmóviles." (Cuentos completos/2, S.433)

Abb.17: Der Fotograf als Jäger, Mordwaffe Kamera

Abb.18: Der Park: Zwischenraum des Verbrechens

schnellebigen Vergnügungen und Fetischen.[106] Im Leerlauf des Nichtstuns – Thomas wartet auf die Rückkehr der Besitzerin des Antiquitätenladens, den er kaufen will – findet der Fotograf zunächst seinen Spielraum. Mit der Kamera dringt er in den nahegelegenen kleinen Park ein, dessen rauschende Bäume und Blätter mit dem leblosen Häuserbeton kontrastieren. Ein Schnitt versetzt den unpersönlichen Kamera-Blick plötzlich in den Park, von dem aus wir Thomas auf die Kamera/auf den Park wie hypnotisiert zulaufen sehen. Wenn die Perspektive wieder um 180° dreht, sehen wir in einem kurzen Schwenk durch Thomas' Augen die Anlage – Wege, Wiesen, Tennisplätze, Sträucher, Blumen – und verfolgen ihn beim spielerisch-obsessiven Fotografieren. Dann entdeckt Thomas das Liebespaar. Eine attraktiv gekleidete Frau zieht ihren älteren Liebhaber küssend und umarmend eine Böschung hinauf auf eine abgelegene Wiese. Der *voyeur* verfolgt sie in überschwenglicher Freude über seinen Fund und fängt sie fotografisch ein. Die Kamera wird in Vorwegnahme der imaginären Mordgeschichte zur Tatwaffe: „Schnappschuß und Mordanschlag fallen zusammen, sind gleichermaßen erfolgreich in ihrer Fixierung auf den tödlichen Augenblick."[107] Er pirscht sich immer näher heran und steigt auch über den Zaun, hinter dem er später auf den Vergrößerungen einen Kopf und eine Pistole „herausschneidet". Er wird alsbald von der Frau entdeckt, die ihm nachläuft und die Filmrolle einfordert.

Während der Szenen im Park verwendet Antonioni filmische Stilmittel, die die imaginären Spuren des vom Fotografen entdeckten Verbrechens vorzeichnen. Das Rauschen der Bäume gibt der Szenerie eine perfide Unheimlichkeit, die auf die mediale Inszenierung verweist. Die Kamera scheint mehr zu sehen als der Fotograf und der Zuschauer, vielleicht auch der Regisseur. Während Thomas Tauben auf der Wiese fotografiert, verfolgt sie eine davonfliegende Taube ins Nichts des grauen Himmels und demonstriert ihre Autonomie. Der Schwenk löst sowohl objektive als auch subjektive Blick-Instanzen auf.[108] Während der scheinbar harmlosen Aufnahmen vom Liebespaar demonstriert die Kamera den theatralischen Zwischenraum des un/sichtbaren Verbrechens in längeren Einstellungen von der leeren Wiese mit dem angrenzenden Waldstück. Sie zeigt ein imaginäres Verbrechen in der unsichtbaren Tiefe des Parks, das wiederum in der extremen Körnigkeit der

---

[106] Das erstarrte Publikum beim Yardbirds-Konzert, das erst im Kampf um die zerstörte Gitarre als begehrten Fetisch — der dann auf der Straße zu einem Abfallprodukt degeneriert — Lebenszeichen zeigt, und die teilnahmslosen, mit Drogen vollgepumpten Partygäste sind Elemente von Antonionis Kolportage des oberflächlichen Lebensgefühls der *sixties*.

[107] Prümm, Karl, „‚Suspense', ‚Happy-End' und tödlicher Augenblick. Überlegungen zur Augenblicksstruktur im Film mit einer Analyse von Michelangelo Antonionis ‚Blow up'", in: *MuK 23*, Siegen 1983, S.18.

[108] Vgl. zum instanz- und namenlosen Kamera-Blick: Bonitzer, Pascal, „Les deux regards", in: *Cahiers du cinéma*, Nr. 275/1977, S. 41-46.

Abb.19: Wiederkehr der imaginären Spielfreude

Abb.20: Das endlose Spiel mit Einbildungen

letzten fotografischen Vergrößerung – als untaugliches Mittel zur Sicherung von Wirklichkeitsspuren – verschwindet.

Wenn Thomas nachts – ohne Kamera – in den Park zurückkehrt, um seine Imaginationen in der Wirklichkeit zu bestätigen, sieht er tatsächlich die Leiche des Liebhabers unter einem Busch liegen. Doch in der filmischen Inszenierung wirkt der Leichnam in seiner plastischen Erscheinung künstlich und irreal. Die Geräusche und die Dunkelheit machen Thomas' Wahrheit zu einer bizarren Alptraumsequenz, aus der er schließlich flieht. Wenn er nach dem Konzert und dem Party-Besuch am frühen Morgen erneut wiederkehrt, ist die Leiche spurlos verschwunden.

Der Park ist ein Interstitium von Sichtbarkeit und Unsichtbarkeit, Lautlosigkeit und Lärm. Er ist eine der Leerstellen im Bild, die Barthes an die Ästhetik Braques und Matisse' erinnert und mit orientalischem Bildverständnis in Zusammenhang bringt: „Matisse entdeckte so das Prinzip der orientalischen Kunst, die immer versucht, die Leere zu malen, oder vielmehr, die den darzustellenden Gegenstand in dem seltenen Moment erfaßt, in dem die Fülle seiner Identität plötzlich in einen neuen Raum fällt, einen Zwischenraum."[109] Im Zwischenraum der Bilder ereignen sich unvorhersehbare Geschichten und die filmische Dezentrierung erinnert an Cortázars interstitielle Ästhetik: „Der Blick Antonionis zielt bei seiner Untersuchung des Bild-Raums (was immer ein konkreter, geographischer Raum ist) nicht auf den Mittelpunkt der Figuren, sondern auf den Raum dazwischen, auf die Leerstellen zwischen den Umrissen."[110] Und im imaginären Zwischenraum von Bildern und Texten erscheinen Wahrnehmungsbilder einer kaleidoskopischen Wirklichkeit. Antonioni führt in der abschließenden Sequenz die Vermischung visueller und akustischer Leerstellen durch. Der Park ist am Ende des Films Schau-Platz der erneuten Begegnung zwischen Thomas und der Gaukler-Truppe, die hier ihren letzten Coup startet. Sie fährt mit dem Jeep durch den menschenleeren Park und nimmt den Tennisplatz in Besitz. Zwei Mimen spielen mit gestischen Kunststücken ein imaginäres Match, dem die anderen mit ihren Blicken und Gesten folgen. Thomas stößt von seiner erfolglosen Suche nach der Leiche dazu und wird nach einiger Zeit aufgefordert mitzuspielen. Er soll den über den Zaun geflogenen imaginären Ball zurückwerfen. Während Thomas nach seinem Wurf das Treiben der Mimen beobachtet, erscheint der Ball als leicht identifizierbares Schlaggeräusch über die Tonspur des Films. Eine Totale, die Thomas allein auf der Wiese zeigt, ist die letzte Einstellung, aus der er als visuelle Imagination gelöscht wird und im Film verschwindet.

---

[109] Barthes, Roland, „Die Weisheit des Künstlers", in: Barthes etc., Michelangelo Antonioni, a.a.O., S.68. Vgl. auch Antonionis Suche nach Punkten im Zwischenraum einer Leere, die Geschichten erst entstehen läßt, in: „Report about Myself", in: ebd., S.71f.
[110] Kock, a.a.O., S.284.

3.2.4. Spuren der Intermedialität: Cortázar und Antonioni
Filtert man die Analogien zwischen *Las babas del diablo* und *Blow up* heraus, bleiben die entscheidenden Motive in beiden Erzählungen erhalten:

1. Voyeurismus des *flaneurs*
Die Hauptfigur ist jeweils ein flanierender Fotograf, der unmotiviert in einem Freigelände – bei Cortázar der Quai de Bourbon an der Seine, bei Antonioni ein Stadtpark in London – ein ungleich erscheinendes, auffälliges Paar fotografiert. Die pirschende und den Handlungsablauf beeinflussende Geste des Fotografierens steht beide Male am Anfang der dramatischen Entwicklung des Geschehens: das Fotografieren veranlaßt im Text wie im Film die jeweils betroffene, fotografierte weibliche Figur zum Einfordern der Filmrolle, die ihr in beiden Fällen verweigert wird.

2. Verbrechen
In beiden Erzählungen stehen die Aufnahmen mit einem vom Fotografen imaginierten Verbrechen in Zusammenhang. Während Michel jedoch schon an der Seine eine Verführung imaginiert und sich mit seiner Kamera ein wahrheitsgetreues Bild von der Situation verschaffen will, sieht der Fotograf bei Antonioni auf den Vergrößerungen die Szenen eines Mords, den er bei einer Rückkehr zum Tatort verifizieren will. Beide Figuren sind auch Opfer einer ersten Täuschung: das heroische Eingreifen in den Ablauf des Verbrechens wandelt sich in beiden Fällen zu einer Machtlosigkeit gegenüber dem Geschehen.

3. Blow up
Beide Fotografen fertigen aus Neugier und perverser Lust Vergrößerungen an und hängen sie an eine Wand in ihrer Wohnung. Sie sind auf der Suche nach einer zunächst noch unbestimmten „gesto revelador" der fotografischen Figurenkonstellation. Die Fotos enthalten eine nicht erwartete Bedeutungs- bzw. Wirklichkeitsebene. In beiden Fällen sind die Vergrößerungen jedoch unberechenbare Generatoren für imaginäre Figurenkonstellationen und Wirklichkeitskonstruktionen, in denen deutliche Spuren und Gesten schließlich verwischen.

4. Foto/Film, Sichtbarkeit/Unsichtbarkeit
Das Verhältnis von Fotografie und Film und deren Wirklichkeitsbezug ist Leitmotiv in beiden Erzählungen. Michels „recuerdo petrificado" wird zum imaginären, surrealen Film. Thomas umgibt sich mit Vergrößerungen, die im Studio als Produktionsort imaginärer Wirklichkeiten zum imaginären Fotofilm werden, den Antonioni in *seinem* Film in „Fotogrammen" zeigt. Mit dieser medialen Verdoppelung von Fotografie und Film macht der Filmregisseur in selbstreflexiver Geste auf die Analogien und Unterschiede der beiden technischen Bildmedien aufmerksam. Barthes schreibt schon 1961: „Le

cinéma ne serait pas de la photographie animée; en lui l'*avoir-été-là* disparaîtrait au profit d'un *être-là* de la chose..."[111] Kinematographie ist ein magisches „Dasein" von Wirklichkeitsmomenten, die sich in der Bilderfolge des Films verlieren. Antonioni inszeniert im Film mit der verlorenen Wirklichkeit der Fotografie allerdings auch ihr „Niemals-dagewesen-Sein": Je tiefer Thomas in seine Fotos eindringt, desto fantastischer werden die Spielarten seiner Wirklichkeitsfiguren und ähneln schließlich den Gemälden seines Freundes.

Beide Autoren zeigen mit filmischen bzw. textuellen Mitteln die Unberechenbarkeit visueller Wahrnehmungsprozesse, die in den Imaginationen der Figuren neue Wirklichkeitskonstruktionen generieren. Antonioni arbeitet mit räumlichen, farblichen und akustischen Effekten[112], um das Verhältnis von Sichtbarkeit und Unsichtbarkeit zu demonstrieren. *Blow up* zeigt stilistische, vor allem den Kontrast von greller Oberfläche (Stadtleben, Pop-Kultur) und neutraler Tiefe (Park, Gaukler-Truppe) unterstreichende Farbspiele. Dazu kommt der in die bunte Szenerie eingeflochtene schwarzweiße Foto-Film im Atelier, der die Differenz von Fotografie und Film unterstreicht.[113] Cortázar reflektiert die Fotografie als Quintessenz technisch angefertigter Bilder und den Film – in Analogie zum Roman – als offene Struktur immer neuer Bilderfolgen in bezug auf den individuellen Imaginationsprozeß. In Analogie zum Film und zur Fotografie erscheint auch die Literatur als Medium für „fabricaciones irreales". In der Auflösung von Erzählinstanzen und -identitäten, der medialen Autonomie der Ausdrucksformen und der fragmentarischen Abgründigkeit von aleatorischen Figurenkonstellationen entsteht Kunst, die im Spiel der virtuellen Wirklichkeitskonstruktionen auf andere Medien trifft und ihr Verhältnis zu ihnen reflektiert.

Fotografie und Film bestimmen als technische Bildmedien in den letzten hundertfünfzig Jahren unser visuell konstruiertes Wahrnehmungsverhältnis zur Wirklichkeit. Barthes sieht innerhalb seiner dreiteiligen strukturalistischen Lektüre – *message linguistique, message iconique codé* und *message iconique non codé* – in der nicht kodierten „image dénotée" eine „message privatif, constitué par ce que reste dans l'image lorsqu'on efface (mentalement) les signes de connotation". Die daraus resultierende „plénitude de virtualités" des Buchstabens des Bildes entspricht einem „premier degré de l'intelligible"[114], aus dem imaginäre Prozesse neue Figuren entstehen lassen können. Diese imaginären Prozesse werden in den analysierten Erzählungen

---

[111] Barthes, „Rhétorique de l'image", a.a.O., S.36.
[112] Vgl. zum *hors champs* und dem bei Antonioni wichtigen Wechselspiel von Kadrierung und Dekadrierung: Bonitzer, Pascal, „Des Hors-Champs", in: ders., Le regard et la voix, a.a.O., S.9-24, ders., Décadrages, a.a.O. und Deleuze, Cinéma I. L'image-mouvement, Paris 1983, Kapitel 2.
[113] Vgl. zu Sono- umd Optozeichen in der filmischen Farbgebung Antonionis vor allem Deleuze, Cinéma 2, L'Image-temps, a.a.O., S.11ff.
[114] Barthes, „Rhétorique de l'image", a.a.O., S.34.

durchgespielt. Kino ist in Pasolinis Kinosprache „durch seine Reproduktion der Wirklichkeit" gleichzeitig das „geschriebene Moment der Wirklichkeit."[115] Bei Antonioni und Cortázar zeigen die technischen Bilder jedoch Wirklichkeitsspuren, die man bei ihrer Verfolgung aus den Augen verlieren kann. Film wie Text inszenieren Virtualitäten der Bild-Medien in ihrer Relation zu individuell strukturierter Imagination und Halluzination. Dagegen erscheint sowohl bei Cortázar in *Apocalipsis de Solentiname* und in *Las babas del diablo* als auch bei Antonioni in *Blow up* die Malerei als transzendenter Geist einer un/möglichen Realitätserfahrung. Sie ist als konstruierte Kunstform zwar auch trügerisch. In ihrer visuellen Schriftlichkeit[116] kristallisiert sie gegenüber den technischen Medien jedoch nachvollziehbare Wirklichkeitsspuren, die sich im Laufe der Zeit offenbaren können. Susan Sontag drückt die ethischen Konsequenzen für Literatur, Fotografie und Malerei in ihrem Essay zum „Heroismus des Sehens" folgendermaßen aus:

> Das Ethos der Fotografie (...) scheint dem Ethos der modernen Dichtung näher als dem der Malerei. Während die Malerei immer begrifflicher wurde, hat sich die Dichtung (seit Apollinaire, Eliot, Pound und William Carlos Williams) immer eindeutiger als eine mit dem Visuellen befaßte Kunst definiert.[117]

In ihrer Bestimmung des fotografischen Sehens als „dissoziierendes Sehen" (S.96) bringt Sontag fragmentarische Literatur und fragmentarische Fotografie miteinander in Verbindung. Bild und Text erscheinen als Teil einer kaleidoskopischen Wirklichkeit, in der aus Erinnerungen und Stimulationen über Analogien Schrift-Figuren und Wirklichkeitsspuren entstehen. Sontag sieht die Verbindung der Literatur Balzacs mit der Fotografie vor allem auch in der Einstellung, „Wirklichkeit selbst als eine Art Schrift zu begreifen, die es zu entschlüsseln gilt –"[118] Schrift manifestiert sich über differierende Spuren und gerät in der Kunst zur selbstreflexiven Geste ihrer Spurenhaftigkeit.[119]

---

[115] Pasolini, a.a.O., S.219.
[116] vgl. zur figuralen Text/Bild-Relation bei Klee, Lothe, Pollock und Butor: Lyotard, Discours, figure, a.a.O., S.211ff.
[117] Sontag, „Der Heroismus des Sehens", a.a.O., S.94.
[118] Sontag, „Die Bilderwelt", a.a.O., S.152.
[119] Zu anderen Verfilmungen, die auf Erzählungen von Cortázar beruhen oder von ihnen inspiriert sind, vgl. die Liste von acht Filmen, die Terramorsi aufstellt (Terramorsi, a.a.O., S.226f.). Der bekannteste davon ist neben *Blow up* von Antonioni *Week-end* (1967) von Godard, dessen Stau-Sequenz von *La autopista del sur* (Todos los fuegos el fuego) inspiriert ist. Aber auch Claude Chabrol hat 1974 eine Fernsehproduktion zu *Los buenos servicios* (Las armas secretas) realisiert. Cortázar wünschte sich auch die Verfilmungen von zwei seiner Romane: „Yo hubiera querido ver filmado *Los premios* y *Rayuela*." Picon Garfield, Cortázar, a.a.O., S.118.

3.2.5. Zwischen Kino, Literatur und Leben: Gespenstische Idolatrie und virtuelle Tode

> *Est-ce qu'on peut être aussi belle qu'une image? Est-ce qu'on peut être aussi mémorable qu'une chanson?*[120]

I

In der Erzählung *Queremos tanto a Glenda* (im gleichnamigen Band) ist das Kino und seine massenmedialen Effekte Anlaß für eine groteske Mordgeschichte. Eine Schar von Kino-Begeisterten und Anhängern von Glenda Garson – ein im Text unverkennbares Doppel der „echten" englischen Schauspielerin Glenda Jackson – lieben ihr Idol so sehr, daß sie bald nach der Bildung eines Fanclubs keine von schlechten Regisseuren oder Drehbüchern provozierten kinematografischen Schwächen in ihren Filmen mehr dulden wollen. Sie bemächtigen sich aller im Umlauf befindlicher Kopien und wechseln von der zunächst passiven Bewunderung für die Schauspielerin zu der aktiven Zerstückelung und Verzerrung von Filmbildern in einem eigenen Schneidelabor, um das ideale Film-Bild ihres Idols zu erstellen. Nach inneren Auseinandersetzungen und Verhandlungen für jeden Film mündet die Arbeit der 20 bis 30 Clubmitglieder schließlich in Glendas perfektes Kino-Bild, das sie in der Öffentlichkeit verbreiten: „Llegamos así al día en que tuvimos las pruebas de que la imagen de Glenda se proyectaba ahora sin la más leve flaqueza; las pantallas del mundo la vertían tal como ella misma – estábamos seguros – hubiera querido ser vertida".[121] Ihre Anhänger fühlen sich durch den plötzlichen Beschluß Glendas, ihre Karriere zu beenden, in ihrer „misión" nur bestätigt: „y quizá por eso no nos asombró demasiado enterarnos por la prensa de que acababa de anunciar su retiro del cine y del teatro." (Cuentos completos/2, S.336) Doch ein Jahr später kündigt Glenda ihre Rückkehr an. Die tödliche Gefahr, der sie sich damit aussetzt, besteht in der allzu großen Liebe des Clubs zu ihrem medial inszenierten Film-Bild, das Glenda jedoch nie wahrgenommen hat. Die Idolatrie der Glenda-Fans führt zur Ermordung der lebenden Schauspielerin, deren unvorhersehbare existentiellen Bewegungen und Entscheidungen die Reinheit ihres kinematografischen Doppels gefährden: „En la altura intangible donde la habíamos exaltado, la preservaríamos de la caída, sus fieles podrían seguir adorándola sin mengua; no se baja vivo de una cruz." (ebd., S.337)

---

[120] Laura (Catherine Belkhodja) in *Level 5* (1997) von Chris Marker.

[121] Mit *Illibatezza* (1962) von Roberto Rossellini wird dieses Thema kinematographisch variiert. In dieser Episode, die er als seinen letzten Kinobeitrag für *Rogopag* filmte, einer Gemeinschaftsproduktion mit Godard, Pasolini und Gregoretti, ersetzt das filmische Abbild der durch eine äußere Verwandlung „abhanden" gekommenen Geliebten einem Verehrer das vergötterte „reale" Frauen-Bild. Er wird jedoch zum Opfer der Filmillusion, wenn das Bild bei seiner ekstatischen Annäherung an die Projektion in seinem eigenen Schatten verschwindet.

Cortázar hebt in der Erzählung den medialen Abstand zwischen Kino und Leben auf. Die von der Schauspielerin verkörperte Figur verdrängt vollständig deren „lebensweltliche" Identität und lebt als bloß noch filmische und im Bild zerstückelte Glenda Garson weiter. Die Glenda-Verehrer weigern sich, die Trennung von Mensch und Maske zu akzeptieren: „el mundo del cine es fugitivo como la actualidad histórica, salvo para los que queremos tanto a Glenda." (ebd., S.335) Aus der Flüchtigkeit der Kino-Bilder wird sie in ein einheitliches und abgeschlossenes, fantasmagorisches Frauen-Bild verwandelt. Das Film-Bild motiviert Gefühle *und* Aktionen bei ihren Zuschauern, die sie das Leben kosten. Allerdings nur das Leben ihrer literarischen Maske Glenda Garson. Ihre andere Maske wird sich auf gespenstische Weise für die textuelle Inszenierung ihres Todes an Cortázar rächen.

II

Botella al mar, 1982 als erste Erzählung in *Deshoras* veröffentlicht, ist ein Brief, den Cortázar als Epilog für eine Erzählung – so das Epigraph – an Glenda Jackson richtet. Er handelt von unglaublichen Koinzidenzen zwischen dem Inhalt der zwei Jahre zuvor erschienenen Erzählung *Queremos tanto a Glenda* und dem Handlungsablauf eines ebenfalls 1980 erschienenen Films mit dem Titel *Hopscotch* (Rayuela), in dem Glenda Jackson eine Hauptrolle spielt und den Cortázar während einer Vorlesungsreihe in Berkeley, San Francisco, mit seinen Studenten im Kino sieht. Beide Artefakte stehen in keinem direkten Bezug zueinander. Glenda Jackson kann die Erzählung Cortázars aufgrund des späteren Erscheinungsdatums nicht gelesen haben und Cortázar wurde von dem Filmtitel, der Besetzung und der *story* überrascht und in ängstliche Unruhe versetzt.[122] Der Film erzählt eine Spionagegeschichte nach traditionellem Strickmuster. Doch Cortázar zeigt sich vor allem von der Tatsache überrascht, daß der Partner Glendas, ein früherer Spion für mehrere Geheimdienstorganisationen, in einem Buch mit dem Titel *Hopscotch* die schmutzigen Geschäfte der CIA, des FBI und des KGB aufdeckt und dann seinen scheinbaren Unfalltod inszeniert, um den Attentatsversuchen seiner Feinde zu entgehen. Glenda hilft ihm aus Liebe dabei, und am Ende treffen sie sich an einem geheimen, sicheren Ort wieder. Die kryptische Botschaft Glenda Jacksons, für die sie selbst nicht verantwortlich sein kann, faßt Cortázar nicht als Rache auf, sondern als virtuelle Begegnung in einer „incalculablemente hermosa simetría": „sé de sobra que en su mensaje no hay venganza sino una incalculablemente hermosa simetría, que el personaje de mi relato acaba de reunirse con el personaje de su película porque usted lo ha querido así, porque sólo ese doble simulacro de muerte por

---

[122] Die Informationen, die uns Cortázar in der Erzählung vermittelt, entsprechen „realen" Begebenheiten. Fröhlicher, der im Zusammenhang mit der Blickstruktur des gesamten Erzählbandes eine detaillierte Interpretation der Erzählung bietet, hat die Daten überprüft. Vgl. Fröhlicher, La mirada recíproca. a.a.O., S.62.

amor podía acercarlos." (Cuentos completos/2, S.425) Sowohl in der Erzählung als auch im Film wird der Tod einer Maske (personaje) inszeniert. Im Text eine der Masken Glendas, „de esa mujer que respira bajo tantas máscaras" (S.421), im Film eine Maske Cortázars, die des Autors von *Rayuela*. Beide Tode, von denen der Film-Tod durch seine kinematografische Inszenierung mehrmals virtuell gebrochen ist, können nur aus Liebe geschehen. Im ersten Fall aus perverser Liebe zum simulierten Film-Bild, im zweiten durch die Mithilfe der Geliebten. Am Ende des Films begegnen sich die Untoten wieder. Und der Text von *Botella al mar* ist die virtuelle Fortsetzung der Begegnung zwischen Glenda Jackson und Julio Cortázar: „Allí, en ese territorio fuera de toda brújula usted y yo estamos mirándonos, Glenda, mientras yo aquí termino esta carta y usted en algún lado, pienso que en Londres, se maquilla para entrar en escena o estudia el papel para su próxima película." (S.425)

In seiner Erzählung versteht Cortázar den Film als „invitación a un viaje que sólo puede cumplirse en territorios fuera de todo territorio." (S.424) Er wählt die Form des offenen Briefes und erweitert die in *Diario para un cuento* – die letzte Erzählung des Bandes – in bezug auf Derrida entstandene „inexplicable relación analógica" (ebd., S.490) um die virtuelle Kommunikation mit einer Schauspielerin. Die „territorios fuera de todo territorio" sind Interstitien, die sich in Literatur, Film und der Imagination des Lesers ereignen. Denn, so Cortázar in seiner professionellen Affinität zu Glenda, „estamos escribiendo o actuando para terceros, no para nosotros, y por eso esta carta toma forma de un texto que será leído por terceros y acaso jamás por usted" (S.422). Die Leser und Zuschauer sind die „ingenuos puentes" (S.424) der künstlerischen Botschaften. In ihren Imaginationen leben die unerklärlichen Analogien weiter und machen aus Kunst Leben und aus Leben Kunst.

4. Spektrale Figuren der Transgression in *Rayuela*

Nach den intermedialen Analysen der transtextuellen Figuren in *El perseguidor*, *Apocalipsis de Solentiname*, *Las babas del diablo*, *Blow up* und dem Blick auf die virtuelle Kommunikation Cortázars mit Glenda Jackson, führt die zentrale Stellung *Rayuelas* innerhalb des Cortázarschen Werkes im vierten Kapitel noch einmal zu den transgressiven Gesten des Romans zurück. Der Geist des Doppels, der differentiellen Uneinholbarkeit und Wiederholung wird nach Derrida schon im spektralen Spiel der Figuren und Begriffe inszeniert.[1] Diese Inszenierung findet ebenfalls in den Texten Cortázars statt. Seine Schrift ist einer „logique du spectre" eingeschrieben, die die Grenzen „entre visible et invisible, sensible et insensible" überschreitet: „Un spectre, c'est à la fois visible et invisible, à la fois phénoménal et non phénoménal: une trace qui marque d'avance le présent de son absence. La logique spectrale est *de facto* une logique déconstructrice."[2]

In Analysen ausgewählter Figurenkonstellationen sollen einige entscheidende Kapitel in die spektrale Logik des Romans eingeschrieben werden. Das lange und für *Del lado de allá* zentrale Kapitel 28 hat den Tod Rocamadours zum Thema. Er wird mit rhythmischen, piktoralen und fotografischen Effekten inszeniert und konzentriert wesentliche Elemente des Romans. Die Leitfiguren der Suche Oliveiras nach einer diffus und undefiniert bleibenden *otherness* sind im Verlauf des Romans vor allem Liebe, Absurdität und Wahnsinn. Die Analysen durchstreifen auf den Spuren dieser Figuren einige Passagen und Kapitel des Romans und stellen deren intermediale Konfigurationen heraus. Die Liebe zur Maga wird in *Del lado de allá* als erste Station der Suche in der Großstadt Paris innerhalb ihres medialen und künstlerischen Umfelds inszeniert. Die Absurdität findet als zweite Station der Suche vor allem in den Erfahrungen mit Berthe Trépat (Kapitel 23) und der *clocharde* Emmanuèle (Kapitel 36) ihren textuellen Ausdruck. Das letzte Kapitel des ersten Teils von *Rayuela* wiederholt in seiner Dramatik dabei gleichzeitig die entscheidenden Motive von *Del lado de allá* und bereitet die letzte Station, den Wahnsinn, vor. Dazwischen bietet Kapitel 34 einen mikrokosmischen Blick auf die kaleidoskopische Struktur *Rayuelas*. Der Wahnsinn als dritte

---

[1] Die Spektralität jeden Ausdrucks führt Derrida zur *Hantologie*, die das Spiel der ontologischen Heimsuchungen — wie die *différance* das Spiel der Differenzen — in der französischen Sprache nur *schriftlich* eröffnet: „Spuken heißt nicht gegenwärtig sein, und man muß den Spuk schon in die Konstruktion eines Begriffs aufnehmen. In die Konstruktion jedes Begriffs, allen voran der Begriffe des Seins und der Zeit. Das ist das, was wir *Hantologie* nennen möchten." Derrida, Jacques, Marx' Gespenster, Frankfurt 1995 (1992), S.253.

[2] Derrida, Jacques/Stiegler, Bernard, „Spectrographies", in: dies., Échographies, Paris 1996, S.127-150, hier S.131.

und vorläufig letzte Station auf Oliveiras Suche nach dem „kibbutz del deseo" durchzieht den zweiten Teil *Rayuelas*, *Del lado de acá*. Das Motiv des Doppelgängers ist dabei eine Konstante und wird schon in den ersten Kapiteln entwickelt. Transgressionen der Nützlichkeit finden in der zentralen Brückenszene (Kapitel 41) ihren Ausdruck. In diesem Kapitel finden sich außerdem entscheidende Figurenkonstellationen aus *Del lado de acá*, die in Kapitel 56 ihre komplexe, das Doppelgängermotiv kristallisierende Schlußfigur finden.

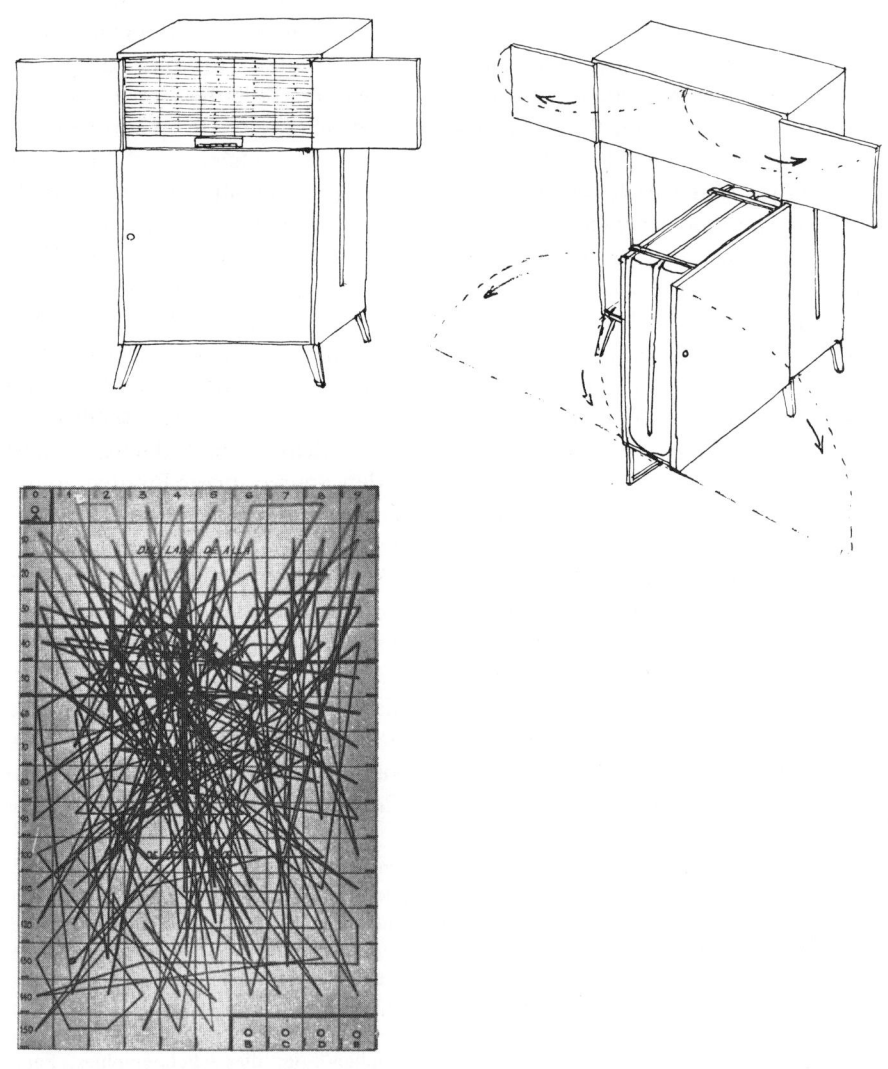

Abb.21: Julio Cortázar, *Rayuelomatic*, LV, S.120/121

4.1. Die Geister-Schrift

Rayuela ist ein *unmögliches Buch*. Es markiert die Grenze seines Mediums, des Textes, und die Grenze seiner Präsentationsform, des Buches. *Rayuela* präsentiert sich als vielschichtiges Interstitium für die Un/Möglichkeit des Textes, des Buches und seiner Interpretation. In endlosen Reproduktionen mißbraucht der Roman den Text, den Leser und die Wissenschaft *mit* seinem Medium *in* seinem Medium. Die wichtigsten Figuren der Schrift *Rayuelas* sind drei Bilder, die sich auf syntaktischer, semantischer und poetologischer Ebene im Text wiederholen. Das Kaleidoskop, das Labyrinth und das Springspiel spiegeln ebenso die im Roman angelegte dreiteilige Räumlichkeit. *Del lado de allá* (Kapitel 1-36) ist das für den Lateinamerikaner „jenseitige" Paris mit seinen topographischen, emotionalen und intellektuellen Labyrinthen. *Del lado de acá* (Kapitel 37-56) ist das „diesseitige" Buenos Aires, das fast ausschließlich als alltäglicher Hintergrund einer von Cortázar bewußt inszenierten und die Geschehnisse begleitenden *argentinidad* fungiert.[3] Spiel-Räume sind nicht mehr die breit angelegten, topographischen Stadt-Figuren und deren intellektuelle Derivationen in den Zeremonien des *Club de la serpiente*; vielmehr spielen sich die Ereignisse in den Hotel-Wohnungen Gekreptens und Travelers, zwischen den Wohnungen, später im Zirkus und in der Irrenanstalt ab. In diesen Räumen des zweiten Teils des Romans, die trotz ihrer funktionellen Abgeschlossenheit und öffentlichen Zugangsbeschränkung auf der Handlungsebene offen strukturiert sind, werden die pataphysisch-surrealistischen Figuren des Spiels, vor allem des Sprachspiels, und die Figuren des Wahnsinns, vor allem des Doppelgängers, dominant.

Verzichtbar, übergehbar und überflüssig für den Roman sind scheinbar die *capítulos prescindibles* (57-155) in *De otros lados*. Die Reflexionen, Zitate, Zeitungsartikel, *morelliana*, Erklärungen und Ergänzungen des dritten Teils machen *Rayuela* jedoch erst zum literarischen Grenzphänomen und bilden seine Figuren. Die Kapitel lösen den Roman auf und geben ihm gleichzeitig Konturen. Sie sind im Text und doch außerhalb. Die *morelliana* sind das Produkt einer durch den Text geisternden Figur, des alten Morelli. Der ist wiederum der Geist Cortázars, der in den *morelliana* seine für den Roman un/verzichtbare Literaturtheorie ent- und einfaltet. Der dritte Teil des Romans ist in seiner Spektralität der trickreiche Geist des *double bind* im Text. Es ist unbefriedigend, ihn in Zusammenhang mit den ersten beiden Teilen als bloßes Lektürespiel, als Aufhebung traditioneller Lesestrategien zu verstehen. Cortázar erläutert in dem verfilmten Gespräch mit Yurkievich[4] das Konstruktionsprinzip des Romans. Er selbst empfand beim Lesen von linear konstru-

---

[3] Vgl. zur politischen Dimension der *argentinidad* die Publikation zum Mannheimer Kolloqium von Berg, W.B./Kloepfer, R. (Hg.), La americanidad de Julio Cortázar, Mannheim 1986.

[4] Erik van Zuylen, Bei Julio Cortázar (1978).

ierten Texten Langeweile und wollte dem Leser zunächst den fragmentarischen Schreibprozeß offenlegen, ohne ihm eine vom Autor meist willkürlich konstruierte Linearität vor-zuschreiben. Damit erinnert er an avantgardistische Traditionen, die seit Joyce Erzählinstanzen auflösen und den Leser im Sinne Morellis beim imaginierenden Schreiben partizipieren lassen. Gleichzeitig entstand jedoch ein Leseplateau, das nicht nur mehrere Lektüren zuläßt, sondern den Status des Textes als Medium und Wahrnehmungsstruktur selbst hinterfragt. Die *collage* als Konstruktionsprinzip avantgardistischer Literatur umfaßt ebenfalls nicht das *Ereignis des Spukens*, das hier inszeniert wird. Der dritte Teil ist das *spectrum Rayuelas*. Die Kapitel und ihre Figuren sind innerhalb und außerhalb des Romans. Sie ek-sistieren im Modus des Spukens und sind die gespenstische *différance* des Textes. Damit geben sie ihm Gestalt und zersetzen ihn gleichermaßen. Sie sind die paradoxe Erscheinung des Romans, und damit die paradoxe Erscheinung jedes Textes. Denn sie können in immer neuen, aleatorischen Konstellationen ergänzt werden und fungieren als Phantom der Literatur – wären sie dies nicht, wären sie (bloß) Literatur. Die Ambivalenz in den Wortfeldern der Ausdrücke, die um den Geist kreisen[5], verweist auf die unsichtbare Sichtbarkeit, den Zwischenraum, das Interstitium. Im Interstitium *sind* Geister. Ihre Einschreibung geschieht im Text durch die Ausschließung als *capítulos prescindibles*, die in ironischer Brechung auch das Gegenteil bedeutet: ihre unabdingbare Notwendigkeit für den Text. Der Spektral-Effekt des dritten Teils gibt den Figuren der ersten beiden Teile ihre Existenz, die *als* Ek-sistenz gerade auf die Unabschließbarkeit des differentiellen Tausches verweist. Wer entscheidet über den Ort der Gespenster? Die Zusammensetzung der einzelnen Teile mit ihren Kapiteln ist willkürlich und aleatorisch. Das ist der *Sinn*[6] der Figur des Kaleidoskops: eine (auch geistige) Drehbewegung würde die Bestandteile des Romans neu zusammensetzen. Der vor uns liegende Roman ist eine kaleidoskopische Kristallisation, in der neue Figuren immer schon angelegt sind. Der dritte Teil kristallisiert in diesem Sinne die Idee des Gespenstes und nicht die Gespenster selbst. Diese sind immer anwesend/abwesend, sichtbar/unsichtbar, hörbar/unerhört, spürbar/unantastbar, möglich/unmöglich.

Kapitel 55 erscheint nicht im *tablero* und doch im zweiten und dritten Teil des Romans. Es steht zwischen Kapitel 54 und 56 des zweiten Teils und ist ebenfalls in den Kapiteln 129 und 133 enthalten – um eine bizarre Staatsuto-

---

[5] Im Deutschen die Substantive Geist/Gespenst/Gespinst/Spuk mit ihren disseminierenden verbalen, adjektivischen und idiomatischen Ableitungen; im Französischen *spectre*, das auf das lateinische *spectrum*, *spectare* (schauen, sehen) zurückgeht; das griechische *eidolon* (Bild, Gestalt: Trugbild, Schattenbild, Götzenbild) übersetzt das vom Griechischen in beide Sprachen übertragene Phantom/Phantasma/Phantasie/Phänomen mit seinen entsprechenden Übersetzungen (Erscheinung etc); *eidolon* tritt in ungewollter Koinzidenz auch wieder im Kal*eido*skop auf.

[6] Derrida spielt in seinen Schriften immer wieder mit dem Doppelsinn von *le sens*: Richtung *und* Sinn.

pie von Ceferino Piriz erweitert, die wiederum implizit auf das Schlußkapitel verweist. Diese Verschachtelung ist auf der einen Seite eine labyrinthische Verwirrungsstrategie: für den Leser existiert Kapitel 55 nicht, wenn er lediglich den Leseanweisungen folgt. Und doch ist das Kapitel existent, nämlich in anderer Konstellation in den Kapiteln 129 und 133. Diese Strategie führt den *tablero* und die von Anfang an ironisch gebrochene Idee der *capítulos prescindibles* kurz vor dem imaginären Schluß des Romans sinnbildlich *ad absurdum*.

Rayuela erscheint 1963 als Roman bei Sudamericana in Buenos Aires; 1988 als Klassiker des modernen Romans und von Andrés Amorós kommentiert bei Cátedra in Madrid; 1994 zusammen mit dem *Cuaderno de bitácora* und einem umfangreichen Textkorpus zur Kritik, Geschichte und Lektüre des Textes bei Colección Archivos. Seine Unlesbarkeit oder Inkommensurabilität in bezug auf traditionelle Lesarten reflektiert selbst noch die letzte Ausgabe, die *Rayuela* in einen ausschließlich intertextuellen Rahmen stellt. Die kommentierenden Texte geben einen Überblick über die Cortázar-Kritik der letzten zwei Jahrzehnte. Doch tauchen immer wieder existentialistisch, typologisch, historisch, komparatistisch und poetologisch motivierte Fragestellungen auf, die zwar zu punktuell interessanten Analysen führen, den Stellenwert des Textes als Interstitium und Raum für die Auseinandersetzung mit Wahrnehmungsstrategien und -modellen jedoch vernachlässigen. In der folgenden Lektüre *Rayuelas* steht die Wechselwirkung des Textes mit anderen Ausdrucks- und Wahrnehmungsformen im Vordergrund. Literatur – und insbesondere die Romanform – wird zum interstitiellen Spiegel von textuellen Begegnungen mit anderen Künsten.

4.2. Das Bild des anwesend/abwesenden Todes: Piktorale und tonale Effekte in Kapitel 28

Wir wollen Cortázars textuelle Auseinandersetzung mit Fotografie und Malerei in *Rayuela* anhand eines der längsten und wichtigsten Kapitel des Romans verfolgen. Sichtbarkeit/Unsichtbarkeit, Anwesenheit/Abwesenheit geraten auch hier zu Motiven literarischer Inszenierung.

> Oliveira encendió un Gauloise y como en un La Tour el fuego tiñó por un segundo las caras de los amigos, arrancó de la sombra a Gregorovius conectando el murmullo de su voz con unos labios que se movían, instaló brutalmente a la Maga en el sillón, (...) bañó blandamente a Babs la plácida, a Ronald el músico perdido en sus improvisaciones plañideras. Entonces se oyó un golpe en el cielo raso justo cuando se apagaba el fósforo. (R, cap.28, S.307)

Die Inszenierung des Todes von Rocamadour ist ein Spiel der Schrift zwischen den Medien. Aus dem Spiel entstehen Momentaufnahmen. Das

Licht gibt der Situation Konturen: Figuren, Gegenstände, Konstellationen. Das vom Streichholz erleuchtete *setting* wirkt wie ein Gemälde, aber auch wie ein Standbild, ein Fotogramm, das aus einem Bewegungsablauf herausgeschnitten wird: Freunde sitzen bei Getränken, Tabak und Musik zusammen, einer hört konzentriert Musik, die anderen schauen gedankenverloren vor sich hin. Doch das *punctum* dieser Szene ist der anwesend/abwesende Tod. Mit Barthes kann man dieses *punctum* als ein „Es-ist-so-Gewesen" in der Transzendenz jeder Fotografie bestimmen. Es ist dann das immer Unheimliche, das *spectrum* des richtungslos aufgeschobenen Todes in der Zeit: der Lebende ist tot, der Tote lebendig. Doch für die Leser des Kapitels bestimmt das *punctum* der konkrete Tod Rocamadours, der auf dem Bett *außerhalb* der beleuchteten Szene liegt. Die Stärke des Textes ist seine räumliche Verschiebung in der Aneinanderreihung von Momentaufnahmen, die er gegen das Bild/Foto ausspielt. Er gerät zum temporalen *Blow up* und ermöglicht dem Leser – dem von Morelli gesuchten *lector cómplice* – die Erfahrung mehrerer Wirklichkeitsdimensionen in der Wahrnehmung eines Bildes, das die Erzählung ihm über das belichtende Streichholz vermittelt. Die abgeblendete Szenerie des Todes im Nebenzimmer ist dem Leser genauso präsent/absent wie die vom Streichholz belichtete Momentaufnahme. Cortázar spielt nicht nur mit den Übergängen von Dunkelheit zu Helligkeit, von einem Medium in ein anderes, also vom Text zum Bild; er inszeniert die Erfahrung von Simultaneität und Erinnerung im Leseprozeß. Die un/sichtbare Szenerie im Nebenzimmer funktioniert als Bild der Erinnerung im Hintergrund, das alle anderen Momente verdoppelt. Das Streichholz ist in dieser Szene ambivalenter Indikator des Lebens: es reißt die Figuren aus ihrer Dunkelheit und läßt den Tod in seiner präsenten Abwesenheit unbeleuchtet. Elf Seiten zuvor ist es, wieder zusammen mit der Zigarette, Indikator des Todes in seiner abwesenden Präsenz:

> Con un Gauloise en la boca, frotó un fósforo mirando fijamente. ‚Lo vas a despertar', dijo la Maga, que estaba cambiando la yerba. Horacio sopló brutalmente el fósforo. Es un hecho conocido que si las pupilas, sometidas a un rayo luminoso, etc. Quod erat demostrandum. (R, cap.28, S.296)

Von diesem Zeitpunkt an ist der Leser zwangsläufig Komplize. Er wird in die entstehende Konstellation hineingezogen und muß sich die/den Fragen Oliveiras stellen, der kurz zuvor die Bewegungslosigkeit des Kindes bemerkt hat. Während die Unterhaltung zwischen Maga und Gregorovius nebenan in ihrer Belanglosigkeit groteske Züge annimmt, entscheidet sich Oliveira gegen den vorprogrammierten Skandal – „¿Para qué encender la luz y gritar si sé que no sirve para nada?" (ebd.) – und kehrt in den Salon zurück. Die über mehr als zwanzig Seiten aufgeschobene Katastrophe tritt ein, als Maga dem Kind programmgemäß seine Medizin verabreichen will. Die auf diesen zwanzig Seiten über die Identität von Erzähl-/Lesezeit und erzählter/gelesener Zeit aufgebaute Spannung führt beim Leser zu unerträglicher Gewißheit über die unabwendbare Katastrophe und läßt ihn das ganze Geschehen als ein doppeltes wahrnehmen: er wird fortan alles Gesagte auf das Bild im Hintergrund projizieren und die Diskussionen des Clubs als Reflexe des Todes lesen.

Verschwörung
Der Leser bleibt allerdings nicht der einzige Eingeweihte. Nach seiner Rückkehr überredet Oliveira Maga, zu dem permanent auf den Boden hämmernden Alten nach oben zu gehen und ihn um Ruhe zu bitten. Er macht Licht und schickt Ossip mit einem Fingerzeig ins Nebenzimmer. Als der Freund bestürzt zurückkommt, spricht er von „responsabilidad legal" (S.297), muß sich nebenbei eifersüchtigen Anspielungen Oliveiras erwehren, redet dann von Aktion, einer Rettungsstation und will schließlich gehen. In diesem Augenblick kommen Ronald, Babs und Maga zur Tür herein.

Die Freunde verkünden den Selbstmordversuch eines Club-Mitglieds, Guy Monod. Ossip vergißt aufgrund der Neuigkeit vorübergehend das Geschehene. Alle setzen sich, man macht Kaffee und Tee, unterhält sich. Wenn Babs und Maga „en voz muy baja" (S.299) über die Gründe des Suizid-Versuchs diskutieren, wird für den Leser in den angesichts des Todes unnötig gedämpften Stimmen der Beinah-Tod Guys zu dem unabwendbaren Tod Rocamadours. Nach einer Weile nutzt Oliveira ein Gespräch der beiden Frauen, um Ronald den Tod Rocamadours ins Ohr zu flüstern; der wiederum wird bald Babs Bescheid geben. Der kurz darauf eintreffende Etienne, der die medizinische Rettung des Selbstmordopfers bekannt gibt, wird ebenfalls flüsternd eingeweiht. Maga kommt in dieser Konstellation in doppelter Weise die Rolle der Ahnungslosen zu: neben der intellektuell Unwissenden im Club – ein Leitmotiv des ersten Teils[7] – wird sie zum unfreiwilligen Opfer einer Verschwörung im Namen der absurden Lust.

Absurdität
Die Gespräche, die die Freunde im abwesenden Angesicht des Todes führen, kreisen um das Leben und um den Tod. Das erste Thema ist das tibetanische Totenbuch und seine Verbindung zur Psychoanalyse Jungs. Eine Gegenüberstellung von orientalischer (=intuitiver) und okzidentaler (=diskursiver) Philosophie führt zu Betrachtungen über Sprache, Realität und Wahrnehmung. In der von Oliveira selbst als „charla de aficionados" (S.311) charakterisierten und zeitgemäß existentialistischen Diskussion des Clubs konstruiert Cortázar klare Gesten und Positionen. Gegenüber dem Positivisten Ronald – „Sin

---

[7] Vgl. zum Ausschluß der Maga aus dem Kreis der Morelli-Adepten Kapitel 4: „„...ella quería entrar en el círculo, comprender por qué el principio de indeterminación era tan importante en la literatura, por qué Morelli, del que tanto hablaban, al que tanto admiraban, pretendía hacer de su libro una bola de cristal donde el micro y el macrocosmo se unieran en una visión aniquilante." (S.151)

lenguaje no hay hombre. Sin historia no hay hombre." (S.311) – nimmt Oliveira diejenige des Sprach- und Kulturskeptikers ein: „Y ahí está el gran problema, saber si lo que llamás la especie ha caminado hacia delante o si, como le parecía a Klages, creo, en un momento dado agarró por una vía falsa." (ebd.) Dialektik, Vernunft, Fortschritt und Wissenschaft als Errungenschaften des humanistischen Weltverständnisses werden von ihm mit Blick auf das Absurde radikal in Frage gestellt. In dem Versuch, sich definitorisch dem Absurden zu nähern, werden Klages – der Eigenname für eine ganze Bewegung: Spengler, Nietzsche, Camus, Breton etc. – und Malraux – Sartre und engagierter Existentialismus – gegeneinander ausgespielt. Es folgen (ver)alte(te) Gesten und Argumente.

> Oliveira: „Lo absurdo es creer que podemos aprehender la totalidad de lo que nos constituye en este momento (...) Cada vez que entramos en una crisis es el absurdo total (...) La razón sólo nos sirve para disecar la realidad en calma (...), nunca para resolver una crisis instantánea. (...) Y esas crisis (...) sirven para mostrar el verdadero absurdo, el de un mundo ordenado y en calma, con una pieza donde diversos tipos toman café a las dos de la mañana (...) Los milagros nunca me han parecido absurdos; lo absurdo es lo que los procede y los sigue."
> Ronald: „Estoy de acuerdo en que mucho de lo que me rodea es absurdo, pero probablemente damos ese nombre a lo que no comprendemos todavía, (...) tu famoso absurdo se reduce al fin y al cabo a una especie de vago ideal anárquico que no alcanzás a concretar. (...) La acción puede servir para darle un sentido a tu vida..." (S.313ff)

und er verweist explizit auf Malraux. (Zwischendurch Ossips *trotzdem*: „*il faut tenter de vivre*" – lautlicher Nachhall des einige Seiten zuvor von Oliveira gedachten Zitats von Valéry.)

Das Absurde wird schließlich zur unverständlichen Selbstverständlichkeit, zu einer „sospechosa carencia de excepciones", die Oliveira dazu bringt, einen anderen Weg zu suchen als den politischen „lucha social". Das Andere liegt als transgressive Wahrnehmungskategorie in einer „orden mágico" (S.315), der er sich im Erlebnis mit Berthe Trépat und im Ereignis des verschwiegenen Todes Rocamadours unterwirft. Die Positionen bleiben am Ende unversöhnlich, das Recht auf Einsicht ist niemand gewährt: Oliveira: „Tus nociones sobre la verdad y la bondad son puramente históricas, se fundan en una ética heredada. Pero la historia y la ética me parecen a mí altamente dudosas." (ebd.) Eine dem historischen Bewußtsein entgegengesetzte Ethik, die die Erfahrung der Absurdität miteinbezieht, wird an dieser Stelle nicht formuliert. Angedeutet wird lediglich das Negativ einer „realidad tal-como-debería-ser", eine „inversión total" der Wirklichkeit (S.303), die später auf Monstrosität verweist: „¿Qué he hecho esta noche? Ligeramente monstruoso a priori." (S.316) Ossips ironische Charakterisierung des Freundes relativiert am Ende dessen Kulturkritik: „Es un hombre al que no hay que pedirle discursos sino otras cosas, cosas brumosas e inexplicables como sueños, coincidencias, revelaciones, y sobre todo humor negro." (S.316) In den Worten Ossips erscheint Oliveira als Träumer und Humorist. Ronalds indignierte Reaktion auf Magas schockierende Entdeckung des toten Rocamadour, der aufgrund der Diskussion schon fast in Vergessenheit geriet, unterstreicht wiederum die Denkweise des Positivisten: „Qué joder, hubieramos tenido que prepararla". „No hay derecho, es una infamia. Todo el mundo hablando de pavadas, y esto, esto..." (S.318) Diese Textstelle *Rayuelas* ist eines der deutlichsten Beispiele für die ironische Inszenierung intellektueller Diskussionen im Paris der fünfziger Jahre, die Cortázar als Teilnehmer und Beobachter im ersten Teil präsentiert. Die zunächst vehement vertretenen Positionen und ihr diskursives Potential verblassen in der situativen Absurdität ihrer Erscheinung.

metamúsica – metapintura

> Hay una metapintura como hay una metamúsica, y el viejo metía los brazos hasta el codo en lo que hacía. Sólo los ciegos de lógica y de buenas costumbres pueden pararse delante de un Rembrandt y no sentir que ahí hay una ventana a otra cosa, un signo. (S.317)

Die Gespräche des Clubs aus den Kapiteln 10-18 werden von klassischer Musik und Jazz untermalt, die rhythmischer Bestandteil ihrer Dynamik sind. In Kapitel 28 kämpfen zu Beginn Schönberg und Brahms gegen die arhythmisch beunruhigenden Schläge des Alten von oben, die die unerhörten Vorboten des Todes sind. Später denkt Oliveira in ironischer Geste an Chopin und Wagner als der Situation angemessene Todesmusiker. Die Szenerie des Kapitels ist außerdem in die piktorale Welt der Tenebristen getaucht: „La Maga prendió una lámpara y la puso en el suelo, fabricando una especie de Rembrandt que Oliveira encontró apropiado." (S.293) Und schon vor der Ankunft Oliveiras imaginiert der aufgrund der Störung verstimmte Gregorovius Engel aus der Flämischen Schule: „Estábamos tan bien – murmuró Gregorovius, como si viera avanzar al ángel de la expulsión. Gérard David, Van der Weiden, el Maestro de Flemalle, a esa hora todos los ángeles no sabía por qué eran malditamente flamencos (...). Toda la habitación llena de ángeles (...)" (S.291) Die Figuren/Engel des Romans erstarren zu gemalten Motiven. Neben den bisher zitierten Passagen ist auch die folgende Beschreibung der Maga als Henry Moore-Platik ein Beispiel für Cortázars Versuch einer Engführung und der Transposition verschiedener Wahrnehmungsweisen und deren Ausdrucksformen im Spiel der Schrift zwischen den Medien:

> la Maga que se dibujaba frente a él como un Henry Moore en la oscuridad, una gigantesca vista desde el suelo, primero las rodillas a punto de romper la masa negra de la falda, después un torso que subía hacia el cielo raso, por encima una masa de pelo todavía más negro que la oscuridad, y en toda esa sombra entre sombras la luz de la lámpara en el suelo hacía brillar los ojos de la Maga metida en el sillón (...) (S.305)

Die Perspektivik und das Plastische finden Eingang in den Text. Das Licht – die Lampe, das Streichholz – erleuchtet die Szenerie, auf der die Figuren ihr Spiel eröffnen. Und das *punctum* des Todes läuft im Wechsel von Licht und Schatten durch den Text hindurch.

4.3. Figuren der *otherness*: Liebe, Absurdität, Wahnsinn

4.3.1. Liebe (Del lado de allá)

„París es una enorme metáfora." (R, cap.26, S.278) Mit diesem Satz Ossips beginnt Kapitel 26. Er ist der Schlüssel zum Verständnis von *Del lado de allá*. Diesen Schlüssel sucht Oliveira nach Meinung Ossips unbewußt selbst: „...en realidad no tiene conciencia de que busca la llave, ni de que la llave existe. Sospecha sus figuras, sus disfraces; por eso hablo de metáfora." (S.279) Wenn der unbewußte Schlüssel vorerst in seiner Unsichtbarkeit verschwindet, bleiben die Figuren und die Masken der Stadt.

Paris ist Bild-Raum für romantische, magische, pataphysische und surrealistische Wahrnehmungen. Die ersten Kapitel stilisieren die Topographie der labyrinthischen Großstadt der fünfziger und sechziger Jahre mit den Gassen und Cafés des Quartier Latin, den Kinos und den Bildern hauptsächlich surrealistischer und abstrakter Maler zum Spielraum synästhetischer Liebeserfahrung.[8] Im ersten Kapitel ist die Stadt mit ihren Cafés, Museen, Brücken, Molen und alten Vierteln der Spielplatz der beiden Liebenden Maga und Oliveira. Der Text wird Teil eines intertextuellen und intermedialen Verweisungsspiels, das mit den Figuren einer melancholisch-ironischen Betrachtung der großstädtischen Flüchtigkeit und ambivalenten Aleatorik eröffnet wird und zu *Baudelaire* als Dichter der modernen Großstadt zurückführt. Baudelaire vertextet als beobachtender Flaneur das süffisante Leiden an der Großstadt und kommentiert mit ironischer Geste die Vergänglichkeit von Begegnungen und Ereignissen, in der ihre Wiederholbarkeit immer schon mitgedacht ist:

> Un éclair ... puis la nuit! – Fugitive beauté
> Dont le regard m'a fait soudainement renaître,
> Ne te verrai-je plus que dans l'éternité?

---

[8] Das argentinische Gegenstück zum Pariser Stadt-Bild in *Del lado de allá* ist *El examen* (1950). In diesem noch in Argentinien verfaßten Roman sind die Straßen, Bars und Cafés von Buenos Aires Schauplätze der in weiten Teilen existentialistischen Motiven verpflichteten Erzählung.

> Ailleurs, bien loin d'ici! trop tard! *jamais* peut-être!
> Car j'ignore où tu fuis, tu ne sais où je vais,
> ô Toi que j'eusse aimée, ô toi qui le savais![9]

Die „rabdomancia ambulatoria" der beiden Hauptfiguren in der Pariser Bilderflut – Kapitel 6 thematisiert dieses Spiel der Begegnungen zwischen Oliveira und Maga explizit – ist die Spielfigur im modernen Stadt-Labyrinth, das für sie sowohl Identitätsverlust als auch Identitätskonstitution bedeuten kann. Sie verlieren sich in immer neuen Eindrücken und aleatorischen Raum-Zeit-Konstellationen, finden sich zu vertrauten und absehbaren Zeit-Orten als identifizierbare Individuen jedoch (fast) immer wieder.[10]

In seinem ambivalenten, synästhetisch aufgeladenen (Sich) verlieren/(Sich) finden-Motiv, in das weitere Differenzen wie haben/nicht haben, sichtbar/unsichtbar, fort/da mit hineinspielen, verweist Cortázars Großstadt-Bild nicht nur auf das mythisch-moderne Paradigma des labyrinthischen Verwirrspiels. Paris ist im kybernetischen Zeitalter, dessen Erfahrung Cortázar in Texten vor, in und nach *Rayuela* dokumentiert, ebenfalls die Stadt der Masken, in der das auf Identität beruhende Menschenbild aufgelöst wird: „Der Mensch kann nicht mehr als ein Individuum, sondern muß im Gegenteil als eine dichte Streuung von Teilchen angesehen werden: Er ist kalkulierbar"[11] Das „Selbst" wird in dieser Perspektive zum kernlosen Knoten, in dem sich physikalische, ökologische, psychische und kulturelle Felder bzw. Systeme kreuzen. Im „‚intersubjektive(n) Relationsfeld'" der „Stadt als Maskenverleihanstalt"[12] wird dieses Selbst im Netz der Bild-Informationen mit Masken, Vorstellungen, Gefühlen, Absichten und Erkenntnissen ausgestattet, die zum provisorischen Subjekt, zum Projekt, führen. Das konstruierte Selbst ist dabei immer nur das Andere des Anderen, das *Ich* immer nur das *Du*, eine Maske, die nur andere Masken verdeckt. Als metonymische Stadt-Figur erscheint Paris – als Angelpunkt des abendländischen Kulturlebens der letzten 200 Jahre zentral in der Lebenserfahrung vieler lateinamerikanischer Kosmopoliten – auf der einen Seite als romantisch-surrealistisches Labyrinth

---

[9] Baudelaire, Charles, À une passante, Tableaux parisiens, Les Fleurs du Mal, in: Œuvres Complètes, Paris 1975. Neben Baudelaires initiatorischer Großstadtlyrik ist die Tradition der Paris-Literatur lang: Lautréamont, Balzac, Flaubert, Zola, Apollinaire, Proust, Aragon, Breton, Butor, Robbe-Grillet, Sarraute, Goytisolo stehen neben vielen anderen für die Faszination, die von Paris als Zentrum modernen Lebens ausgeht. Bei Clair, Carné, Ophüls gibt es außerdem schon frühe kinematographische Paris-Bilder.

[10] Vgl. auch die Wiederholung des Begegnungs-Spiels in *62*. Hier sind es Juan und Tell, die die Straßen Wiens zum Schauplatz ihrer „encuentros fortuitos" (*62*, S.66) machen. In diesem Roman sind Paris, London und Wien Variationen der *Gran Ciudad* und kaleidoskopische Schablonen für die Geschehnisse des Romans: „De la Ciudad, (...) conviene hablar desde ahora porque todos nosotros estábamos de acuerdo en que cualquier lugar o cualquier cosa podían vincularse con la ciudad, (...) La ciudad no se explicaba, era; había emergido alguna vez de las conversaciones en la zona, ..." (*62*, S.22)

[11] Flusser, Nachgeschichten, a.a.O., S.175.

[12] ebd., S.176.

der vom modernen Großstadtleben gefangenen und faszinierten Flaneure auf der Suche nach transgressiven Erlebnissen. Es ist auf der anderen Seite jedoch auch „Brennpunkt für Aktualisierung zwischenmenschlicher Virtualitäten."[13] Dieses von Flusser entworfene Großstadt-Bild entspricht einigen literaturtheoretischen Ausführungen Morelli-Cortázars, insbesondere seinen Vorstellungen von Koagulaten und Konfigurationen, die nach *Rayuela* auch *62* hervorbrachten. Paris/Buenos Aires oder Wien/London/Paris sind Stadt-Räume, in denen das Spiel der Masken inszeniert wird. Im Namensspiel und im Doppelgänger-Motiv spiegelt sich die Stadt-Maske im Text: Oliveira ist Horacio, ist der Club, ist Maga, ist Gregorovius, ist Heraklit. Die Text-Masken erscheinen gleichsam als Spiel der Verschiebungen, in dem sie durch den Text gleiten und untereinander ausgetauscht werden. In diesem Spiel, das in der Stadt seinen Spielplatz findet, entblößt der Text im intensiven Benennen und Verweisen auf andere Medien sein Maske-Sein und inszeniert in der Geste des Schreibens existentialistische Themen der Suche, der Erinnerung, der Liebe, der Absurdität, des Todes, der Identität. Die Selbstreflexion findet im Zusammenspiel mit anderen Wahrnehmungsmodi und ihren Medien statt: Malerei und Film sind im Text durchweg präsent. Oliveira und Maga werden zu Figuren, die im Spielfeld der Großstadt Gestalt annehmen: „su silueta delgada se inscribía en el Pont des Arts..." (cap. 1, S.119).

Wenn also im ersten Teil die romantisch-surrealistische Raum-Figur des Stadt-Labyrinths mit dem kybernetischen Stadt-Bild der Masken alterniert, sorgen die eingeschobenen Sprünge in die *morelliana* aus *De otros lados* für die differentielle Unter/Brechung und Verzerrung dieser Figuren und wiederholen die Konfrontation „romantisch" aufgeladener Linearität und „kybernetischer" Austauschbarkeit. Die Lektüreanweisung des *tablero* mit seiner Springstrategie bildet den Rahmen des Hüpfspiels der Verweise und Verschiebungen, das den alphanumerischen Text-Code sprengt. In *Rayuela* bricht der numerische *tablero de dirección* in den linearen Schrift-Code ein und verwandelt in Verbindung mit seiner Springstruktur den Text in ein transtextuelles Schrift-Programm. Dieses Programm nimmt in Cortázars ironischer Benutzer-Anleitung für die *Rayuelomatic* (LV, S.121-135) konkrete, textübergreifende Formen an. Das Springen im Buch wird auf ein Möbelstück übertragen, das über so viele Schubladen verfügt, wie der Roman Kapitel aufweist. Je nach Ausführung – es werden auch Louis-IV- und Louis-V-Modelle angeboten – kann der Leser in bequemer Position und in beliebiger Reihenfolge die gewünschten Kapitel ziehen und lesen.[14] Die literarische Springstruktur *Rayuelas*, die gewissermaßen die aleatorischen Kombinati-

---

[13] ebd., S.177.
[14] Aus dieser Idee könnte eine digitale Version der *Rayuelomatic* entstehen. Elektromagnetische Impulse wandeln die Ideen der Zahlenreihen direkt in visuelle Simulationen um. Kein Öffnen von Schubladen mit den einzelnen Kapiteln in Textform, sondern ein Anklicken von Zahlensymbolen, die individuell gestaltbare Stand- oder Bewegungs-Bilder kodifizieren.

onsmöglichkeiten zwischen Zeichnung, Fotografie und Text vorwegnimmt, wird von den Almanachen in ihren intermedialen Konstruktionen konsequent weitergeführt.

In *Del lado de allá* wiederholen sich surrealistische und pataphysische Praktiken. Dies geschieht oft in der textuellen Reflexion von Film und Malerei. Im Labyrinth der Metropole bewundern die Liebenden Braque, Ernst, Ghirlandaio, Klee, Miró, Vieira da Silva und opfern im magisch-zeremoniellen *acte gratuit* den von Maga gefundenen Regenschirm in einem Park. Mit einem Bild des uruguayischen Malers Figari geht Oliveira die Liebe zur Maga auf, die ihm später von Madame Léonie, der Handleserin, magisch bestätigt wird: „Cómo podía yo sospechar que aquello que parecía tan mentira era verdadero, un Figari con violetas de anochecer, con caras lívidas, con hambre y golpes en los rincones." (R, cap.1, S.123f) Oliveira, der Diskursive, und Maga, die Intuitive, finden im unbeschwerten Spiel zueinander. Dabei sind Kino-Bilder ebenso wichtig wie malerische Impressionen. Harald Lloyd, Pabst und Lang stehen im Text für den komischen und expressionistischen Film der 20er Jahre, der beide fasziniert:

> Y entonces en esos días íbamos a los cineclubs a ver películas mudas, porque yo con mi cultura, no es cierto, y vos pobrecita no entendías absolutamente nada de esa estridencia amarilla convulsa previa a tu nacimiento, esa emulsión entriada donde corrían los muertos... (S.124)

Die surrealistische *écriture automatique* wird in Erinnerungsmethoden Oliveiras evoziert: „Maga me acariciaba el pelo o canturreaba melodías ni siquiera inventadas, (...) Yo aprovechaba para pensar en cosas inútiles, método que había empezado a practicar años atrás en un hospital y que cada vez me parecía más fecundo y necesario." (S.126) Das „pensar en cosas inútiles" überwindet traditionelle Denkprozesse in der Erinnerung willkürlich unbedeutender, synästhetischer Bilder, die Oliveira hervorruft und aneinanderreiht: „Con un enorme esfuerzo, reuniendo imágenes auxiliares, pensando en olores y caras, conseguía extraer de la nada un par de zapatos marrones que había usado en Olavarría en 1940." (S.126) Liebe und Absurdität paaren sich zu sorgenfreiem Miteinander im großstädtischen Spielort Paris. Dabei werden die Liebenden in ihrem Bezug zu Objekten von Besessenheit und Aberglaube geleitet. Wenn Maga einen roten Lappen sucht und ihn nicht findet, glaubt sie an ein Unglück, so wie Oliveira, wenn er die Dinge, die ihm hinfallen, nicht direkt wieder aufhebt. Das führt zu absurden Situationen: „He pasado muchas veces por loco a causa de esto y la verdad es que estoy loco cuando lo hago." (S.129) Die Suche nach einem hingefallenen Zuckerstück in einem Restaurant ist eine Slapstick-Szene, die filmisch wirkt. Cortázar verweist selbst auf das Foto-Bild. Als der mitsuchende Kellner unter dem

Tisch erfährt, daß es sich bloß um ein Stück Zucker handelt, „puso una cara que era como para pulverizarla con un fijador" (S.131).[15]

Kapitel 2, das nach der Anweisung des *tablero* dem ersten folgt, ist die Auflösung der anfänglichen Unbeschwertheit. Die absurde Absichtslosigkeit der Gedankenspiele Oliveiras setzt sich zunächst in seinen Tätigkeiten fort: „Por ese entonces yo juntaba alambres y cajones vacíos en las calles de la madrugada y fabricaba móviles, perfiles que giraban sobre chimeneas, máquinas inútiles que la Maga ayudaba pintar." (S.132) Und im Text umspielt neben der Malerei – „peinarse después de haber pasado la tarde frente al retrato de Leonor de Aquitania y estar muerta de ganas de parecerse a ella" (S.134) – nun auch die Musik die Begegnungen: Schubert, Bach, Gershwin, Wolf vertonen das literarische Liebesleben. Doch der Schatten der unersättlichen Suche Oliveiras – „buscar era mi signo" (cap. 1, S.127) – verdunkelt das Glück: „...aunque hiciéramos tantas veces el amor la felicidad tenía que ser otra cosa, algo quizá más triste que esta paz y este placer, un aire como de unicornio o isla, una caída interminable en la inmovilidad. (...) yo andaba como salido, volcado en otra figura del mundo, ..." (S.136) Die spätere Trennung, die Cortázar in Kapitel 20 inszenieren wird, ist schon beschlossen: Die Liebe zur Maga ist lediglich Station auf Oliveiras Weg zur *otherness*, der Figur des Anderen. Oliveira rückt als Suchender ins Zentrum des Romans und übernimmt die Rolle des Beobachters von Figuren auf und in den Bildern. Dieser Status läßt ihn immer außerhalb der Szenerie oder an der Grenze von Teilnahme und Beobachtung existieren. Magas Charakterisierung:

> Vos sos como un testigo, sos el que va al museo y mira los cuadros. Quiero decir que los cuadros están ahí y vos en el museo, cerca y lejos al mismo tiempo. Yo soy un cuadro, Rocamadour es un cuadro. Etienne es un cuadro, esta pieza es un cuadro. Vos creés que estás en esta pieza pero no estás. Vos estás mirando la pieza, no estás en la pieza. (R, cap.3, S.144)

In Kapitel 9 stehen Toulouse-Lautrec, Klee und Mondrian für „una posible explicación del mundo por la pintura y la palabra" (S.163) und spiegeln den Konflikt der Figuren *Rayuelas*: der Maler Etienne – „pinto ergo soy" – gegen den Philosophen Perico – „Este animal cree que no hay más sentido que la vista y sus consecuencias". Cortázar inszeniert im Text das Ausspielen von Positionen: Visuelle Wahrnehmung gegen diskursive Erklärungen. *Rayuela* ist Austragungsort von wahrnehmungsstrategischen Oppositionen. Maga und Oliveira gehören nach den Worten Magas unterschiedlichen Farb- und Formkompositionen an, die in Kapitel 20 schließlich zum Ende des Liebes-Spiels führen: „Sí, vos sos màs bien un Mondrian y yo un Vieira da Silva." (R, cap.19, S.212)

---

[15] Tatsächlich wurde diese Szene filmisch umgesetzt. In dem Cortázar-Porträt *Bei Julio Cortázar* des Holländers Erik van Zuylen stellt Saúl Yurkievich, der Cortázar in seiner Pariser Wohnung besucht, diese Episode nach.

4.3.2. Absurdität (Del lado de allá)
Berthe Trépat (Kapitel 23)
Nach dem Unfall Morellis und der daraus resultierenden Erfahrung der „incomunicación total" (R, cap.22, S.238) zwischen den Helfern und Schaulustigen und nach der Beschwörung einiger literarischen Vorgänger – Poe, Verlaine, Nerval, Keats, Artaud – denkt Oliveira: „vivir absurdamente para acabar con el absurdo..." (S.239) Die auf diese Weise in Kapitel 22 vorbereitete absurde Einstellung ist die zweite Station auf dem Weg zur *otherness*, die in der Berthe Trépat-Episode des folgenden, zweitlängsten Kapitels des ersten Teils die wichtigsten Figuren entwickelt.

Der Vorsatz „sólo viviendo absurdamente se podría romper alguna vez este absurdo infinito" (cap.23, S.242) wiederholt zunächst die Überzeugung Oliveiras nach dem Unfall-Erlebnis und stürzt ihn auf der Flucht vor dem Regen und vor sich selbst in das auditive Abenteuer mit Berthe Trépat, einer drittklassigen Pianistin, die in einem nahezu leeren Saal der geographischen Fakultät ein Konzert gibt. Ihre musikalische Ästhetik – „construcciones antiestructurales (...) células sonoras autónomas, fruto de la pura inspiración, concatenadas en la intención general de la obra pero totalmente libres de moldes clásicos, dodecafónicos o atonales" (S.244) –, ihre skurrile, marionettenhafte Erscheinung, die an Jarrys *Ubu* erinnert, und die katastrophale Performance, die alle Besucher in die Flucht treibt und die nur Oliveira bis zum Ende verfolgt, machen aus dem Konzertbesuch ein absurdes Erlebnis mit Traumstrukturen. Oliveira, „cada vez más seguro de que soñaba y que le gustaba seguir soñando" (S.251), wird zum Regisseur seines eigenen Traumes und besteigt – trepar/Trépat (im Französischen auch ‚Tod') – nach dem Konzert die Bühne, um die Künstlerin nach Hause zu begleiten. Die clowneske Absurdität der Episode, die in Berthe Trépats panischen Reaktionen auf den Übernachtungsvorschlag Oliveiras kulminiert, endet im Lachen: „Era para reírse." (S.269) Das Lachen wird zur Losung/Lösung des absurden Daseins.

Zwischenspiel *Galdós*: Der Geist Europas im Text (Kapitel 34)
Auf dem Weg nach Buenos Aires — Kapitel 34 bedeutet einen Schritt mehr Distanz zu Europa — löst sich die Metapher der Pariser Sinnsuche in der absurden, sinn- und ziellosen Figur der Bewegungen von Gespenstern auf:

> ..., y todo eso va tejiendo un dibujo, una figura, algo inexistente como vos y como yo, como los dos puntos perdidos en París que van de aquí para allá, de allá para aquí, haciendo su dibujo, danzando para nadie, ni siquiera para ellos mismos, una interminable figura sin sentido. (cap.34, S.347)

Der Irrweg zweier umherschwirrender Punkte ist auch der Weg der Augen des Lesers durch den Doppel-Text des Kapitels. Liest man ihn Zeile für Zeile, führt er unweigerlich zu Verwirrungen und Nonsense-Effekten. Liest man beide Texte nacheinander, entgeht einem das Spiel, das Cortázar mit der

Aufnahme einiger Passagen des Galdós-Romans *Lo prohibido* in seinen eigenen Text treibt, ein innerer Monolog Oliveiras, der gerade das Galdós-Buch liest. Springt man fortwährend hin und her, bildet man genau jene Figur, die Cortázar am Ende des Kapitels heraufbeschwört. Die Stadt Paris wird zum Text *Rayuela*/Galdós: Zwei Räume, in denen absurde Figuren entstehen. Trotz der radikalen Geste des Bruchs mit Lese-Konventionen und des Aufbruchs alter Text-Codes sind Rückbezüglichkeit und Selbstreferenz der Textform eingeschrieben. Die Cortázar-Zitate der Galdós-Passagen sind kursiv gedruckt und erleichtern das verstehende Lesen, der Kommentar am Ende ist ebenfalls Konzession an die lineare Textform.

Das Kapitel ist als Springspiel ein Mikrokosmos des Romans. *Rayuela* erscheint immer noch als Roman, also als ein textuelles Konstrukt, das den Mechanismen der Textproduktion, -distribution und -rezeption unterworfen bleibt. Das macht den Text in seinem Konflikt mit sich selbst als Medium für die hier angestellten Überlegungen relevant. Die Zerstörung der traditionellen Text-Struktur gelingt über die Spektralität des Textes. Der Bruch mit Schrift-Konventionen in der Folge avantgardistischer Schreibspiele findet auf drei Ebenen statt, die wiederum das Text-Dispositiv betreffen. Cortázar wendet sich gegen die konventionelle *écriture* des naturalistisch-realistischen Romans (Produktion), gegen traditionelle Lesegewohnheiten (Rezeption) und in seiner Form auch gegen die funktionale Linearität des Textes selbst, das heißt seine Gestalt innerhalb der Verteilungsmechanismen (Distribution). Darüberhinaus werden auf diegetischer Ebene Angriffe gegen Maga als Konsumentin traditioneller Literatur geführt, die wiederum auf Oliveiras Bruch mit europäisch-rationalistisch-humanistischen Prinzipien verweisen, für die der Eigenname Galdós einstehen muß. Kapitel 34 spiegelt in seiner textuellen Unlesbarkeit die Unmöglichkeit *Rayuelas*.

Absurde Synästhesie: Emmanuèle (Kapitel 36)
Wir begegnen nach dem Konzert Berthe Trépats und dem Tod von Rocamadour der letzten Figur des Absurden aus *Del lado de allá* und erleben die Abrechnung eines Lateinamerikaners mit dem abendländischen Rationalismus. Die (Flaubertsche) „educación sentimental" (cap.13, S.183) in Paris wird zur radikalen Kulturkritik stilisiert und in ihrer ironischen Brechung als textuelle Synästhesie inszeniert. Die auf Existenzfragen abzielende Cortázar-Kritik stellt den Roman in einen existentialistischen Kontext, der um den Begriff der Suche kreist. Die „Metaphysik" des Textes wird zur Denkfigur, die der Geste der Suche in der Schrift Cortázars entspricht. Sie ist, neben vielen anderen, Aus- und Eindruck einer komplexen Lebenserfahrung, der transzendente Signifikate als fixierte Sinneinheiten immer suspekt erscheinen müssen. Gegenüber einer Katze als stummer Komplizin formuliert Oliveira am Anfang des Kapitels seine Gedanken. Mit der Bündelung zentraler Motive

dieser Passagen soll ihre existentialistische Thematik vergegenwärtigt werden.[16]

Die **Einsamkeit**: „No se puede querer lo que quiero, (...) Había que saber estar solo y que tanto querer hiciera su obra, me salvara o me matara, pero sin la rue Dauphine (wo Oliveira Pola und Maga vermutet), sin el chico muerto, sin el Club y todo el resto." (S.354)

Die miß/ge/lungene **Suche**: „„...sentir lúcidamente (...) que su búsqueda incierta era un fracaso y que a lo mejor en eso precisamente estaba su victoria." (S.355)

Der „**kibbutz del deseo**", Ziel der Suche, Objekt des Begehrens:

> Kibbutz; colonia, settlement, asentamiento, rincón elegido donde alzar la tienda final, donde salir al aire de la noche con la cara lavada por el tiempo, y unirse al mundo, a la Gran Locura, a la Inmensa Burrada, abrirse a la cristalización del deseo, al encuentro. (...) Kibbutz del deseo, no del alma, no del espíritu. Y aunque deseo fuese también una vaga definición de fuerzas incomprensibles, se lo sentía presente y activo, presente en cada error y también en cada salto adelante, eso era ser hombre, no ya un cuerpo y un alma sino esa totalidad inseparable, ese encuentro incesante con las carencias (...) Se moriría sin llegar a su kibbutz pero su kibbutz estaba allí, lejos pero estaba y él sabía que estaba porque era hijo de su deseo, era su deseo así como él era su deseo y el mundo o la representación del mundo eran deseo, eran su deseo o el deseo, no importaba demasiado a esa hora. (S.354-356)

Im Begriff des Begehrens als „encuentro incesante con las carencias" bestimmt Cortázar die Suche Oliveiras nach seinem „kibbutz del deseo".[17] Die Anfangspassage des Kapitels endet mit dem stereotypen Bild/Zitat des Verzweifelten: mit den Händen vor dem Gesicht, rauchend und an seinen

---

[16] Wie in den anderen absurden Episoden des ersten Teils ist Oliveira auch in diesem Kapitel Fokus der Erzählung, in der sich die Erzählstile des inneren Monologs und des personalen Erzählers abwechseln. Vgl. zu Erzählinstanzen und -fokalisationen die narratologischen Arbeiten Genettes in Figures I-III, Paris 1971-74.

[17] Im immer unerreichbaren Anderen liegen Ansatzpunkte für Analogien zu Levinas' Philosophie des Anderen — vgl. z.B. Levinas, Emmanuel, „La trace de l'autre", in: En découvrant l'existence avec Husserl et Heidegger, Paris 1982, dt. in: Die Spur des Anderen. Untersuchungen zur Phänomenologie und Sozialphilosophie, Freiburg 1983, S.209-235 — und zu Lacans ontologisch bestimmten Seinsmangel. Berg betont das Begehren gerade auch in seiner Interpretation der Schlußfigur aus Kapitel 56 und zieht psychoanalytische Untersuchungen Girards heran, die ein „désir mimétique" jeder Seinsbildung als anthropologische Konstante voraussetzen. Bergs Analysen geraten in den mythischen Kreislauf der Interpretation, die in ihrer Rekurrenz auf kulturanthropologische Ansätze schließlich doch eine schlüssige Deutung geben will. Mit Derridas „destinerrance", in der immer schon die Un/Möglichkeit des Ankommens mitgedacht ist, sollen all diese Möglichkeiten offen gelassen werden. Vgl. Derrida, Jacques, La carte postale, Paris 1980, vor allem Teil 2, „Le facteur de la vérité", wo Derrida die logozentrisch motivierte Poe-Interpretation Lacans in „Le séminaire sur ‚La lettre volée'", (Écrits I, a.a.O., S.19-75) dekonstruiert.

kibbutz denkend, sitzt Oliveira am Flußufer inmitten von Vagabunden. Dieses Standbild soll seinen vielschichtigen Bedeutungen überlassen werden. Das folgende Erlebnis mit der *clocharde* wird Oliveiras letztes europäisches Abenteuer. Es ist eine Begegnung mit dem Unerträglichen.

Er imitiert Heraklit, der in expliziten Verweisen und einigen Übereinstimmungen mit dem Protagonisten durch den Text spukt. Er versinkt im Dreck, im Abschaum, im Unerhörten und sucht Kontakt zur *clocharde*, „la Gran Madre" (S.361), deren Name auch auf den Aufklärer der Aufklärung verweist, Immanuel Kant.[18] Spiele, Figuren, Geister. Oliveira formuliert sich sein Programm: „Deseducación de los sentidos, abrir a fondo la boca y las narices y aceptar el peor de los olores, la mugre humana." (S.361) Oliveira sucht die Übelkeit, die extreme Erfahrung des Menschlich-Häßlichen mit allen Sinnen in den Spuren Heraklits: „En la mierda hasta el cogote, Heráclito el Oscuro, exactamente igual que ellos pero sin el vino, y además para curarse la hidropesía." (S.362) Während die betrunkene *clocharde* ihm die Hose aufknöpft, zweifelt Oliveira an der Krankheit des Philosophen, unterstellt Heraklit, nur einen Vorwand für das Erlebnis der unerhörten Figur gebraucht zu haben: „...sin tener en absoluto hidropesía, sencillamente dibujando una figura que su mundo no le hubiera perdonado bajo la forma de sentencia o de lección,..." (S.365) Oliveira zeigt der Pariser Welt in seiner letzten europäischen Erfahrung den nackten Abgrund, in den er sich selbst hinabgeführt hat und den er genießt, „se dejaba ir con un suspiro" (S.366), als Emmanuèle beginnt, sein schlaffes Glied zu liebkosen. Doch das Gesetz der abendländischen Welt urteilt auch in diesem Fall: Ein Polizist spürt die beiden auf, sie werden im Polizeiwagen abtransportiert. Und die schrillen Schreie der singend-brüllenden Emmanuèle klingen wie das Echo der grotesken Klang-Konstruktionen Berthe Trépats.

Rayuela, Kaleidoskop, Labyrinth – im letzten Kapitel des ersten Teils werden gegen Ende die drei Lektüre-Figuren textuell miteinander verwoben. Ohne inhaltlichen Bezug zur Fahrt im Polizeiwagen wird das Kinderspiel unvermittelt beschrieben und erläutert: „La rayuela se juega con una piedrita que hay que empujar con la punta del zapato." (S.367) Im Wagen sitzen neben Oliveira und Emmanuèle zwei dingfest gemachte Päderasten und haben ein Kaleidoskop dabei. Wie schon beim Tod von Rocamadour ist es ein Streichholz, das hier die Szenerie des Kaleidoskops im Dunkel des Wagens zum Leuchten bringt: „LOOK THROUGH THE PEEPHOLE AND YOU'LL SEE PATTERNS PRETTY AS CAN BE." (S.368) Schließlich führen Kaleidoskop und Rayuela in einer absurden, schock-(syn)-ästhetischen Durchdringung ins offene Labyrinth des „kibbutz del deseo":

---

[18] Das Motiv der *Gran Madre* gibt Anlaß zu psychoanalytischen Deutungen — die für diese Arbeit allerdings weniger ins Gewicht fallen — und ist in Verbindung mit der Kantschen Philosophie als „Mutter" des kritisch-transzendentalen Idealismus ein interessantes Gedankenspiel, zumal Oliveira hier als der „dunkle" Heraklit auftritt.

..., un camino al kibbutz, tal vez el único camino al kibbutz, eso no podía ser el mundo, la gente agarraba el calidoscopio por el mal lado, entonces había que darlo vuelta con ayuda de Emmanuèle y de Pola y de París y de la Maga y de Rocamadour, tirarse al suelo como Emmanuèle y desde ahí empezar a mirar desde la montaña de bosta, mirar al mundo a través del ojo del culo, and you'll see patterns pretty as can be, la piedrita tenía que pasar por el ojo del culo, metida a patadas por la punta del zapato, y de la Tierra al Cielo las casillas estarían abiertas, el laberinto se desplegaría como una cuerda de reloj rota haciendo saltar en mil pedazos el tiempo de los empleados, y por los mocos y el semen y el olor de Emmanuèle y la bosta del Oscuro se entraría al camino que llevaba al Kibbutz del deseo, ... (S.369)

Kaleidoskop, Labyrinth und Rayuela sind in der Emmanuèle-Episode überkreuzte und verkehrte[19] Figuren diskontinuierlicher, absurder Welt-Konstellationen in der Erfahrung des Häßlichen und Unerhörten, die am Ende in die Geste der Hoffnung auf die wahre Figur, den echten Kibbutz ausläuft: „..., y un día alguien vería la verdadera figura del mundo, patterns pretty as can be, y tal vez, empujando la piedra, acabaría por entrar en el kibbutz." (S.369) Dieser Kibbutz ist im Kontext einer radikalen Rationalismuskritik das Ziel einer existentialistisch und anthropologisch motivierten Suche nach „Authentizität", die der Autor in einem Interview mit González Bermejo selbst formuliert: „La idea central de *Rayuela* es una especie de petición de autenticidad total del hombre."[20]. Diese Aussage bestimmt gleichzeitig ein Hauptmotiv der inhaltlichen Studien zu Cortázar, die Authentizität als ontologisches Paradigma immer wieder mit dem „hombre nuevo" – vor allem als *homo ludens* – zusammendenken.[21] Die vorangegangene Lektüre der absurden Figuren *Rayuelas* wollte diese Lesarten vermeiden. Trotz der Insistenz des metaphysischen und auf romantische Traditionen zurückgehenden Authentizitätskonzepts in mehreren Texten Cortázars sollten die transgressiven Figurenkonstellationen des Romans akzentuiert werden, ohne in anthropologisch-ontologische Muster zu verfallen.

---

[19] Das Bild der Kaleidoskopöffnungen kann analogisch zu den Enden des Saxophons in *El perseguidor* gesehen werden. Anfang und Ende der „Instrumente" markieren unterschiedliche Blick- und Wahrnehmungssituationen.
[20] Bermejo, a.a.O., S.59.
[21] Dieser Zweig der Cortázar-Forschung reicht in seinen vielfältigen Variationen von den im Literaturverzeichnis aufgeführten Studien García Canclinis und de Solas aus den sechziger Jahren über Sosnowski, Scholz, Genover und Brody bis hin zu Boldy und Imo.

4.3.3. Wahnsinn (Del lado de acá)[22]

Ich gestehe, seit einiger Zeit fange ich an, Dinge zu hören und zu sehen, die ich bisher noch nie gesehen und gehört habe.[23]

Die Erfahrungen der Liebe und des Absurden werden in *Del lado de acá* um die Erfahrungen des Wahnsinns und des Doppelgängers erweitert. Die Kapitel 37-40 stellen die Figuren des zweiten Teils vor: Die Freunde Oliveiras, Manuel (Manú) und Talita Traveler, sind „unos porteños humildes" (cap.40, S.384) und arbeiten als Handlanger und Buchhalter in einem Zirkus; Gekrepten ist die schwedische Freundin Oliveiras, die schon im ersten Teil als seine frühere Geliebte erwähnt wird. Sie vertritt die aus *Historias de cronopios y famas* bekannten *esperanzas* und spielt die Rolle der ungebildeten, häuslichen, aufdringlichen und Oliveira meist unerträglichen Gefährtin, bei der er mehr aus Bequemlichkeit denn aus Liebe wohnen wird. Doch weist diese Figurenkonstellation signifikante Spektral-Effekte auf. Traveler wandelt sich im Verlauf der Geschehnisse vom Freund und *alter ego* Oliveiras zu dessen Doppelgänger.[24] Als sein Vexierbild ist er zu Beginn der im Reisen unerfahrene Argentinier gegenüber dem Kosmopoliten, der „hombre de acción" mit einem „interés irónico por la soteriología" (cap.37, S.377) gegenüber dem Intellektuellen. Doch schon hier kündigt sich in Travelers Gedankenwelt der Doppelgänger an: „A veces Traveler hace ilusiones a un doble que tiene más suerte que él" (ebd.). Später wird die Ähnlichkeit der beiden Freunde zu einem den Text durchziehenden Leitmotiv: „Reconocerás que el

---

[22] Neben den von Foucault vor allem in seiner *Histoire de la folie* herausgearbeiteten diskursiven Strukturen, die erst die Differenz Wahnsinn/Vernunft aufmachten, verweisen auch Heidegger und im Anschluß an beide Denker Derrida auf die etymologische Möglichkeit eines anderen Sinns im Wahn-Sinn. Vgl. Heidegger, Martin, Unterwegs zur Sprache, Pfullingen 1971, und die Arbeiten Derridas in L'écriture et la différence, a.a.O.

[23] Gogol, Nikolaj, Aufzeichnungen eines Wahnsinnigen, in: Petersburger Novellen, München 1992 (1835), S.57.

[24] Das Doppelgänger-Motiv benutzte vor allem die Romantik (Hoffmann, Gogol, Stevenson, Shelley, Poe, bis zu Dostojewskij und Maupassant) mit Vorliebe, um die unbekannten, bedrohlichen und unzugänglichen Schichten des Ichs in imaginären Konstruktionen zu symbolisieren. Mit Freud und Rank — und im Zeitalter des Kinos — wird der Doppelgänger dann pathologisch bzw. technologisch. Vgl. dazu Kittler, Friedrich, „Romantik — Psychoanalyse — Film: eine Doppelgängergeschichte", in: ders., Draculas Vermächtnis. Technische Schriften, Leipzig 1993, S.81-104. Im Zeitalter multipler Persönlichkeiten ist der Doppelgänger mittlerweile zu einer festen Einrichtung in Kunst, Werbung und Wissenschaft geworden. Antonioni, um eine weitere intermediale Spur zu nennen, behandelt das Thema in *Profession: Reporter* (1975). Bei Cortázar hat es seine Wiederholungen in einigen Kurzgeschichten und Romanen. Schon in *El examen* ist Abel Doppelgänger von Andrés. Am Ende treffen sich beide zum Selbstmord wieder. In *62* ist der „paredro" aller Figuren konstanter Begleiter der Situationen; in *Libro de Manuel* übernimmt „el que te dije" eine ähnliche Funktion. *Lejana*, *El río*, *Una flor amarilla*, *La noche boca arriba*, *Axolotl* und *La isla a mediodía* sind Erzählungen, in denen Cortázar das Motiv des Doppelgängers variiert.

lío con Manú es que nos parecemos demasiado." (cap.41, S.409), und: „La diferencia entre Manú y yo es que somos casi iguales." (S.410) Talita ist wiederum eine Maske Magas, die sich in der hier noch durch Blickmanipulation forcierten Halluzination Oliveiras abzeichnet: „Tal vez, entornando un poco los ojos... Y esa manera de pronunciar el francés, esa manera, y si él entrecerraba los ojos." (cap.40, S.385) In Oliveiras Vision der Rayuela spielenden Maga/Talita in der Irrenanstalt (Kapitel 54 und 56) werden dann die Masken vollends zusammenfallen.

4.3.3.1. Transgressionen der Nützlichkeit (Kapitel 41)

...las palabras serían antorchas de pasaje,....(LP, S.278)

Am Anfang dieses Kapitels steht eine unmotivierte, absurde Handlung: Oliveira klopft bei unerträglicher Hitze in der Wohnung Gekreptens krumme Nägel gerade. Außerdem denkt er an Mate und hat nicht mehr genug davon für einen Aufguß. Er stört daraufhin Traveler und Talita, die in einem Hotel direkt gegenüber wohnen, mit eindringlichem Pfeifen – das er nebenbei als in der Literatur vernachlässigtes Motiv thematisiert – in ihrer Siesta, um bei ihnen nach Mate und Nägeln zu fragen, die sie ihm in einem Päckchen zuwerfen könnten. Nägel, für die er keine Verwendung hat, wie er später auf Travelers Frage erklärt und damit das pragmatisch-utilitaristische Kommunikationsmodell auflöst: „Tengo la impresión de que en cuanto tenga clavos bien derechos voy a saber para qué los necesito." (S.392) [25] Aus dieser absurden Situation entwickelt sich eine Schlüsselszene des Romans, die zudem die erste Szene *Rayuelas* gewesen sein soll.[26] Da das Risiko des Fehlwurfs zu groß ist, schlägt Traveler im Scherz den Bau einer Brücke vor. Eine Idee, die von Oliveira allerdings sofort aufgenommen wird. Zwei über der Straße zusammengebundene Bretter, die in den jeweiligen Wohnungen unter Möbelstücken befestigt werden, sollen nach einigen mißglückten Versuchen schließlich als Brücke zwischen den beiden Häusern dienen. Das Zusammenbinden der Bretter und die Übergabe des Päckchens übernimmt Talita. Damit ist eine Figuren-Konstellation konstruiert, die in ihrer differentiellen Bildhaftigkeit und Vieldeutigkeit aus der anfangs harmlosen Transaktion ein zeremonielles Spiel auf Leben und Tod werden läßt: „‚Es como un juicio‘, pensó Talita. ‚Como una ceremonia.‘" (S.404) Die Bilder der Waage als Maß der Gerechtigkeit, der Brücke als Medium, Kommunikationskanal und Übergang, der schwebenden Frau als Zünglein an der Waage, Botin, Spielball des Schicksals und Verurteilte zwischen zwei Fronten, sie alle drängen sich im Verlauf des Kapitels auf und mischen sich zu einem spektralen Bild der Substitutionen und der Unentscheidbarkeit, in dem nur ein Motiv in seiner

---

[25] Vgl. dazu auch Berg, Grenz-Zeichen, a.a.O., S.196-198.
[26] Vgl. Barrenechea, Amorós und die Interviews mit Cortázar, z.B. mit González Bermejo in RCA, S.774: „El primer capítulo que escribí fue el del tablón."

Iterativität signifikant erscheint – das Spiel. Denn das Spiel löst den Ernst der Situation immer wieder auf, es signiert den gesamten Text *als Spiel*.[27] Schon zu Beginn des Kapitels macht Oliveira vier Sprachspiele, während Traveler Mate und Nägel sucht:

1. „componer titulares, cosa que siempre ayudaba a pasar el tiempo" (S.393), ein Spiel, in dem unwahrscheinliche und groteske Schlagzeilen erfunden werden;

2. das „juego de cementerio" (ebd.), das er sonst mit Traveler und Talita zu spielen pflegt, ist eine Verballhornung des Wörterbuchs der *Real Academia Española*, aus dessen sprachlichem „Friedhof" Begriffe in sinnlose Kontexte gestellt werden und eine Art Nonsense-Text ergeben;

3. im Schreibspiel der „diálogos típicos" (S.394) steht die Idee der „incomunicación" im Vordergrund: in banalen Dialogen reden Menschen aneinander vorbei;

4. die von Oliveira geschriebene „jitanjáfora" (S.395) ist ein Nonsense-Gedicht, das aus willkürlich gefundenen und unverständlichen Spracheinheiten zusammengesetzt ist und dabei eine bestimmte, kompositorische Klangfolge besitzt.

Die dramatische Zuspitzung der Übergabe-Situation auf der Brücke und ihr Umschlag in eine zeremonielle Ver-handlung werden in der Auseinandersetzung zwischen Oliveira und Traveler von Reflexionen zum Spiel begleitet: „— ¿Y qué? — dijo Traveler — ¿Por qué te tengo que hacer el juego, hermano?" – „Los juegos se hacen solos, sos vos el que mete un palito para frenar la rueda." (S.404) Das Leben und der Text erscheinen als Spiele, die sich selbst spielen. Menschen sind Mit- und Gegenspieler, die sich den Spielregeln beugen – oder sie in neuen Spielzügen durchbrechen. Wenn Traveler kurz darauf vom einen Ende des Brettes aufsteht und für Talita einen Sonnenhut holen geht – eine angesichts der Situation lächerliche und unnötige Geste, die Talita zudem der Gefahr des Absturzes aussetzt und in der Gesamtkonstellation als Rückzug zu verstehen ist, dabei noch unverhältnismäßig viel Zeit in Anspruch nehmend –, scheint das Fragespiel der „preguntas-balanza" (S.406), das eine Abwandlung des Friedhofspiels darstellt, Oliveira und Talita von der Dramatik der Geschehnisse vollkommen abzulenken. Sie vergessen ihre Umwelt und ergehen sich in gegenseitigen Komplimenten zu den besten Einfällen. Die Störung Gekreptens, die vom Einkauf zurückkehrt, scheint daraufhin das Spiel der „diálogos típicos" zu

---

[27] Das Spiel mit Buchstaben, die Erfindung neuer Sprachen wie dem *glíglico* in *Rayuela*, Palindrome, absurde Konstruktionen von Oliveira, von Calac und Polanco in *62* und Mitgliedern der *joda* in *Libro de Manuel*, Neologismen wie *cronopios* und *famas*, Anagramme wie *pameos y meopas* und *Satarsa* sind Zeugnisse des Sprachbewußtseins Cortázars, das den Ausbruch aus sprachlichen Konventionen und die Lust an ihrer De/Konstruktion dokumentiert. Paten dieses spielerischen Umgangs mit der Schriftsprache sind Lewis Carroll, Raymond Roussel, Alfred Jarry und auch lateinamerikanische Sprachspieler wie Cabrera Infante.

wiederholen: während sie von ihren banalen Einkaufserlebnissen berichtet, unterhalten sich Talita – immer noch auf den Brettern sitzend – und Oliveira über das Verhältnis der beiden Freunde, ohne auf Gekrepten einzugehen. Am Ende, wenn Gekrepten Kaffee und damit den Mate überflüssig macht, löst sich selbst die vordergründig pragmatische Motivation für die Transaktion auf und gibt der absurden Figur ihre ganze Tragweite. Indem Talita schließlich doch noch den Mate zusammen mit den Nägeln in die Wohnung Gekreptens wirft, komplettiert sie in absurder Geste die widersinnige Kommunikations-Figur: das Päckchen zerschellt am Schrank in der Wohnung Gekreptens, die schließlich die verstreuten Teile – bar jeder Funktion – einsammeln muß.

Die Erzählung – sie kann als selbständige Geschichte innerhalb des Romans gelesen werden – ist die Geschichte ihrer eigenen Figur. Sie befindet sich in einem selbstreflexiven Schwebezustand, den Talita als Bote im Nichts auf dem Brett reproduziert. Auf der Ebene der *story* findet die sprachliche Austragung des Konfliktes zwischen Oliveira und Traveler statt, der sich (auch) um Talita dreht und der als Begegnung mit dem Anderen als Differenz des Gleichen die Schlußfigur des zweiten Teiles vorwegnimmt. Doch ist dies nur eine Seite des Kapitels. Denn auf der anderen Seite ist die Erzählung die Inszenierung einer pataphysischen Absurdität, die die Ernsthaftigkeit des teils metaphysisch überschatteten Konflikts ins Leere laufen läßt. Die vielschichtige Figur der Erzählung hat keine kausalen ZeitRaum-Strukturen und ermöglicht erst die fingierte Gegenüberstellung der beiden Kontrahenten, die als Masken ein und derselben Figur schließlich keine mehr sind. Die Geschichte wird aus surrealistischen Phantasien geboren. Oliveiras Verlangen nach Nägeln und Mate hat keinen zweckorientierten Sinn. Vielmehr sind in metonymischen Ketten Mate und Nägel auch Argentinien, Paris, Talita, Traveler, Maga, Literatur. Die Konstruktion der Brücke – und aufgrund ihrer disseminierenden Effekte sollte man mit kommunikations- wie zeichentheoretischen Theoremen behutsam umgehen – steht in logisch-rationalen Parametern als riskantes Unternehmen in keinem Verhältnis zu dem Risiko eines Fehlwurfes, dessen unwahrscheinliche Möglichkeit erst zur Idee des Baus führte. Sie verweist vielmehr auf den Text *Rayuela* selbst mit der Vielzahl an ähnlich absurden Konstruktionen und ist das Spiegelbild seiner eigenen Konstruktion. Das Spielerische – unmotiviert/zweckfrei, pataphysisch/imaginativ, produktiv und alogisch –, das in der dominanten Form des Sprachspiels den gesamten Text durchzieht, wird zum Hauptakteur der textuellen Inszenierung: „Las palabras son como nosotros, nacen con una cara y no hay tu tía" (S.409). Die Brücke wird zum gespenstischen Zwischenraum des textuellen Boten, der in der Figur der schwebenden Talita sein Sinn-Bild findet.

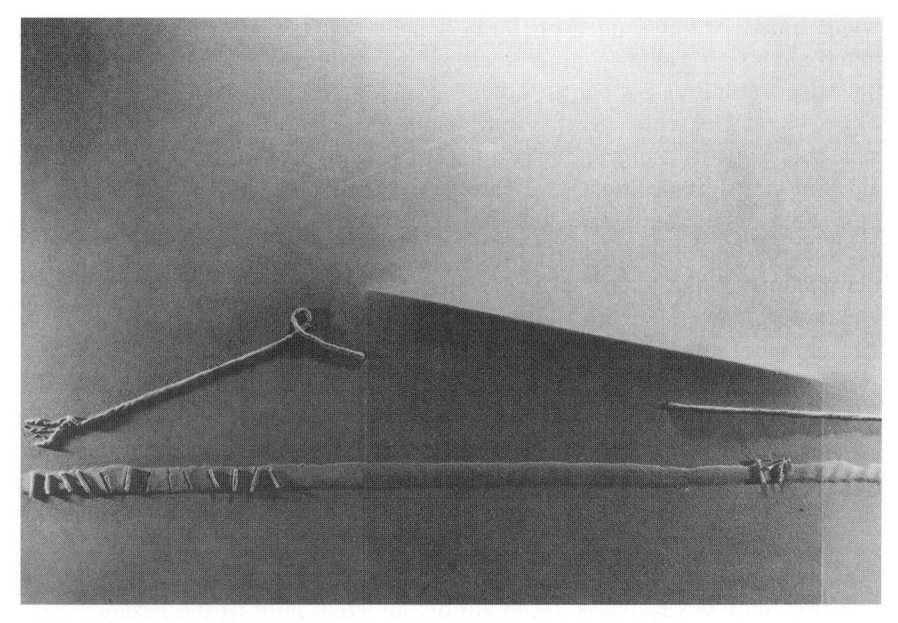

Abb.22: Leopoldo Novoa, Piolines © VG Bild-Kunst, Bonn 1998

4.3.3.2. Territorien des Anderen

> Sin decírnoslo, fue como sentir que existe en el mundo una fraternidad innominada de artistas y poetas para quienes el piolín vale como signo masónico, como santo y seña sigiloso. Detrás, quizá, el mito de Aracné y la inmensa telaraña de las afinidades electivas... (T, S.51)

Die Kapitel 49 bis 55 bereiten die Schlußfigur des zweiten Teils vor. Zunächst wechseln die Freunde vom Zirkus in die Irrenanstalt, deren Leitung Ferraguto, der Besitzer des Zirkus, übernimmt. Sie treffen Vorbereitungen für die neue Arbeit, im Irrenhaus wird der Vertrag unterschrieben und Oliveira macht Bekanntschaft mit den Räumlichkeiten und mit Remorino, einem als Pfleger arbeitenden Insassen der Anstalt. Kapitel 51 inszeniert die zeremonielle Vertragsunterzeichnung einiger Insassen des Irrenhauses, die keinen Vormund haben. In dieser „comedia idiota" (S.462) scheinen Oliveira die neuen Chefs verrückter als die Unterzeichnenden, die als Gegenleistung für ihre Unterschrift den „muerte de un perro" (ebd.) einklagen, von dem niemand weiß, was es damit auf sich hat. In Kapitel 53 findet dann der erste Abstieg in die Leichenkammer statt. Aufgrund eines Personalstreiks helfen Traveler und Oliveira bei der Deponierung einer Leiche im Kühlfach des Kellerraums.

Zirkus und Irrenanstalt sind Passagen, Orte des Übergangs: Aufstieg/Abstieg, Himmel/Hölle sind die Differenzen, die im Verlauf von *Del lado de acá* immer wieder aufgenommen werden. Über dem Zirkus ist der

Sternenhimmel, und Oliveira spricht oft vom Sirius, den er durch die Öffnung beobachtet. Unter der Anstalt ist der Tod, das schwarze Loch in die Hölle:

> En el circo había sido al revés, un agujero en lo alto, la apertura comunicando con el espacio abierto, figura de consumación; ahora estaba al borde del pozo, agujero de Eleusis, la clínica envuelta en vapores de calor acentuaba el pasaje negativo, los vapores de solfatara, el descenso (cap.54, S.476)

Die Passagen mit ihren Orten und Öffnungen werden im Text mit dem räumlichen Bild des *Rayuela*-Spiels verwoben. Die Gleichsetzungen Zirkus = Himmel und Irrenanstalt = Hölle sind angesichts des differentiellen Charakters des Romans jedoch zu schematisch. Denn in dieser Hölle findet ebenfalls das „encuentro imposible" (S.481) zwischen Oliveira und Maga/Talita statt, das sie – zumindest vorübergehend – ins „centro del mandala" (S.482) führt und das Vorspiel der Schlußfigur bildet.

Piolines, palanganas, escupideras und *rulemanes* bilden die Elemente der letzten Figur des zweiten Teils von *Rayuela*. Sie dienen Oliveira in seinem Zimmer als fragile Bestandteile der räumlichen „operaciones defensivas" (S.488) gegen das „territorio Traveler" (S.495).[28] Auf einer „realistischen" Ebene der *story* erwartet Oliveira seinen Gegner und glaubt, daß dieser ihn aus Eifersucht umbringen will. Er konstruiert unter Mithilfe eines Anstaltsinsassen in seinem Zimmer mit den Bindfäden, Waschschüsseln, Spucknäpfen und Rollbrettern ein Labyrinth in mehreren „líneas de defensa", dessen Spinnennetz im oberen Bereich durch die Fußfallen auf dem Boden ergänzt wird. Hinter den Verteidigungslinien begibt sich Oliveira selbst zu einem Feld am Fenster, wo er rauchend auf die Ankunft Travelers wartet. Vom Fenster blickt er auf das im Hof aufgemalte Rayuela-Spiel und versucht, die einzelnen Kästchen mit den aufgerauchten Zigarettenstummeln zu treffen. Tatsächlich erscheint Traveler gegen vier Uhr nachts vor der Tür des Zimmers, während Talita nahezu gleichzeitig den Hof vor dem Fenster betritt. Oliveiras existentielle Furcht scheint sich damit zu legitimieren. Die von Traveler in seinem Pyjama versteckte Waffe (vgl. S.499) ist ein weiteres Indiz. Doch verliert die „realistische" Version bald ihre Relevanz: „Pero mejor todavía era sentir que el asesino no era un asesino, que el territorio ni siquiera era un territorio..." (S.495). Das von Oliveira aufwendig angelegte Labyrinth ist in seiner Räumlichkeit ebenso Figur und Spiegel des Textes wie schon die zweckfrei konstruierte Brücke aus Kapitel 41.

---

[28] Cortázar findet seine für die literarische Figur in *Rayuela* ausschlaggebende Obsession für Fäden in seiner Begegnung mit dem plastischen Territorium von Leopoldo Novoa in *Territorios* wieder: „Era casi fatal que unos años más tarde, en su último delirio de lucidez, un tal Horacio Oliveira se parapetara detrás de una terrible, precaria defensa de piolines; y que mucho después, hoy, estas palabras vinieran a encontrarse con los piolines que el arte de Leopoldo Novoa alza como nadie a su vocación de signos, de indicaciones, de instrumentos para una náutica que acata otras cartografías, que busca las tierras incógnitas de la sola realidad que nos importa." (T, S.54)

Auf einer spektralen Ebene reflektieren sich in der Figur die Hauptmotive des Romans. Kapitel 56 wiederholt die Motive des Doppelgängers, des „juego de espejos" (S.500) und „juego de sustituciones" (S.505). Dabei wird die radikalisierte Suche Oliveiras nach der Einheit im „kibbutz del deseo" in der logischen Differenz „vigilia/sueño" unmöglich gemacht. Wenn Oliveira, „pensando en la unidad tan puesta a prueba por el conflicto del territorio versus la pieza" (S.491), das Wachen gegen das Schlafen/Träumen ausspielen will, muß er sich auf eine immer schon auf Differenzen aufbauende Dialektik berufen: „pero decir vigilia contra el sueño era ya reingresar en la dialéctica, era corroborar una vez más que no había la más remota esperanza de unidad." (S.492) Deshalb kann es Oliveira auch nicht mehr um eine auf dialektischen Prinzipien beruhende, konfliktlösende und interpersonale Begegnung mit Traveler gehen, sondern um ein „desencuentro incalculable entre la masa negra Traveler y eso ahí en el borde del escritorio fumando" (S.495) jenseits jeder Differenz. Die Auflösung der räumlichen und subjektiven Grenzen führen schließlich zu dem Wunsch, verrückt zu werden – „la suerte de volverse loco esa noche, la liquidación del territorio Traveler hubiera sido absoluta" – und damit die Differenz *vigilia/sueño* zu überwinden: „querer dormirse por fin en el despertar, en ese filo donde la vigilia y el sueño mezclaban las primeras aguas y descubrían que no había aguas diferentes." (S.496) Die labyrinthische Konstruktion im Zimmer richtet sich also lediglich gegen den Traveler der Differenz, den Anderen *als* Anderen. Die räumlichen Licht-Zeichen vor der Tür – „dos sectores negros a media distancia de la raya de luz violácea" (ebd.) – kündigen in diesem Sinne unweigerlich dessen Territorium an. Das dem Eindringen folgende Gespräch, in das Oliveira auch Talita/Maga miteinbezieht, baut zunächst auf Differenzen auf – Gründe für Travelers Eindringen, Eifersucht – und findet im Spiel der Substitutionen schließlich sein zentrales Thema als selbstreflexiven Effekt. Traveler wird zum territorialen Abziehbild Oliveiras, der sich angesichts der historisch-evolutionären Entwicklung des Menschengeschlechts nur in der Differenz zu Traveler als Doppelgänger definieren kann:

> Por eso siento que sos mi *doppelgänger*, porque todo el tiempo estoy yendo y viniendo de tu territorio al mío, si es que llego al mío, y en esos pasajes lastimosos me parece que vos sos mi forma que se queda ahí mirándome con lástima, sos los cinco mil años de hombre amontonados en un metro setenta, mirando a ese payaso que quiere salirse de su casilla. (S.506)

Die schizophrenen Züge Oliveiras sind am Ende des zweiten Teils eine Variation auf die radikale Kulturkritik, die in Verbindung mit der absurden Suche nach Authentizität ein Hauptmotiv des gesamten Romans bildet. Traveler wird zu Oliveiras Vor-Bild des Irrtums Mensch, der er als Doppelgänger immer auch selbst ist: „era el hombre del territorio, el incurable error de la especie descaminada, pero cuánta hermosura en el error y en los cinco mil años de territorio falso y precario" (S.508). Der Ausbruch aus dem Territorium ist am Ende die Wiederholung des Programms der Umkehrung aus dem ersten Teil, „la única manera posible de escapar del territorio era metiéndose en él hasta las cachas" (ebd.) und Oliveira ruft sein eigenes Bild mit Berthe Trépat in Erinnerung, wobei er ebenfalls das Parallelbild mit Emmanuèle evoziert. Das Territorium des Anderen ist in seiner Wiederholung die unumgehbare Differenz des Gleichen. Nachdem Traveler zu Talita und den anderen auf dem Hof Versammelten hinuntergegangen ist, steht am Ende im „encuentro de las miradas" (ebd.) ein Moment der fragilen Harmonie. Das Spiel der Substitutionen ist im kaleidoskopischen Figurenwechsel nur vorübergehend unterbrochen.[29]

---

[29] Die sich perpetuierende Geschichte in den *capítulos prescindibles* — die Kapitel 131 und 58 verweisen *ad infinitum* aufeinander — macht die Frage nach dem möglichen Selbstmord Oliveiras durch einen Sprung aus dem Fenster obsolet. Die Ambivalenz der Figur unterstreicht vielmehr die strukturelle und semantische Offenheit des Romans. Innerhalb ihrer kaleidoskopischen Grundstruktur sind viele Versionen möglich, von denen einige in den folgenden Kapiteln auch durchgespielt werden. Cortázar zum Beispiel glaubt nicht an den Sprung und hält *Rayuela* für einen optimistischen Roman (vgl. z.B. das Interview mit Picon Garfield in RCA, S.781f).

5. Ende

> *Le livre disparaîtrait? – Avant un ou deux siècles, il mourrra. Il aura son successeur, son seul successeur possible dans le disque de phonographe et le film cinématographique. On n'aura plus besoin d'apprendre à lire et à écrire.*[1]
>
> *L'art est le langage des sensations, qu'il passe par les mots, les couleurs, les sons ou les pierres. L'art n'a pas d'opinion.*[2]

Die Großstadt, die Reise und die Differenz Lateinamerika/Europa sind topologische Dispositive eines Kosmopolitismus, der in der Schrift Cortázars selbstreflexive und bio-graphisch generierte Motive variiert. Im literarischen Interstitium, dem das Kaleidoskop als dekonstruktive Sinn-Figur zugeordnet werden kann, reflektieren seine Essays, Kurzgeschichten, Romane und Almanache philosophische, künstlerische und mediale Konfigurationen des 20. Jahrhunderts und ihre wahrnehmungsspezifischen Implikationen. Die Beschäftigung mit Surrealismus und Existentialismus als zunächst maßgebenden Folien der Cortázarschen Ästhetik führten mit Artaud und Bataille zu einer Transgression jenseits von präfabrizierten – auch surrealistischen wie existentialistischen – Konzepten. Die 1947 in *Teoría del túnel* als *poetismo* präfigurierte, in *La vuelta al día en ochenta mundos*, *Último round* und *Rayuela* weiter akzentuierte figurale Ästhetik suchte literarische Wege aus dem Text als logozentrisches Konstrukt. Im Zwischenraum der Kunst (*intersticio*, *chora*) sind Fotografie, Malerei und Musik Ausdrucksformen, die auf textueller Ebene in häufig auftretenden Sprach- und Wortspielen sowie fragmentarischen, rhythmischen und kompositorischen Erzählkonstruktionen synästhetische Effekte wiederholen, die seit Romantik und Symbolismus systematisch in die Literatur aufgenommen wurden. Cortázars Texte variieren darüber hinaus die für das 20. Jahrhundert typischen fotografischen und filmischen Schreibweisen. Auf textüberschreitender Ebene zeigt sich jedoch eine rhythmische und fotografische Schrift an. Nicht nur die multimedialen Konstellationen der Almanache und Fotobände inszenieren dabei das Wechselverhältnis von Text, Bild und Rhythmus. Vielmehr versucht Cortázar vor allem in *El perseguidor*, in *Rayuela* und in einigen Kurzgeschichten eine literarische Annäherung an die ästhetischen Möglichkeiten von Jazz und Fotografie.

Cortázars Gesten des Schreibens generieren intermediale Konstellationen, die einem differentiellen und interstitiellen Raum entspringen. Der Jazz gilt

---

[1] Apollinaire, Œuvres en prose complètes II, a.a.O., S.989.
[2] Deleuze/Guattari, Qu'est-ce que la philosophie?, a.a.O., S.166.

dabei als metaphysische Möglichkeit der Erfahrung eines un(be)greifbaren Anderen. Cortázars Dekonstruktion der biographisch-textuellen Erfassung vom Wesen des Jazz in *El perseguidor* gibt diesem seine un/mögliche Autonomie zurück. Erst in der rhythmischen Schrift des Anderen wird der Versuch einer textuellen Eingrenzung zunichte gemacht. Am Ende bleiben lediglich literarisch-musikalische Doubletten, die die Spektralität der textuellen Inszenierung demonstrieren. Eine besondere Rolle für Wirklichkeitskonstruktionen des 20. Jahrhunderts kommt auch den technischen Bildmedien zu. Fotografie und Kinematografie ergänzen und erweitern die seit mehreren Jahrhunderten auf Texten als Informationsträger beruhende Erfassung und Beschreibung der Wirklichkeit. Von Röntgenbildern und militärischen Luftaufnahmen über illustrierte Wochen- und Tageszeitungen, Kataloge und Plakate bis zum persönlichen Urlaubs- und Erinnerungsfoto zeichnen fotografische Bilder unsere Wirklichkeit vor. Die scheinbar genauere Abbildung einer präsenz- und identitätszentrierten Wirklichkeit wird durch Foto- und Kinematografie jedoch nicht gewährleistet. Vielmehr potenzieren sich in den lediglich komplexer und undurchsichtiger werdenden Abbildungen ihre Instabilität und ihre Unberechenbarkeit. Die visuellen Leitmedien finden in *Apocalipsis de Solentiname* und *Las babas del diablo* literarische Reflexe. In den beiden Erzählungen treffen sich Fiktion, Imagination und Halluzination in visuellen und poetischen Konstruktionen. Die Lichtschriften auf dem Papier verselbständigen sich im Kopf der Figuren zu monströsen (fantastischen) Erzählungen und hinterlassen ihre eigenen Spuren. Wahrheit, Wirklichkeit, Präsenz und Identität werden mithin zu untragbaren Kategorien. Literarische Instanzen wie Autor, Erzähler, Text und Leser werden im Geflecht medialer Konstruktionen zu nicht mehr kalkulierbaren Erzählmaschinen in Kollaboration mit den sie umgebenden Apparaten. Michel ist dabei ästhetisierendes *alter ego* eines sich zwanzig Jahre später autobiographisch und politisch gebenden Erzählers. *Blow up* ist als Verfilmung der in der Literatur entworfenen Wechselwirkungen von Fiktion, Imagination und Halluzination deren mediale Verdoppelung. Fotografie und Film treten bei Antonioni in einen bildmedialen Dialog, in dessen abgründiger Kombination von Hör- und Sichtbarkeit auch noch die letzten Wirklichkeitsspuren verschwinden. Während *Las babas del diablo* die textuelle Verschiebung und Verräumlichung von Wirklichkeitseffekten demonstriert, ist der Film die *différance* seiner Medialität selbst und wiederholt damit Cortázars literarische Autoreferentialität. Text und Film sind Elemente einer Schrift, die sich im Spiel medialer Wirklichkeitskonstruktionen in Szene setzt und textüberschreitende Gesten des Schreibens zeigt. Cortázar spielt den Text in seinen literarischen Paradoxien und Schizophrenien aus; Antonioni nutzt das technische Bildmedium zum Spiel mit visuellen und auditiven Wirklichkeitsspuren. Beiden gemeinsam ist die melancholische Hinwendung zur Malerei, die eine scheinbar unverwischbare Wirklichkeit einzeichnet/einschreibt. Piktorale Effekte und die Inszenierung gemäldeartiger *settings* begleiten viele Texte

Cortázars. Die Schrift der Malerei wird zum transzendenten Ruhepol innerhalb einer sich kaleidoskopisch verändernden Wirklichkeit. Den unheimlichen und fließenden Übergang von Literatur, Kino, Leben und Tod demonstriert Cortázars virtuelle Begegnung mit Glenda Jackson in *Queremos tanto a Glenda* und *Botella al mar*. Die intermediale Durchdringung künstlerischer und „lebensweltlicher" Wirklichkeitseffekte kommt nur über die imaginäre Leistung der Leser und Zuschauer zustande, die das von Cortázar in den Texten entworfene Mosaik zusammensetzen müssen.

Rayuela wiederum ist die Erzählung der eigenen Transgression. In seiner Gesamtkonzeption weist der Roman über die Buch-Form und den Text als Medium hinaus. Seine dekonstruktiven und spektralen Sinn-Figuren sind auf mehreren Ebenen Kaleidoskop, Labyrinth und das Rayuela-Spiel. Im Durchkreuzen des Textes finden sich außerdem zahlreiche Figuren der Transgression. Liebe, Absurdität und Wahnsinn sind Stationen der unabschließbaren Suche Oliveiras nach *otherness* und Authentizität. Es ist eine gespenstische Suche, die sich im Text verliert. *Rayuela* spielt sein Text-Sein als Unmöglichkeit durch. Seine Labyrinthe sind Entwürfe der Sinn-Suche, die als intermediales Spiel der Schrift inszeniert werden.

Der Text hat als dominantes Wahrnehmungsmodell und Wissensdispositiv ausgespielt. Doch wird er als diskursives Medium im Buch und in der Literatur weiterexistieren. Er wird sich auch weiterhin dem Bild entgegenstellen und in Denkern wie Flusser und einem großen Teil der Geisteswissenschaften seine Verfechter gegenüber einer figuralen Orientierungslosigkeit finden, die mit den Neuen Medien noch zunimmt. Cortázar spielt an den Grenzen des Textes und des Buches, ohne die Literatur dabei aufs Spiel zu setzen. Seine figurale Ästhetik führt zu Gesten des Schreibens im Interstitium der Medien, Ausdrucksformen und Disziplinen. Cortázars Schrift spiegelt in seiner kaleidoskopischen Vielschichtigkeit die Brüche und Schnitte, die das 20. Jahrhundert im Umgang mit der Wirklichkeit kennzeichnet. Seine letzten Interstitien findet Cortázar zusammen mit Carol Dunlop auf den französischen Autobahnen. Hier entdeckt er im Sommer 1982 während einer surrealistischen Reise die zeitlosen Räume aller Autobahnraststätten zwischen Paris und Marseille, deren Funktionalität die beiden Reisenden einen Monat lang *ad absurdum* führen. Sie leben, schlafen, reden, kochen, schreiben und fotografieren an Orten, die dem Utilitarismus einer mobilen Zivilisation entspringen. In ihren Unternehmungen wandeln sich die Schau-Plätze geschwindigkeitsfanatischer Gesellschaften zu neuen Erfahrungs- und Wahrnehmungsräumen. Auf die vielen Fragen nach Motivation und Intention der Reise reagieren die beiden Autonauten am Ende humorvoll irritiert:

> Todo eso nos deslumbró un poco pero nos hizo sobre todo gracia, porque jamás concebimos ni realizamos la expedición con intenciones subyacentes. Era un juego para una Osita y un Lobo, y lo fue durante treinta y tres maravillosos días. Frente a preguntas turbadoras, nos dijimos muchas veces que si

> hubiéramos tenido presentes esas posibilidades la expedición hubiera sido otra cosa, acaso mejor o peor pero nunca ese avance en la felicidad y en el amor del que salimos tan colmados que nada, después, incluso viajes admirables y horas de perfecta harmonía, pudo superar ese mes fuera del tiempo, ese mes interior donde supimos por primera y última vez lo que era la felicidad absoluta. (AC, S.305f)

Das Logbuch der Reise ist eine Collage, die viele Motive der Cortázarschen Schrift wiederholt. Am Ende steht das unwiederholbare absolute Glück, das durch den Tod Carol Dunlops im November des gleichen Jahres wieder eingeholt wurde.

6. Bibliographie

Siglen
AC	Los autonautas de la cosmopista
AP	Alto el Perú
LM	Libro de Manuel
LP	Los Premios
LV	La vuelta al día en ochenta mundos
R	Rayuela, Ausgabe Cátedra
RCA	Rayuela, Ausgabe Colección Archivos
T	Territorios
ÚR	Último round
62	62. Modelo para armar

Cortázar, Julio
Cuentos completos 1/2, Madrid 1994 (1951, 1956, 1958, 1962, 1966, 1969, 1974, 1977, 1979, 1980, 1982).
Los reyes, Madrid 1985 (1949).
Divertimento, Madrid 1986 (1949)
„Elogio del jazz: Carta enguantada a Daniel Devoto", in: 9 Artes, Buenos Aires 1949, S.37-44.
El examen, Madrid 1986 (1950)
Los premios, Madrid 1993 (1961)
Rayuela, Madrid 1988 (Cátedra), Madrid 1991 (Colección Archivos) (1963).
La vuelta al día en ochenta mundos, Madrid 1995 (1967).
62. Modelo para armar, Buenos Aires 1968.
Buenos Aires Buenos Aires, Buenos Aires 1968 (mit Sara Facio und Alicia D'Amico).
Último round 1/2, México 1992 (1969).
Prosa del observatorio, Barcelona 1972.
Libro de Manuel, Madrid 1988 (1973).
Fantomas contra los vampiros multinacionales, México 1975.
Silvalandia, México 1975. (zusammen mit Julio Silva)
Estrictamente no profesional. Humanario, Buenos Aires 1976 (mit Sara Facio und Silvia D'Amico).
Territorios, México 1978.
Paris: Ritmos de una ciudad, Barcelona 1981 (mit Alecio de Andrade).
Obra crítica 1/2/3, Madrid 1994 (1947, 1963, 1983).
Los autonautas de la cosmopista, Barcelona 1983.
Alto el Perú, México 1984.
Adiós, Robinson y otras piezas breves, Madrid 1995 (1984).

Über Julio Cortázar

Alazraki, Jaime et al (Hg.), La isla final, Navarra 1983.
ders., En busca del unicornio: Los cuentos de Julio Cortázar, Madrid 1983.
ders., Hacia Cortázar: aproximaciones a su obra, Barcelona 1994.
Berg, Walter Bruno, Grenz-Zeichen Cortázar: Leben und Werk eines argentinischen Schriftstellers, Frankfurt 1991.
ders., „Entrevista con Julio Cortázar", in: *Iberoamericana 40/41*, 1990, S.126-141.
ders., „Apocalipsis y divertimento: escritura vanguardista en la primera novelística de Cortázar.", in: Wentzlaff-Eggebert, Harald (Hg.), Europäische Avantgarde im lateinamerikanischen Kontext, Frankfurt 1991.
ders./Kloepfer, R. (Hg.), La americanidad de Julio Cortázar, Mannheim 1986.
Boldy, Stephen, The novels of Julio Cortázar, Cambridge 1980.
Brody, Robert, Julio Cortázar: Rayuela, London 1976.
Burgos, Fernando (Hg.), Los ochenta Mundos de Cortázar: Ensayos, Madrid 1987.
de Mora Valcárcel, Carmen, Teoría y práctica del cuento en los relatos de Cortázar, Sevilla 1982.
Filer, Malva, „Palabra e imagen en la escritura de Cortázar", *in: Revista Iberoamericana 49*, 1983, S.351-368.
Fröhlicher, Peter, La mirada recíproca. Estudios sobre los últimos cuentos de Julio Cortázar, Bern etc. 1995.
Genover, Kathleen, Claves de una novelística existencial (en *Rayuela* de Cortázar), Madrid 1973.
Giacoman, Helmy (Hg.), Homenaje a Julio Cortázar, Madrid 1972.
González Bermejo, Ernesto, Conversaciones con Cortázar, Barcelona 1978.
Harss, Luis, „Julio Cortázar, o la cachetada metafísica", in: ders., Los Nuestros, Buenos Aires 1966, S.252-300.
Henderson, Carlos, Estudios sobre la poética de Rayuela, Madrid 1995.
Hudde, Hinrich, Schwarzer Faust des Jazz. Julio Cortázars „El perseguidor" als literarische Replik auf Thomas Manns Doktor Faustus, Erlangen 1986.
Hutt Kahn, Lauri, Vislumbrar la otredad. Los pasajes en la narrativa de Julio Cortázar, New York 1996.
Imo, Wiltraud, Wirklichkeitsauffassung und Wirklichkeitsdarstellung im Erzählwerk Julio Cortázars, Frankfurt 1981.
dies., „Julio Cortázar, Poeta Camaleón", in: *Iberoromania 22*, 1985, S.46-66.
Lastra, Pedro (Hg.), Julio Cortázar. El escritor y la crítica, Madrid 1981.
MacAdam, A., El individuo y el otro. Crítica a los cuentos de Julio Cortázar, New York 1971.
Picon Garfield, Evelyn, ¿Es Julio Cortázar un surrealista?, Madrid 1975.
dies., Cortázar por Cortázar, México 1978.
Revista Iberoamericana 39, Pittsburgh 1973 (Homenaje a Julio Cortázar).
Scheerer, Thomas, Virides julii candelae (Folia patafysica 3), Heidelberg 1983.
Scholz, Laszlo, El arte poética de Julio Cortázar, Buenos Aires 1977.
Sola, Graciela de, Julio Cortázar y el hombre nuevo, Buenos Aires 1968.

Soren Triff, Eduardo, „Improvisación musical y discurso literario en Julio Cortázar", in: *Revista iberoamericana 57*, 1991, S.657-663.
Sosnowski, Saúl, Julio Cortázar. Una búsqueda mítica, Buenos Aires 1973.
Terramorsi, Bernard, Le fantastique dans les nouvelles de Julio Cortázar, Paris 1994.
Weich, Horst, „Von der Gefahr, gezeichnet zu werden. Zur Homologie von Porträt und Biographie bei Antonio Saura und Julio Cortázar.", in: *Bonner Romanistische Schriften*, 1995, S.275-292.
Yurkievich, Saúl, Julio Cortázar: mundos y modos, Barcelona 1994.

Philosophie, Theorie, Literatur
Adorno, Theodor W., „Rückblickend auf den Surrealismus", in: Noten zur Literatur, Frankfurt 1958, S.153-160.
ders., „Über einige Relationen zwischen Musik und Malerei"; „Musik, Sprache und ihr Verhältnis im gegenwärtigen Komponieren", in: Gesammelte Schriften, Bd.16, Musikalische Schriften I-III, S.634-642, S.649-664, Frankfurt 1978.
ders., Theorie der neuen Musik; Musiksoziologisches, in: Gesammelte Schriften, Bd.18, Musikalische Schriften V, S.55-176; S.719-841, Frankfurt 1984.
Apollinaire, Guillaume, Œuvres poétiques, Paris 1965.
ders., Œuvres en prose complètes II, Paris 1991.
Artaud, Antonin, Le Théâtre et son Double, Le Théâtre du Séraphin, in: Œuvres complètes IV, Paris 1974.
ders., Van Gogh – le suicidé de la societé, in: Œuvres complètes XIII, Paris 1974.
Auerbach, Erich, „Figura", in: ders., Gesammelte Aufsätze zur romanischen Philologie, Bern u. München 1967, S.55-92.
Baier, Wolfgang, Geschichte der Fotografie, München 1977.
ders., Quellendarstellungen zur Geschichte der Fotografie, München 1980.
Barck, Karlheinz et al. (Hg.), Aisthesis. Wahrnehmung heute oder Perspektiven einer anderen Ästhetik, Leipzig 1990.
Barthes, Roland, Le degré zéro de l'écriture, Paris 1953.
ders., Mythologies, Paris 1957.
ders., Eléments de Sémiologie, Paris 1964.
ders., L'empire des signes, Paris 1970.
ders., Le plaisir du texte, Paris 1973.
ders., Barthes, Paris 1975.
ders., Leçon, Paris 1979.
ders., La chambre claire, Paris 1979.
ders., Essais critiques III (L'obvie et l'obtus), Essais critiques IV (Le bruissement de la langue), Paris 1982/84.
ders., L'aventure sémiologique, Paris 1985.
ders. et al., Michelangelo Antonioni, München/Wien 1984.
Bataille, Georges, Œuvres 5,7,8,10, Paris 1973/1976/1987.
ders., L'Abbé C., Paris 1950.
Baudelaire, Charles, Les fleurs du mal, Œuvres complètes, Paris 1975.

Baudrillard, Jean, L'échange symbolique et la mort, Paris 1976.
ders., Les stratégies fatales, Paris 1983.
ders., Agonie des Realen, Berlin 1978.
ders., Kool Killer oder Der Aufstand der Zeichen, Berlin 1978.
ders., La Transparance du Mal, Paris 1990.
ders., Von der Verführung, Berlin 1992.
Bazin, André, Qu'est-ce que le cinéma?, Paris 1997.
Bellour, Raymond, „La double hélice", in: Passages de l'image, Paris 1990, S.37ff.
Benjamin, Walter, „Kleine Geschichte der Fotografie", in: Gesammelte Schriften I, Frankfurt 1974, S.368-385.
ders., „Der Sürrealismus", in: Gesammelte Schriften II, Frankfurt 1977, S.295-310.
ders., Zur Kritik der Gewalt und andere Aufsätze, Frankfurt 1965.
Bennington, Geoffrey/ Derrida, J., Jacques Derrida, Paris 1991.
Berg, Walter Bruno, Lateinamerika: Kultur – Geschichte – Literatur, Stuttgart 1996.
Blanchot, Maurice, La part du feu, Paris 1949.
ders., L'espace littéraire, Paris 1955.
ders., Le Livre à venir, Paris 1959.
ders., L'entretien infini, Paris 1969.
Blumenberg, Hans, Die Lesbarkeit der Welt, Frankfurt 1981.
ders.: Höhlenausgänge, Frankfurt 1989.
Bolz, Norbert, Am Ende der Gutenberg-Galaxis: die neuen Kommunikationsverhältnisse, München 1993.
ders., Theorie der neuen Medien, München 1990.
Bonitzer, Pascal, Le regard et la voix, Paris 1976.
ders., Décadrages. Peinture et cinéma, Paris 1995.
Borsò, Vittoria, „Heterotopie", in: Hempfer, Klaus (Hg.): Poststrukturalismus – Dekonstruktion – Postmoderne, Stuttgart 1992.
Breton, André, Œuvres complètes I/II, Paris 1988/92.
Brown, Calvin S., Music and Literature. A Comparison of the Arts, Hanover/London 1987 (1948).
Busch, Bernd, Belichtete Welt. Eine Wahrnehmungsgeschichte der Fotografie, Frankfurt 1995.
Cabrera Infante, Guillermo, Tres tristes tigres, Barcelona 1994.
Chatman, Seymour, Antonioni, or the surface of the world, Berkeley 1985.
Culler, Jonathan, Dekonstruktion. Derrida und die poststrukturalistische Literaturtheorie, Reinbek 1988.
Deleuze, Gilles, Cinéma I. L'Image-Mouvement; Cinéma II. L'Image-Temps, Paris 1983/85.
ders./Guattari, Félix, Capitalisme et Schizophrénie, L'Anti-Œdipe, Paris 1972.
ders./Guattari, Félix, Capitalisme et Schizophrénie II. Mille Plateaux, Paris 1980.
ders./ Guattari, Félix, Qu'est-ce que la philosophie?, Paris 1991.
de Man, Paul, Blindness and Insight, New York 1971.
ders., Allegories of reading, Yale 1979.
ders., Rhetoric of Romanticism, New York 1984.

ders., The resistance to theory (Hg. Wlad Godzich), Minneapolis 1986.
ders., Die Ideologie des Ästhetischen, Frankfurt 1993.
Derrida, Jacques, De la Grammatologie, Paris 1967.
ders., L'écriture et la différence, Paris 1967.
ders., Marges – de la philosophie, Paris 1972.
ders., Positions, Paris 1972.
ders., La dissémination, Paris 1974.
ders., La vérité en peinture, Paris 1978.
ders., La carte postale I/II, De Socrate à Freud et au-dela, Paris 1980.
ders., Les morts de Roland Barthes, in: *Poétique 47*, Paris 1981.
ders., D'un ton apocalyptique adopté naguère en philosophie, Paris 1983.
ders./Plissart, Marie Françoise, Droit de regard, Paris 1985.
ders./Thévenin, Paule, Antonin Artaud, Paris 1986.
ders., Parages, Paris 1986.
ders., Psyché. Inventions de l'autre, Paris 1987.
ders., Donner le temps 1. La fausse monnaie, Paris 1991.
ders., Les spectres de Marx, Paris 1993.
ders., Chora, Wien 1990.
ders., Donner la mort, in: Rabaté/Wetzel (Hg.), L'éthique du don, Paris 1992.
ders./Stiegler, Bernard, Échographies, Paris 1996.
Donoso, José, Historia personal del ‚boom', Barcelona 1972.
Dubost, Jean-Pierre (Hg.), Bildstörung, Leipzig 1994.
Eco, Umberto, L'opera aperta, Roma 1962.
ders., Im Labyrinth der Vernunft, Leipzig 1990.
Eitel, Wolfgang (Hg.), Lateinamerikanische Literatur der Gegenwart in Einzeldarstellungen, Stuttgart 1978.
Flusser, Vilém, Nachgeschichten, Düsseldorf 1990.
ders., Gesten. Versuch einer Phänomenologie, Bensheim/Düsseldorf 1993.
ders., Die Schrift. Hat Schreiben Zukunft?, Frankfurt 1993.
ders., Lob der Oberflächlichkeit. Für eine Phänomenologie der Medien, Mannheim 1995.
ders., Für eine Philosophie der Fotografie, Göttingen 1994.
Foucault, Michel, Folie et déraison. Histoire de la folie à l'âge classique, Paris 1961.
ders., Les Mots et les choses, Paris 1966.
ders., L'archéologie du savoir, Paris 1969.
ders., L'Ordre du discours, Paris 1971.
ders., Schriften zur Literatur, München 1974.
ders., Surveiller et punir. Naissance de la prison, Paris 1975.
ders., Dispositive der Macht, Berlin 1978.
Genette, Gérard, Figures I-III, Paris 1966/1969/1972.
ders., Palimpsestes. La littérature au second degré, Paris 1982.
Gogol, Nicolaj, Aufzeichnungen eines Wahnsinnigen, in: Petersburger Novellen, München 1992.

Gumbrecht, Hans Ulrich/Pfeiffer, K. (Hg.), Materialität der Kommunikation, Frankfurt 1988.
dies., Paradoxien, Dissonanzen, Zusammenbrüche: Situationen offener Epistemologie, Frankfurt 1991.
Haverkamp, Anselm (Hg.), Gewalt und Gerechtigkeit, Derrida – Benjamin, Frankfurt 1994.
Heidegger, Martin, Sein und Zeit, Tübingen 1963.
ders., Holzwege, Frankfurt 1963.
ders., Identität und Differenz, Pfullingen 1957.
ders., Was heißt Denken?, Tübingen 1961.
ders., Parmenides, Frankfurt 1982.
ders., Unterwegs zur Sprache, Pfullingen 1971.
Hesper, Stefan, Schreiben ohne Text. Die prozessuale Ästhetik von Gilles Deleuze und Félix Guattari, Opladen 1994.
Hocke, Gustav René, Die Welt als Labyrinth. Manier und Manie in der europäischen Kunst, Hamburg 1957.
Jakobson, Roman, Essais de linguistique générale, Paris 1943.
ders., Poetik, Frankfurt 1979.
Jarry, Alfred, Gestes et opinions du docteur Faustroll, Paris 1975 (1898).
Jean, Georges, L'écriture, mémoire des hommes, Paris 1987.
Kern, Hermann, Labyrinthe. Erscheinungsformen und Deutungen. 5000 Jahre Gegenwart eines Urbildes, München 1982.
Kesting, Marianne, Vermessung des Labyrinths. Studien zur modernen Ästhetik, Frankfurt 1965.
Kittler, Friedrich (Hg.), Austreibung des Geistes aus den Geisteswissenschaften, Paderborn etc. 1980.
ders., Aufschreibesysteme 1800/1900, München 1985.
ders., Grammophon Film Typewriter, Berlin 1986.
ders., Draculas Vermächtnis. Technische Schriften, Leipzig 1993.
Klengel, Susanne, Die Amerika-Diskurse der Surrealisten. ‚Amerika' als Vision und als Feld heterogener Erfahrungen, Stuttgart 1994.
Kock, Bernhard, Michelangelo Antonionis Bilderwelt, München 1994.
Kracauer, Siegfried, Theorie des Films. Die Errettung der äußeren Wirklichkeit (Schriften 3), Frankfurt 1973 (1960).
Kristeva, Julia, La révolution du langage poétique, Paris 1974.
Lacan, Jacques, Écrits I/II, Paris 1966/71.
Lautréamont, Œuvres Complètes, Paris 1963.
Leprohon, Pierre, Michelangelo Antonioni, Paris 1961.
Levinas, Emmanuel, En découvrant l'existence avec Husserl et Heidegger, Paris 1982.
Luhmann, Niklas, Soziale Systeme, Frankfurt 1984.
ders., Die Kunst der Gesellschaft, Frankfurt 1995.

ders., „Das Kunstwerk und die Selbstreproduktion von Kunst", in:Gumbrecht/Pfeiffer, Stil: Geschichte und Funktionen eines kulturwissenschaftlichen Diskurselementes, Frankfurt 1986.
Lyotard, Jean-François, Discours, figure, Paris 1974.
ders., La condition postmoderne, Paris 1979.
ders., Le différend, Paris 1983.
ders., L'inhumain. Causeries sur le temps, Paris 1988.
Mallarmé, Stéphane, Œuvres complètes, Paris 1945.
Mattheus, Bernd, Georges Bataille. Eine Thanatographie. (3 Bände), München 1995.
Maturana, Humberto R./Varela, Francisco J., Der Baum der Erkenntnis. Über biologische Wurzeln des Erkennens, München 1987.
McLuhan, Marshall, The Gutenberg-Galaxy: the making of typographic man, London 1962.
ders., Understanding Media, New York 1964.
Merleau-Ponty, Maurice, Phénoménologie de la perception, Paris 1945.
Metz, Christian, Essais sur la signification au cinéma, Paris 1973.
ders., Langage et cinéma, Paris 1971.
Mitchell, W.J.T., Picture Theory, Chicago 1994.
Nietzsche, Friedrich, Kritische Studienausgabe, München 1988.
Paech, Joachim, Literatur und Film, Stuttgart 1988.
ders. (Hg.), Film, Fernsehen, Video und die Künste. Strategien der Intermedialität, Stuttgart 1994.
ders., Die Spur der Schrift und der Gestus des Schreibens im Film, in: Literatur im Stifter-Haus, Ausstellungskatalog, München 1996.
ders., „Intermedialität", in: *Medienwissenschaft*, Nr.1, 1997, S.12-30.
Pasolini, Pier Paolo, Ketzererfahrungen. Schriften zu Sprache, Literatur und Film, München/Wien 1979.
Poe, Edgar Allan, The complete tales and poems of Edgar Allan Poe, Aylesbury 1982.
Polizzotti, Mark, Revolution des Geistes. Das Leben des André Breton, München 1996.
Prümm, Karl, „‚Suspense', ‚Happy-End' und tödlicher Augenblick. Überlegungen zur Augenblicksstruktur im Film mit einer Analyse von Michelangelos Antonionis ‚Blow up'", in: *MuK* 23, Siegen 1983.
Rössner, Michael (Hg.), Lateinamerikanische Literaturgeschichte, Stuttgart/Weimar 1995.
Roloff, Volker/Wentzlaff-Eggebert, Harald, Der hispanoamerikanische Roman, Band II, Von Cortázar bis zur Gegenwart, Darmstadt 1992.
ders., Film und Literatur. Zur Theorie und Praxis der intermedialen Analyse am Beispiel von Buñuel, Truffaut, Godard und Antonioni", in: Zima, Literatur intermedial, a.a.O.
Ronell, Avital, The Telephone Book. Technologie – Schizophrenia – Electric Speech, London 1989.

Roth, Gerhard, Das Gehirn und seine Wirklichkeit, Frankfurt 1996.
Salje, Gunther, Antonioni. Regieanalyse – Regiepraxis, Röllinghausen 1994.
Sartre, Jean-Paul, L'Imaginaire, Paris 1940.
Scharlau, Birgit (Hg.), Lateinamerika denken. Kulturtheoretische Grenzgänge zwischen Moderne und Postmoderne, Tübingen 1994.
Schmeling, Manfred, Der labyrinthische Diskurs: Vom Mythos zum Erzählmythos, Frankfurt 1987.
Schneider, Manfred, Die erkaltete Herzensschrift. Der autobiographische Text im 20. Jahrhundert, München 1986.
Sollers, Philippe, L'écriture et l'expérience des limites, Paris 1968.
Sontag, Susan, Über Fotografie, Frankfurt 1995 (1977).
Tholen, G.C., „Platzverweis. Unmögliche Zwischenspiele von Mensch und Maschine." In: *Fragmente 35/36*, Kassel 1991.
ders./Scholl, M.O. (Hg.), Zeit-Zeichen. Aufschübe und Interferenzen zwischen Endzeit und Echtzeit, Weinheim 1990.
ders., „Zwischen den Bildern. Zur Topik und Zäsur der Medien", in: Pfeil, Hannelore/Jäck, Hans-Peter (Hg.), Eingriffe im Zeitalter der Medien, Rostock 1995, S. 123-141.
ders., „Medium ohne Botschaft", in: *Nummer 4/5*, 1996, S.102-112.
Todorov, Tzvetan, Introduction à la littérature fantastique, Paris 1970.
ders., La conquête de l'Amérique. La question de l'autre, Paris 1982.
Virilio, Paul, Vitesse et politique, Paris 1977.
ders., Logistique de la perception, Paris 1984.
ders., „Das Privileg des Auges", in: Bildstörung. Gedanken zu einer Ethik der Wahrnehmung, Leipzig 1992.
White, Hayden, Tropics of discourse, Baltimore 1984.
Welsch, Wolfgang (Hg.), Wege aus der Moderne. Schlüsseltexte der Postmoderne, Weinheim 1988.
ders., Ästhetisches Denken, Stuttgart 1993.
ders., Grenzgänge der Ästhetik, Stuttgart 1996.
Wentzlaff-Eggebert, Harald (Hg.), Europäische Avantgarde im lateinamerikanischen Kontext, Frankfurt 1991.
Wetzel, Michael, Die Enden des Buches oder die Wiederkehr der Schrift. Von den literarischen zu den technischen Medien, Weinheim 1991.
ders./Hörisch, Jochen (Hg.), Armaturen der Sinne. Literarische und technische Medien 1870 bis 1920, München 1990.
ders./Rabaté, J.-M. (Hg.), Ethik der Gabe. Denken nach Jacques Derrida, Berlin 1993.
ders./Wolf, Herta (Hg.), Der Entzug der Bilder. Visuelle Realitäten, München 1994.
Wiegand, Wilfried (Hg.), Die Wahrheit der Fotografie. Klassische Bekenntnisse zu einer neuen Kunst, Frankfurt 1981.
Wiese, Claudia, Die hispanoamerikanischen Boom-Romane in Deutschland, Frankfurt 1992.
Zima, Peter (Hg.), Literatur intermedial: Musik – Malerei – Photographie – Film, Darmstadt 1995.